Una paz aplazada, pero urgente y necesaria

"Este libro es un recurso invaluable para cualquier persona interesada en comprender las complejidades y oportunidades del proceso de paz entre el Gobierno colombiano y el ELN. Lleno de reflexiones profundas y lecciones aprendidas de mucha relevancia para el proceso que empezó en 2022 y muchos otros procesos del mundo, con recomendaciones concretas y acertadas, el libro ofrece perspectivas diversas e interdisciplinarias con un número impresionante de entrevistas con actores clave – poniendo su voz en el centro."
—Dra. Sophie Haspeslagh, docente, King's College London

"Un libro indispensable para conocer al ELN, las transformaciones que ha experimentado en los últimos años en medio del escalamiento de múltiples formas de violencia y el alcance de su propuesta de definir los contenidos de la agenda de negociación con base en la participación de la sociedad. Una mirada que rompe con los prejuicios que se han construido sobre la imposibilidad de negociar con el ELN poniendo de presente, con rigor académico y realismo político, las dificultades y los desafíos que plantea el hacer de la negociación un camino posible hacia la democratización integral de la sociedad. Libro necesario para entender una paz necesaria para cerrar definitivamente el ciclo de las guerras insurgentes en Colombia."
—Dr. Jaime Zuluaga, docente investigador,
Universidad Externado de Colombia

"Una paz aplazada, urgente y necesaria. Tres palabras juntas que describen una percepción generalizada en los círculos políticos, académicos y de opinión informada, aunque el acostumbramiento a la violencia nos haya llevado a pensar que podíamos sobrevivir con este incendio, alimentado por rescoldos y puntos calientes sin apagar. Más que un libro, Cécile y Esperanza, sus editoras, nos ofrecen un estudio académico no exento de sentido crítico, juicioso y contrastado con connotadas fuentes de conocimiento y opinión sobre el conflicto y las paces intentadas con esta insurgencia, la última que sobrevive a la eclosión guerrillera de la década de los sesenta, alentada por el ardor revolucionario de la Cuba liberada. Hoy cuando se intenta un nuevo proceso, en un contexto más decidido hacia la paz negociada, este libro cobra vigencia, frescura y despierta interés. Si este libro no existiera habría de ser escrito, sin atenuantes."

—Carlos Arturo Velandia, promotor de paz

Una paz aplazada, pero urgente y necesaria

Sociología política para los desafíos del siglo XXI

Karina Ansolabehere y Luis Daniel Vázquez Valencia
Series Editors
Vol. 7

Una paz aplazada, pero urgente y necesaria

Proceso de paz entre el Gobierno colombiano y el Ejército de Liberación Nacional (2010–2019)

Editado por Cécile Mouly y
Esperanza Hernández Delgado

PETER LANG

Lausanne • Berlin • Brussels • Chennai • New York • Oxford

Library of Congress Cataloging-in-Publication Control Number: 2023028454

Bibliographic information published by the **Deutsche Nationalbibliothek.**
The German National Library lists this publication in the German
National Bibliography; detailed bibliographic data is available
on the Internet at http://dnb.d-nb.de.

Cover design by Peter Lang Group AG

ISSN 2297-9115 (print)
ISBN 9781636673059 (paperback)
ISBN 9781636673035 (ebook)
ISBN 9781636673042 (epub)
DOI 10.3726/b20989

Ilustración de la portada:
Título: Serie Señales sensitivas "Cordón Umbilical"
1.50x1.50
Mixta sobre tela
Autora: Clemencia Hernández Guillén

© 2023 Peter Lang Group AG, Lausanne
Published by Peter Lang Publishing Inc., New York, USA
info@peterlang.com - www.peterlang.com

This publication has been peer reviewed.

Dedicatoria

A quienes luchan por la paz y especialmente han generado paces negociadas en Colombia, ¡qué sus esfuerzos sean recompensados y sus sueños se hagan realidad!

Tabla de contenidos

Lista de mapas, tablas y gráficas

Agradecimientos

Cécile Mouly y Esperanza Hernández Delgado agradecen el apoyo de sus instituciones respectivas en el marco del convenio de cooperación entre la Facultad Latinoamericana de Ciencias Sociales (FLACSO) Ecuador y la Universidad de La Salle en Bogotá. Cécile Mouly agradece el financiamiento obtenido por parte de FLACSO Ecuador para realizar la investigación de la cual este libro es producto y cubrir los costos de publicación de esta obra. Esperanza Hernández agradece el apoyo de la Universidad de La Salle por su contribución al financiamiento del libro y facilitar su participación en la investigación.

Ambas autoras también expresan su profundo reconocimiento a todas las personas que dieron de su tiempo, muchas veces limitado, para aportar a esta investigación y participar en entrevistas, en algunas ocasiones más de una vez. Estas personas incluyen a negociadores/as de las partes, asesores/as de las delegaciones, garantes, representantes de la sociedad civil y de las iglesias, ONG nacionales e internacionales, analistas y académicos, quienes compartieron su experiencia y análisis. Queremos decirles que esta obra no habría sido posible sin su apoyo tan generoso y su confianza. No tenemos palabras para agradecerles.

Prólogo

Esfuerzo articulador por la paz en Colombia

Socorro Ramírez, exintegrante de la delegación gubernamental en las negociaciones de paz entre Gobierno y ELN (2018)

Este libro, coordinado y editado por Cécile Mouly, de FLACSO Ecuador, y Esperanza Hernández Delgado, de la Universidad de La Salle en Bogotá, constituye un esfuerzo de articulación de experiencias y miradas propuestas, que nutre la negociación de paz entre el Gobierno colombiano y el ELN. Ojalá lo aproveche la actual mesa de diálogo que ha desarrollado sus ciclos en La Habana, México y Venezuela. La nueva serie de conversaciones no puede quedarse en un mero intento; tiene que convertirse en el esfuerzo definitivo para poner fin a la resistencia armada de esa guerrilla y para que el Estado acceda a todos los territorios del país y, con la participación de las poblaciones afectadas, avance en la solución de problemas que nutren la violencia.

Este libro contribuye en la construcción de esa paz inaplazable para Colombia, al ofrecer una mirada interdisciplinar de 13 autoras/es quienes, con una variada ubicación, trayectoria y expertica, integran distintos análisis, teorías, enfoques y desarrollan sus análisis basados en múltiples fuentes primarias y secundarias, en más de 60 entrevistas. Esa conjunción de análisis le permite al libro, en sus 10 capítulos y en sus conclusiones, mostrar desde diversos contextos –internacionales, nacionales, territoriales, sectoriales, temáticos– muchos balances y lecciones que les ayudan a los negociadores de paz a evitar errores, no dejar pasar asuntos claves, y mirar alternativas para abordar dimensiones de uno u otro punto de la agenda.

Como lo valora el libro, es clave que, desde el anterior intento en 2017 y 2018, la mesa haya examinado de manera diferenciada tanto los impactos del actual conflicto armado como las perspectivas de negociación del cese al fuego, las acciones humanitarias, la participación social. Esto ayudó a incorporar una perspectiva de género en su funcionamiento y en el tratamiento de la agenda de negociación. Al mismo propósito contribuyeron organizaciones y redes de mujeres que acompañaron el proceso y desarrollaron un taller para las dos partes de la negociación. Contribuyeron también las víctimas y las zonas más afectadas por ese conflicto armado mediante diálogos adelantados en los territorios, a donde fueron a escucharlos personas que hacían parte de la delegación oficial, que llevaron su voz a la mesa.

En efecto, en esos años, plataformas de paz, organizaciones territoriales y redes sociales mantuvieron una presión persistente contra los asesinatos de policías y los ataques a la infraestructura por parte del ELN, y en favor de la reanudación de un cese al fuego que garantice el desarrollo de la participación social y perfile el final del conflicto. Diversos testimonios mostraron los impactos positivos que había obtenido el cese al fuego bilateral, por ejemplo, en la reducción de riesgos para las mujeres. El Acuerdo Humanitario ¡Ya! para el Chocó explicó a cada delegación la urgencia de su aplicación. Un taller de género para la mesa en La Habana, realizado por Juntanza y Cumbre de Mujeres por la Paz, abrió la posibilidad de revisar la aplicación del enfoque diferencial en cada acuerdo, y para que un nuevo cese al fuego y las hostilidades tome en cuenta la situación de las personas más vulnerables. Sesiones simultáneas de organizaciones de mujeres en once regiones del país formularon propuestas a la mesa sobre algunas transformaciones urgentes.

Los análisis del libro sobre la situación de esa guerrilla, de sus realidades organizacionales, militares y políticas, de sus dinámicas internas y de su acción territorial, ayudan a que la mesa ofrezca incentivos para pactar la desmovilización y el desarme, estimulando no solo a quienes actúan en el campo militar, sino a quienes asumen un sentido más político y social. Además, ayudan a entender los problemas de acción colectiva de esa guerrilla, cómo se refleja su "federalismo asimétrico" en la representación y acción de algunas de sus estructuras y en las dinámicas de otras, como es el caso de algunos sectores que no participan en procesos de negociación y de construcción de paz. También estimulan a que el Estado comprenda cómo su presencia y acción territorial concertada con las poblaciones locales puede ir reemplazando esos órdenes impuestos por grupos armados irregulares.

Como lo muestra el libro, a esos procesos coadyuva el desarrollo de la participación social, que es el primer punto de la agenda de negociación pactada por el Gobierno y el ELN y debe debatir los tres puntos siguientes, democracia, transformaciones, víctimas, y presentarle propuestas al respecto a la mesa para que las procese y se logre negociar un sólido acuerdo entre las partes, que estimule al ELN a asumir la acción legal en favor de esos cambios y anime al Gobierno a ponerlos en práctica. Así se pasaría pronto a desarrollar los puntos 5 del fin del conflicto armado y el 6 de implementación del acuerdo de paz. A este fin ayuda el que la acción social, a la vez que sirve para denunciar problemas y dificultades en el desarrollo de los acuerdos, también examina y propone la aplicación de las lecciones que han dejado otros procesos de paz, por ejemplo, sobre cómo desarrollar la reintegración social de los excombatientes.

El libro realiza un análisis diferencial de la presencia territorial del ELN, que sirve para analizar en dónde se ha consolidado en Colombia y hacia dónde se ha extendido en Venezuela. Este análisis permite asumir el reto binacional, que conlleva la ampliación de la acción del ELN en varios lugares de Venezuela en apoyo al régimen de Maduro. También muestra el reto que esa presencia guerrillera le plantea, la nueva situación que podría abrirse en Venezuela, con los procesos electorales previstos en estos tres años –del 2023 al 2025– que, si logran reglas y condiciones legítimas, pueden ayudar a abrir una transición democrática y salidas a esas crisis.

El esfuerzo de información y reflexión que busca estimular el libro ayuda a que no se ignoren las lecciones acumuladas. Tanto en los intentos fallidos de negociar con el ELN como en el no al acuerdo con las FARC y en la difícil concertación del marco institucional para su implementación, se han puesto de manifiesto enormes dificultades para alcanzar consensos que construyan y apliquen políticas de Estado. Polarización, clientelismo, corrupción y violencia lo entorpecen.

Como se insiste en el libro, Colombia ganaría mucho si el Gobierno lograra atender de forma inmediata las urgencias de los territorios más afectados por la violencia y marginalidad: (1) mejorar la capacidad estatal para combatir el delito e impedir que grupos criminales sigan asesinando líderes sociales; (2) atender las consultas previas a comunidades negras e indígenas y cumplir los compromisos estatales con distintos sectores sociales; (3) superar la ausencia, inacción o traumática presencia del Estado que acumula problemas económicos, ambientales, institucionales y le deja el espacio o incluso nutre a guerrillas, paramilitares y bandas criminales; (4) no reducir la acción estatal a la presencia militar y policiva, e impedir la complicidad de algunos de sus miembros con grupos irregulares; (5) no aferrarse a la fallida guerra contra las drogas y sus fumigaciones, que agravan esa problemática; (6) superar la desconfianza entre la sociedad y las instituciones estatales con un diálogo sistemático y rendición de cuentas del centro a las regiones donde se concentró la guerra y criminalidad, y con la aplicación prioritaria de políticas y planes de desarrollo sostenible.

Si el ELN aspira a negociar, además de atender la exigencia que por décadas le ha hecho la sociedad de abandonar el secuestro, debe poner fin a otras prácticas que han marcado los intentos de paz como la de otorgarle un carácter meramente exploratorio al diálogo con el Gobierno. El ELN subestima

la opinión nacional que, cansada de la guerra, le exige acordar su pronta terminación de la lucha armada sobre sólidas bases políticas, jurídicas y éticas.
No negociar el fin de su acción armada anula los esfuerzos de organizaciones sociales, negras, indígenas, campesinas, sindicales, minero-energéticas o
ambientales en su lucha por incidir en dinámicas transformadoras locales,
regionales o nacionales. No se puede desconocer que una lucha tan dura y
prolongada esté animada por una fuerte motivación política, pero ya es hora
de que el ELN evalúe los resultados de más de medio siglo de su acción
violenta: en lugar de producir cambios beneficiosos para los más necesitados, ha generado miles de víctimas, ha dado argumentos para incrementar
enormes gastos en seguridad a costa de la inversión social, ha estimulado a la
extrema derecha política y armada, ha quitado espacio a los sectores populares
y contribuido a su estigmatización. En suma, esa organización tiene un deber
moral de negociar para pronto ponerle fin a su lucha armada.

A todo este urgente esfuerzo en favor de la paz contribuye este libro.

1. *Reflexiones introductorias y presentación de la obra*

CÉCILE MOULY Y ESPERANZA HERNÁNDEZ DELGADO

En los últimos setenta años, de manera sostenida, los estudios de paz y conflictos han producido un valioso acumulado de teoría sobre el ámbito complejo, reiterado e inacabado de los conflictos bélicos y su transformación por vía negociada (Özerdem y Mac Ginty 2019; Burton y Dukes 1990; Darby y Mac Ginty 2000). Sin desconocer significativos avances de los que dan cuenta estos estudios, y de diversas maneras este libro, aún no ha sido posible contar con saberes y rutas expeditas que prevengan el surgimiento de los conflictos armados o logren de manera inteligente y menos costosa la terminación de los existentes. En este contexto reconocemos los estudios académicos de los procesos de paz como una valiosa ventana de oportunidad, independientemente del conflicto del que traten, su contexto y características específicas. Estudiosos de ellos, como Fisas (2004: 151), han afirmado que "son algo siempre difícil, lleno de sorpresas y complejidades, y a veces muy largos" y "no hay fórmulas únicas, sino múltiples variantes de procesos ya ensayados".

¿Cuál es el momento de madurez de los conflictos bélicos para su terminación? ¿Las partes deberían negociar la paz sin facilitación o sería útil recurrir a una mediación? ¿Cuál modelo de negociación es el idóneo? ¿Cuáles son los actores que deberían estar sentados en la mesa de negociación? ¿Cuáles son las modalidades de participación de la sociedad en los procesos de paz? ¿Por qué recaen conflictos en los que las partes habían alcanzado un acuerdo final de paz? Estos interrogantes y muchos otros han dinamizado la investigación, nutrido la reflexión y generado conocimiento académico sobre procesos de paz. De alguna manera han estado presentes en las investigaciones que soportan cada uno de los capítulos de este libro, centrado de manera específica en el proceso de paz entre el Gobierno colombiano y el Ejército de Liberación Nacional (ELN) en el lapso comprendido entre 2010 y 2019.

Aunque el ataque a la Escuela de Policía General Santander, en enero de 2019, tomó a mucha gente por sorpresa, muchos dudaban del feliz término de las negociaciones de paz entre el Gobierno colombiano y el ELN que iniciaron durante el gobierno de Juan Manuel Santos. Había razones para ser optimistas en cuanto a estos diálogos, como la consecución de un acuerdo sobre una agenda de negociación que permitió pasar a una fase pública, esto por primera vez en la historia de las conversaciones de paz con esta guerrilla. El cese al fuego bilateral de 101 días entre finales de 2017 e inicios de 2018 también constituía un hito alentador, así como el desarrollo de las audiencias públicas preparatorias para conocer las perspectivas de los/las ciudadanos/as sobre cómo se debería desarrollar la participación de la sociedad en este proceso de paz. No obstante, al mismo tiempo, se podían observar varias dificultades, como el inicio tardío de la fase pública de las negociaciones de paz, a tan solo un año y medio del final del mandato del presidente Santos. Asimismo, los obstáculos en la implementación del acuerdo de paz entre Gobierno y FARC hacían lógicamente que el ELN tuviera más prevención y exigiera más garantías de implementación.

Este libro es producto de un proyecto de investigación desarrollado por las editoras de este libro en alianza entre FLACSO Ecuador y la Universidad de La Salle, Colombia entre 2017 y 2022. Con esta obra buscamos profundizar en diversos aspectos del proceso de paz que inició durante el gobierno Santos y culminó durante la presidencia de Duque, y ofrecer pistas de los elementos necesarios a tener en cuenta para aumentar las posibilidades de éxito del proceso de paz que empezó entre el gobierno de Petro y el ELN al cierre de la redacción de este libro. Los capítulos son productos de las investigaciones de sus autores, quienes han indagado sobre diferentes aspectos del proceso, y cada uno ofrece una mirada complementaria del mismo. A continuación ofrecemos un panorama general de la obra, presentando sus rasgos más destacados, la metodología usada por los/las autores/as de los capítulos y para terminar la estructura del libro.

1. Rasgos sobresalientes del libro

Mientras existen varios libros sobre el proceso de paz entre el Gobierno colombiano y el ELN que se desarrolló entre 2014 y 2019, ninguno provee un panorama amplio del proceso que integre distintas perspectivas que van desde un análisis territorial hasta una perspectiva de género pasando por temas comunicacionales, entre otros. Muchos de los estudios publicados explican los resultados del proceso de paz principalmente en función de variables estructurales que tienen que ver con el contexto en el que se desarrolló y no de la negociación en sí misma[1]. A diferencia, la presente obra combina análisis centrados en variables contextuales con investigaciones enfocadas en el proceso de negociación que ofrecen lecciones prácticas para diálogos futuros.

Como se detalla a continuación, cada capítulo se basa en los hallazgos de proyectos de investigación académica y un análisis en profundidad de una cantidad significativa de datos que permiten respaldar los argumentos de sus autores/as. A su vez, en su conjunto hace evidente la interdisciplinariedad, representada en estudios desde los diversos campos de las ciencias sociales en los que se inscriben los capítulos. Esto hace del libro una compilación única y valiosa para reflexionar sobre el proceso de paz entre Gobierno y ELN que se inició durante la presidencia de Santos y culminó durante la de Duque.

Asimismo, permite a cada autor/a ofrecer reflexiones valiosas como lecciones aprendidas que pueden ser de utilidad para el proceso de paz que empezó en 2022 entre el Gobierno y esta guerrilla y otros procesos de paz en distintas latitudes del mundo. En particular, los/las autores/as recalcan los aciertos y desaciertos del proceso pasado, las oportunidades y los obstáculos, y los elementos que no fueron tomados suficientemente en cuenta. Sobre esta base plantean recomendaciones para que no se repitan los errores del pasado y al contrario se maximicen las posibilidades de que el proceso de paz entre el gobierno de Petro y el ELN se desarrolle de forma exitosa. Algunos/as autores/as también brindan un análisis prospectivo de cara al futuro, que puede permitir anticipar dificultades y buscar cómo superarlas.

En cuanto al perfil de los/las autores/as, es importante destacar su diversidad. Los/las autores/as que escriben en este libro provienen de universidades y centros de investigación en Colombia y otras partes del mundo (Alemania, España, Ecuador, México) y tienen diferentes experticias. Algunos/as son colombianos/as, mientras otros/as son de distintas nacionalidades (portuguesa, canadiense, estadounidense, francesa). Además, existe un balance de género entre los/las autores/as. Esta diversidad enriquece el libro al asegurar una pluralidad de miradas.

2. *Metodología usada por los/las autores/as*

Los/las autores/as y coautores/as que han participado en la redacción de este libro han conducido una investigación académica sobre aspectos específicos del proceso de paz, y sus capítulos respectivos se basan en los hallazgos de dicha investigación. En algunos casos, esta investigación data de muchos años, y, en un caso, saca provecho de la experiencia propia de uno de los

---

[1] Una excepción notable es Arévalo, Daly y García (2020).

autores como negociador gubernamental. Todos los capítulos se basan en una metodología cualitativa de investigación, alimentada en algunos casos con datos estadísticos, por ejemplo, respecto a las acciones ofensivas del ELN, a los enfrentamientos entre esta guerrilla y el Gobierno (véase Valenzuela en este libro), a la efectividad del Gobierno o al número de exguerrilleros de las FARC y líderes sociales asesinados (Aponte y Larratt-Smith en este libro). Estos datos, presentados de forma gráfica, permiten contextualizar el análisis al aportar al entendimiento de ciertas dinámicas del conflicto armado.

En los distintos capítulos una de las principales herramientas de recolección de datos fue la entrevista semiestructurada. Así varios/as autores/as condujeron entrevistas a actores clave del proceso, incluyendo miembros de las propias delegaciones, representantes de los países garantes, miembros de la misión de verificación de las Naciones Unidas en Colombia, líderes de la sociedad civil que acompañaron el proceso, entre otros. Dichas entrevistas ofrecen una perspectiva única sobre los diálogos de paz que se llevaron a cabo entre 2014 y 2019 desde la mirada de sus principales protagonistas y enriquecen el análisis realizado por los/las autores/as.

Asimismo, se destaca la significativa revisión documental efectuada por muchos/as autores/as, quienes se esmeraron en examinar la documentación disponible sobre los aspectos del proceso en los que se enfocaron en su capítulo. En particular, se examinaron documentos producidos por la mesa de negociación, comunicados de cada parte, textos redactados por negociadores/as y entrevistas a negociadores/as, entre otros. Para terminar, vale la pena recalcar los esfuerzos de autores, como Andrés Aponte y Charles Larratt-Smith, por hacer trabajo de campo en territorios donde opera el ELN y así entender mejor las dinámicas territoriales de esta guerrilla y las percepciones de la sociedad en estos territorios.

3. Estructura del libro

En el capítulo que sigue esta introducción, Esperanza Hernández Delgado se centra en dos aspectos. Por un lado, caracteriza el proceso de paz en sus principales desarrollos en el lapso entre 2010 y 2019. Por el otro, examina el proceso de paz desde un enfoque de negociación cooperativo. Respecto del segundo, recoge teoría sobre la negociación, su articulación a los estudios de paz y conflictos, y el modelo cooperativo para identificar sus significados, características esenciales y sus ventajas para transformar conflictos bélicos de forma pacífica y finalizar las hostilidades armadas. A su vez, analiza hallazgos de la investigación para la paz en la que se soporta para identificar si las partes acudieron a este modelo de negociación o si solo se registraron expresiones de colaboración entre ellas en las fases de prenegociación y negociación del proceso de paz. De igual manera, reconoce como una ventana de oportunidad el proceso de paz que se ha reiniciado entre el Estado colombiano y el ELN en el gobierno Petro, e identifica factores favorables para este proceso y la adopción en él de un modelo cooperativo. Asimismo, recoge aspectos que deben tenerse en cuenta con base en lecciones aprendidas y requerimientos explícitos en la agenda de paz y manifestaciones de las partes recogidas en la investigación.

En el capítulo 3 Cécile Mouly se enfoca en la participación de la sociedad como eje medular del proceso de paz que inició durante la presidencia de Santos. Muestra las diferentes opiniones de los negociadores respecto a dicha participación, tanto del lado gubernamental como del ELN, y dentro de la misma delegación gubernamental. Sostiene que estas diferentes visiones y las prioridades divergentes del Gobierno y del ELN respecto a este punto dificultaron mayores avances en este tema. También analiza las distintas funciones que desempeñaron diversos actores sociales en apoyo a las negociaciones de paz, tales como propiciar un entorno más favorable a las mismas, buscar acercar a las partes, presionar a las partes para reducir la confrontación y acordar medidas humanitarias, y transmitir las propuestas de distintos sectores sociales sobre problemas clave de abordar en las negociaciones de paz. Concluye que, a pesar de los desafíos, la participación de la sociedad en un proceso de paz entre Gobierno y ELN tiene ventajas significativas y es fundamental para aumentar la disposición del ELN a negociar.

En el capítulo 4 Joana Amaral provee una mirada analítica de la estrategia de comunicación de la mesa de negociación, en clave comparada con el proceso de paz entre Gobierno y FARC. De forma interesante, señala que la confidencialidad es importante para las negociaciones de paz, pero tiene repercusiones adversas al hacer que el público no se entere del progreso de los diálogos. En este sentido, el proceso de paz entre Gobierno y ELN que empezó durante el gobierno Santos tenía el potencial de superar algunas debilidades de la estrategia comunicacional de la mesa entre Gobierno y FARC, debido a la centralidad de la participación de la sociedad, que requería que este proceso fuera más abierto. No obstante, si bien hubo avances en este sentido, no se dio el suficiente reconocimiento entre las partes de sus diferencias en materia comunicacional, lo que ocasionó malentendidos. De forma general, los dos procesos de paz que se desarrollaron durante la presidencia de Santos revelan la importancia de comunicar los avances de la mesa de forma conjunta para que la sociedad los valore como "hitos alcanzados conjuntamente" (Amaral en este libro).

Seguidamente, Liliana Zambrano-Quintero analiza el proceso de paz desde una perspectiva de género en el capítulo 5. Plantea que generó muchas expectativas, sobre todo teniendo como antecedente el proceso con las FARC y el acuerdo de paz resultante, ambos elogiados por varios analistas por su atención a las cuestiones de género. Muestra cómo las mujeres de ambas delegaciones en el proceso de paz entre Gobierno y ELN empujaron la transversalización del género en las negociaciones de paz, y dos grandes coaliciones de organizaciones de la sociedad civil presionaron a la mesa para que tomara en consideración una perspectiva de género. Asimismo, recalca la oportunidad del punto 1 de participación de la sociedad para nutrir la mesa desde una perspectiva de género, pero señala que, a pesar de estos elementos prometedores, no se pudo materializar dicha perspectiva en el proceso porque se truncó de forma prematura.

En el capítulo 6, Kyle Johnson y Ángela Olaya proveen un análisis pormenorizado del primer cese al fuego bilateral firmado entre el Gobierno y el ELN, explicando por qué este no ayudó a construir una mayor confianza entre las partes. Afirman que el lenguaje del acuerdo fue ambiguo y esto llevó a interpretaciones distintas de cada parte sobre su alcance. A pesar de que se disponía de un mecanismo para resolver controversias respecto a las denuncias de incumplimiento presentadas por cada parte, este mecanismo no resultó eficiente y no logró abordar la mayoría de los casos sometidos a su consideración. Así, a pesar del grado significativo de cumplimiento de cada lado con el cese al fuego bilateral, este no generó mayor confianza entre las partes. Al contrario, produjo mayor desconfianza y su no renovación fue seguida de una serie de actos bélicos por parte del ELN que ocasionaron la mayor crisis de la mesa en los primeros meses de 2018.

Mientras tanto, en el capítulo 7, Andrés Aponte y Charles Larratt-Smith ofrecen un interesante análisis sobre los saboteadores de los procesos de paz, internos y externos, y resaltan la incidencia de los primeros, específicamente del ELN, debido a la estructura de este grupo insurgente. Afirman que, si bien el ELN tiene un mando nacional que orienta sus acciones, su estructura organizacional puede ser calificada de "federalismo asimétrico". Este tipo de estructura favoreció el accionar de saboteadores entre las filas del ELN durante el proceso de paz que se llevó a cabo entre 2014 y 2019. Por ello, los autores enfatizan la necesidad de analizar las particularidades de cada frente del ELN para entender por qué algunos se alinearon con una salida negociada al conflicto, mientras otros mantuvieron el escepticismo e inclusive se fueron distanciando del proceso de paz. Sostienen que este análisis es esencial de cara al proceso de paz que inició en 2022 para desarrollar estrategias que permitan reunir mayores apoyos para una salida negociada en el seno de esta guerrilla.

Pedro Valenzuela, en el capítulo 8, articula las teorías de la madurez y la disposición, y la situación militar del ELN para analizar la disposición del ELN a negociar la paz con el Gobierno. También sugiere algunos elementos que podrían dificultar o, a su vez, facilitar la disposición del ELN a negociar con el Gobierno y avanzar hacia la consecución de un acuerdo. En particular, recalca que no es prudente basarse en la debilidad militar del ELN en el terreno para establecer algún tipo de pronóstico porque el ELN no solo es un grupo alzado en armas; también tiene a muchos integrantes sin armas. Además, sostiene que es necesario tomar en cuenta las "oportunidades tentadoras" que podría ofrecer, por ejemplo, el gobierno de Petro.

El último capítulo antes de pasar a las conclusiones ofrece un análisis prospectivo que, a diferencia de la mayoría de los capítulos anteriores, se centra en lo que podría pasar a futuro y ofrece algunas sugerencias para aumentar las posibilidades de lograr un proceso de paz exitoso. En este capítulo 9 David Aponte, Margarita Canal, Alejandro Reyes y María Fernanda Arias coinciden con Pedro Valenzuela en la necesidad de tener presentes estas particularidades del ELN. Su análisis prospectivo se basa en diversos elementos que consideran las particularidades de esta guerrilla y del gobierno de Petro electo en 2022 para plantear escenarios frente a la reanudación de los diálogos de paz a finales de 2022.

Finalmente, en el capítulo de conclusiones, ofrecemos un balance del proceso de paz entre el Gobierno colombiano y el ELN que inició durante el gobierno Santos y destacamos varias lecciones aprendidas que, de ser tomadas en cuenta, pueden aumentar las posibilidades de que las conversaciones de paz entre Gobierno y ELN que iniciaron en 2022 gocen de mayor legitimidad, lleguen a un feliz término y produzcan un acuerdo de paz con más posibilidades de ser implementado.

Referencias

Arévalo, Julián, Julio Daly y Andrea García. 2020. "Dignidad como elemento esencial en una negociación: teoría y tres estudios de caso." En *Negociación y cooperación. Teoría y experiencias en resolución de conflictos*, editado por Julián Arévalo, 79–109. Bogotá: Universidad Externado de Colombia.

Burton, John y Frank Dukes. 1990. *Conflict: Practices in Management, Settlement and Resolution*. Londres: Palgrave Macmillan.

Darby, John y Roger Mac Ginty. 2000. *The Management of Peace Processes*. Basingstoke: Palgrave Macmillan.

Fisas, Vicenç. 2004. *Procesos de paz y negociación en conflictos armados*. Barcelona: Paidós.

Özerdem, Alpaslan y Roger Mac Ginty. 2019. "Conclusión: What have we learned?" En *Comparing Peace Processes*, editado por Alpaslan Özerdem y Roger Mac Ginty, 336–353. Londres: Routledge.

2. Proceso de paz entre el Estado colombiano y el ELN: caracterización y negociación cooperativa[1]

Esperanza Hernández Delgado

Los conflictos bélicos son tan antiguos como los acuerdos de paz que los finalizan. Muñoz (2001) señaló que, si todo hubiera sido guerras, el género humano no existiría, e indicó que ha sido la gestión de la paz en estos conflictos la que ha posibilitado la preservación de la especie humana (Muñoz 2001; Muñoz et al. 2005). Desde esta perspectiva puede comprenderse que a mediados de los cuarenta del siglo XX, después de la segunda guerra mundial, surgiera la disciplina de los estudios de paz (Curle 1994; Mouly 2022) y que en los ochenta comenzara a registrarse un creciente interés por los estudios sobre la negociación (Fisher, Ury y Patton 1981) en un siglo de gran letalidad, que dejó un saldo de 110 millones de personas que perdieron la vida por conflictos armados (Lederach 2008; Ury 2005).

En el contexto internacional, en las últimas cuatro décadas se ha evidenciado una preferencia por la resolución y transformación de los conflictos bélicos por vía negociada (Fisas 2015). Así se ha reflejado en el alto número de conflictos de esta naturaleza finalizados mediante procesos de paz frente a los terminados por vía militar, y en los que estando activos cuentan con procesos de paz en curso. Estimativos esperanzadores señalan que, de los 62 conflictos

[1] Este capítulo es producto de un proyecto de investigación para la paz, realizado entre 2018 y 2022, en alianza entre la Universidad de la Salle y FLACSO Ecuador. Se formuló dentro del campo de acción del Laboratorio de Paz del Doctorado en Educación y Sociedad, y se inscribe al grupo de investigación en Educación y Sociedad. La investigadora agradece a la Vicerrectoría de Investigación y Transferencia de la Universidad de La Salle por contribuir a la financiación del libro y apoyar el desarrollo de la investigación.

bélicos resueltos en los últimos 35 años, 77 % de ellos finalizaron mediante acuerdos de paz, mientras que 16.4 % por victoria militar (Fisas 2016: 18). A su vez, en el 2021 se identificaron en el mundo 32 conflictos armados[2] y 37 procesos de paz[3] (Escola de Cultura de Pau 2021). Algunos estudios también destacan que solo el 25 % o 30 % de los procesos de paz logran finalizar su etapa de negociación con un acuerdo final de paz, evidenciando la dificultad de alcanzar este logro y, a su vez, el valor que estos acuerdos entrañan (Kreutz 2014: 349–362).

Jonathan Powell (2021: 11), mediador reconocido, ha afirmado que "ningún conflicto en el mundo es irresoluble y que solo hace falta lograrlo" y ha destacado casos ejemplarizantes como los procesos de paz realizados con las Fuerzas Armadas Revolucionarias de Colombia (FARC) en Colombia y con el IRA en el Norte de Irlanda, que hicieron visible la posibilidad de realizar negociaciones de paz con acuerdos finales, luego de intentos previos y fallidos. A su vez, ha señalado que negociar con grupos armados denominados "terroristas" no es faltar a principios éticos, estimular su conducta, evidenciar la debilidad de los Estados, ni legitimarlos y fortalecerlos, sino un imperativo humanitario para detener una confrontación bélica interminable, disminuir el sufrimiento humano y proteger vidas. Agrega que negociando y dialogando con estos grupos es como se resuelve y transforma esta conflictividad (Powell 2021).

Este capítulo se centra en el proceso de paz realizado entre el Estado colombiano y el Ejército de Liberación Nacional (ELN), en una ventana de observación comprendida entre 2010 y 2019. Lo caracteriza, ofreciendo un contexto que destaca la robusta trayectoria de Colombia en la búsqueda de paces negociadas, evidencia cambios actuales y relevantes del conflicto armado e identifica los principales rasgos de esta guerrilla. A su vez, señala los aciertos y desaciertos del proceso de paz en mención. De igual manera, lo analiza a partir de teorías sobre la negociación, especialmente la del enfoque cooperativo, y hallazgos de la investigación realizada. Su propósito es ofrecer elementos teóricos y prácticos que contribuyan a su mayor comprensión, recoger lecciones aprendidas y aportar a un futuro escenario de negociaciones de paz con esta insurgencia.

El proceso de paz analizado se realizó en el gobierno del presidente Juan Manuel Santos (2010–2018) y alcanzó avances significativos, aunque no logró el acuerdo final de paz. Luego, durante el gobierno del presidente Iván

---

[2] 15 de estos conflictos se registran en África, 9 en Asia, 2 en Europa, 1 en América y 5 en Oriente Medio.

[3] 12 procesos de paz se ubican en el África, 10 en Asia, 7 en Europa, 5 en Oriente Medio y 3 en América.

Duque (2018–2022) fue congelado y dado por terminado, desconociendo los protocolos acordados para tal evento y colocando en una situación difícil a Cuba, país garante y anfitrión (Mouly y Hernández 2020). Mientras escribía este capítulo, asumió la presidencia de Colombia Gustavo Petro Urrego, de filiación política de izquierda. En su discurso de posesión anunció el carácter central de la paz en su gobierno, y bajo un enfoque que denominó "paz total" ofreció reanudar el proceso de paz con el ELN, y realizar procesos de desarme y sometimiento a la justicia con grupos paramilitares. Tres meses después, el 21 de noviembre, reinició las negociaciones de paz con esta insurgencia, retomando la agenda acordada entre las partes en 2016, en tiempos del gobierno Santos. Este acontecimiento abrió una nueva ventana de oportunidad para la *paz aplazada, pero urgente y necesaria con el ELN*, como dice el título de este libro, y para el cierre definitivo del prolongado conflicto armado de este país.

Este texto es producto de un proyecto de investigación para la paz, descrito en la introducción del libro[4]. Se apoyó en fuentes primarias y secundarias de información. No obstante, en cuanto a las primeras fuentes, por el tema que aborda, se soportó solo en las entrevistas semiestructuradas efectuadas a integrantes de las comisiones negociadoras del Gobierno y del ELN, y a fuentes vinculadas a las mismas. A su vez, intenta responder a estos interrogantes: ¿Cuáles características del contexto favorecen el proceso de paz con el ELN? ¿Qué cambios del conflicto armado evidencian la necesidad de este proceso de paz? ¿Qué rasgos caracterizan al ELN? ¿Cuáles fueron los aciertos y desaciertos del proceso de paz realizado con esta insurgencia en la ventana de observación abordada? ¿Por qué no se logró la aplicación y el desarrollo de un enfoque cooperativo de negociación en el proceso de paz que adelantó el gobierno Santos con esta insurgencia? ¿Qué ventajas brinda este enfoque para una próxima negociación de paz con esta guerrilla?

1. Contexto

Este contexto ofrece una mirada sobre tres aspectos relevantes de cara a un proceso de paz con el ELN: el robusto acumulado con que cuenta Colombia en materia de paces negociadas, los cambios recientes del conflicto armado interno que evidencian la urgencia de su resolución y transformación por vía negociada, y rasgos de esta insurgencia, que deben ser tenidos en cuenta en una próxima negociación de paz.

---

[4] El proyecto de investigación para la paz fue titulado: "Proceso de paz entre el Gobierno colombiano y el Ejército de Liberación Nacional (ELN): logros, desafíos y lecciones aprendidas. 2010–2019" y se desarrolló en las fases I y II.

Colombia: un escenario fértil para paces negociadas

Algunos factores han alentado la esperanza de alcanzar la orilla largamente deseada de una Colombia que transita de violencias siempre destructivas a acuerdos sociales y políticos para la paz. El primero de ellos ha sido el creciente universo de iniciativas civiles de paz y escenarios de construcción de paz[5] que han surgido desde los setenta del siglo XX, documentados ampliamente en diversos estudios[6]. El segundo, los procesos de paz realizados y el acumulado de aprendizaje que todos han dejado, incluso los que no alcanzaron un acuerdo final de paz (Villarraga 2009; Hernández 2012) .

En los últimos cuarenta años, Gobiernos y movimientos insurgentes han acudido a la vía negociada para resolver y transformar el complejo y prolongado conflicto armado interno de este país (Programa de Reinserción – Red de Solidaridad Social 1999; Villarraga 2009; Pizarro 2017; Hernández 2018). Se destaca de manera particular el realizado con las extintas FARC, por alcanzar un acuerdo de paz con una insurgencia, considerada en ese momento como la más antigua, robusta y consolidada del continente (Hernández 2018; Hernández 2022; Arévalo 2020a). Si bien en ese lapso se obtuvieron logros, reflejados en procesos y acuerdos de paz con algunas guerrillas[7], que fueron interpretados desde entonces como paces negociadas parciales, hasta el momento no ha sido posible encontrar la ruta idónea para la terminación de este conflicto.

---

[5] Se destaca en 1971 el surgimiento del movimiento indígena con el Consejo Regional Indígena del Cauca (CRIC), un sostenido movimiento por la paz que se ubica a mediados de los setenta, procesos de resistencia civil de indígenas, afrodescendientes, campesinos, mujeres, jóvenes y víctimas; las asambleas municipales constituyentes, en 1997 el potente Mandato Ciudadano por la Paz, la Vida y la Libertad que alcanzó el respaldo de diez millones de votantes, la Asamblea Nacional Constituyente de 1990, las iniciativas de paz de las Iglesias, y las generadas por universidades, entre otras. Algunos de estos procesos han alcanzado una larga duración.

[6] Entre estos estudios, se destacan Hernández y Salazar (1999), Hernández (2004), García (2006), Lederach (2008), Bouvier (2009), Barreto (2016), Kaplan (2017), Mouly y Garrido (2018), Mouly y Hernández (2019), entre otros.

[7] Es el caso de las insurgencias Movimiento 19 de Abril (M-19) en 1989, el Partido Revolucionario de Trabajadores (PRT) en 1991, Ejército Popular de Liberación (EPL) en 1991, Movimiento Armado Quintín Lame (MAQUL) en 1991, la Corriente de Renovación Socialista (CRS) en 1993 y las FARC en 2016.

Los cambios recientes en el conflicto armado colombiano

Mitchell (2016), en su análisis sobre los conflictos que denomina "intratables"[8] o de difícil solución, ha identificado la incidencia en ellos de factores como los cambios en el tiempo, y ha colocado de presente su repercución en su "prolongación perpetua"[9], que los hace más resistentes a una solución (Mitchell 2016). El conflicto armado colombiano encaja dentro de estos conflictos. Aunque ha registrado cambios a lo largo de su existencia, interesa a este capítulo los evidenciados en la última década. Estos se hicieron visibles desde el inicio del proceso de paz con las extintas FARC y se profundizaron en el gobierno del presidente Iván Duque (Hernández 2022). Se describen a continuación:

(i) Intensidad del conflicto armado: Este cambio se hizo visible en el tránsito de un descenso en estimativos de violencia durante el proceso de paz con las FARC, en el gobierno Santos, a su incremental ascenso desde la firma del acuerdo de paz y durante todo el gobierno del presidente Iván Duque. Respecto del descenso, algunas fuentes lo registraron como desescalamiento del conflicto armado y prevención de muertes por cuenta del proceso de paz. A su vez señalaron que entre el 20 de julio de 2015 y el 20 de enero de 2016 se redujeron en un 97 % las acciones ofensivas de las FARC, y los combates entre el Ejército y este actor armado disminuyeron en 73 %; y en sus primeros tres años, el proceso de paz previno la muerte de por lo menos 1500 personas (CERAC 2015).

En cuanto al ascenso mencionado, se expresó en el asesinato progresivo de líderes sociales, defensores de derechos humanos y firmantes de paz de las FARC, y masacres. Así lo reflejan algunos estimativos: en 2021 fueron asesinados 171 líderes sociales y defensores de derechos humanos, 43 firmantes de paz de las extintas FARC, y se registraron 96 masacres con 338 víctimas; y entre enero y octubre de 2022 se asesinaron 137 líderes sociales y defensores de derechos humanos y 34 firmantes de paz, y se perpetraron 82 masacres con 261 víctimas.

---

[8] Mitchell (2016: 111) define los conflictos intratables de esta manera: "aquellos que, independientemente de que tipos de partes estén implicadas o del entorno social en que se produzcan, se prolongan durante mucho tiempo y se resisten a los intentos por resolverlos".

[9] El autor denomina la prolongación de estos conflictos intratables, de manera explícita, como "prolongación perpetua", aludiendo a una dinámica de intensificación de dichos conflictos, dado que a mayor prolongación mayor dificultad para resolverlos.

A su vez, durante el gobierno Duque (2018–2022), fueron asesinados 957 líderes sociales y defensores de derechos humanos, al igual que 261 firmantes de paz, y se realizaron 303 masacres con 1192 víctimas (INDEPAZ 2022).

(ii) Recomposición de actores armados: Este cambio se materializó en la presencia y reconfiguración del fenómeno paramilitar, el fortalecimiento de la insurgencia del ELN que, además de mantener su influencia en territorios históricos, ingresó a algunos dejados por las FARC y entró en disputa con otros actores por estos nuevos escenarios territoriales (Fundación Ideas para la Paz 2022), y en el surgimiento de disidencias de las extintas FARC y la proliferación de grupos armados organizados residuales (Fundación Heinrich Boll Stiftung Oficina Colombia 2018).

Estos cambios han generado un impacto múltiple sobre la población civil. Así mismo, han hecho visible la urgencia de finalizar este conflicto, impedir su "prolongación perpetua", empleando la expresión de Mitchell, y cerrar la espiral inacabada, dinamizada por la correlación entre mayor prolongación, mayor degradación y más difícil solución.

El ELN: rasgos relevantes y condición actual

Colombia es el único país de América Latina que ha registrado el surgimiento temprano de guerrillas. Estas se identificaron a finales de la década de los cuarenta en las guerrillas liberales y de los comunes, que emergieron en el marco de la violencia partidista (Pizarro 1991).

El ELN surgió el 4 de julio de 1964 en San Vicente de Chucurí, departamento de Santander (Ejército de Liberación Nacional 2006; Velandia 2022). Eduardo Pizarro (1996) lo ha tipificado dentro de las guerrillas de primera generación, junto con las FARC y el EPL (Pizarro 1991). Emergió en un contexto internacional de la guerra fría y en uno regional, en el que hizo presencia central la teoría de la revolución. Por entonces, para algunos sectores sociales y en el debate intelectual y político de la época, representaba la única vía para transformar la realidad de dependencia y estancamiento económico. En consecuencia, muchos países latinoamericanos vieron surgir guerrillas al interior de sus fronteras, aunque solo en algunos[10] de ellos lograron su consolidación, y en forma excepcional, en dos casos[11], se registró el triunfo revolucionario (Pizarro 1996).

[10] Es el caso de Colombia, Perú, El Salvador, Guatemala y Nicaragua.
[11] Es el caso de Cuba y Nicaragua.

Cada movimiento insurgente tiene una historia y desarrolla su propia personalidad. En perspectiva de un proceso de paz es importante conocerlas y tenerlas en cuenta. A continuación, se relacionan algunos rasgos relevantes del ELN:

(i) Se han aducido diversas causas generadoras del ELN: violencia partidista, cerramiento del sistema político, expresiones de violencia estructural como la injusticia social, la miseria y la exclusión, el liderazgo de Fabio Vásquez Castaño y el triunfo de la revolución cubana en 1958, entre otras (Pizarro 1991; Hernández 2012; Mouly y Hernández 2020).

(ii) Su emergencia y consolidación han estado vinculados a las luchas sociales. En algunas publicaciones, el ELN ha afirmado que su origen se nutrió de luchas obreras y campesinas contra las multinacionales petroleras, de los estudiantes en algunas universidades y de los guerrilleros que les antecedieron. Han sostenido que, "la lucha social y política de las masas parió la lucha armada revolucionaria" (Ejército de Liberación Nacional 2006). Se agregan a las anteriores: el marxismo leninismo, el cristianismo revolucionario derivado de la teología de la liberación y el legado de líderes históricos como José Antonio Galán, Simón Bolívar, José Martí, Jorge Eliecer Gaitán, Camilo Torres, el Che Guevara y Fidel Castro (Velandia 2022).

(iii) Desde su emergencia, el ELN se ha definido como "organización político militar, única y nacional" (Ejército de Liberación Nacional 2006). En su asamblea de 1983 se reconoció como "organización popular, antioligárquica, antiimperialista, anticapitalista, antielectoral, antirrevisionista" (Velandia 2022).

(iv) El ELN ha enfrentado altibajos[12], pero ha evidenciado capacidad de reacomodación, en su significación como adaptación a los cambios y superación de las crisis (Hernández 2012).

(v) Cuenta con una estructura con un mando centralizado (Velandia 2022). Algunos afirman que es federada o confederada (Aponte y González 2021). Integrantes de la comisión negociadora del ELN sostuvieron que era centralizada, pero incluía instancias de deliberación y consulta (entrevista E32, 2020), y fuentes cercanas a la

---

[12] Así se evidenció en la operación de Anorí en 1973, la de la década de los noventa, y la de comienzos del 2000 (Velandia 2022).

comisión negociadora del Gobierno manifestaron que "hay una unidad central de mando" (entrevista E45, 2021). Desde el congreso de 1983 y bajo el principio de centralismo democrático, comenzó a registrar una apertura a la autonomía de sus estructuras regionales (Velandia 2022). Un académico entrevistado manifestó que era "una organización muy celosa de preservar su unidad" (entrevista E45, 2021).

(vi) Estudiosos del ELN e integrantes de la comisión negociadora del Gobierno señalaron que era una guerrilla dogmática, por su firme arraigo a su ideología, posturas políticas y convicciones (entrevistas E19, 2019, E37, 2021).

En la actualidad el ELN es la principal insurgencia de Colombia y la más antigua del continente. Desde 2010 ha registrado un incremento de su pie de fuerza (Fundación Ideas para la Paz 2020). En el 2000 contaba con 4500 combatientes, en 2010 este número se redujo a la mitad, y en 2018 pasaron a ser unos 2000 o 3000 integrantes en armas y unos 4000 o 5000 milicianos (Fundación Ideas para la Paz 2020; Mouly y Hernández 2020). En informe reciente, se estimó que en 2019 su pie de fuerza fue de 4879 combatientes, y en 2021 de 5187 (Fundación Ideas para la Paz 2022). Mientras en 2021 tenía influencia en 164 municipios, para el 1 de septiembre de 2022 esta aumentó a 183 localidades, como se puede ver en el mapa 2.1:

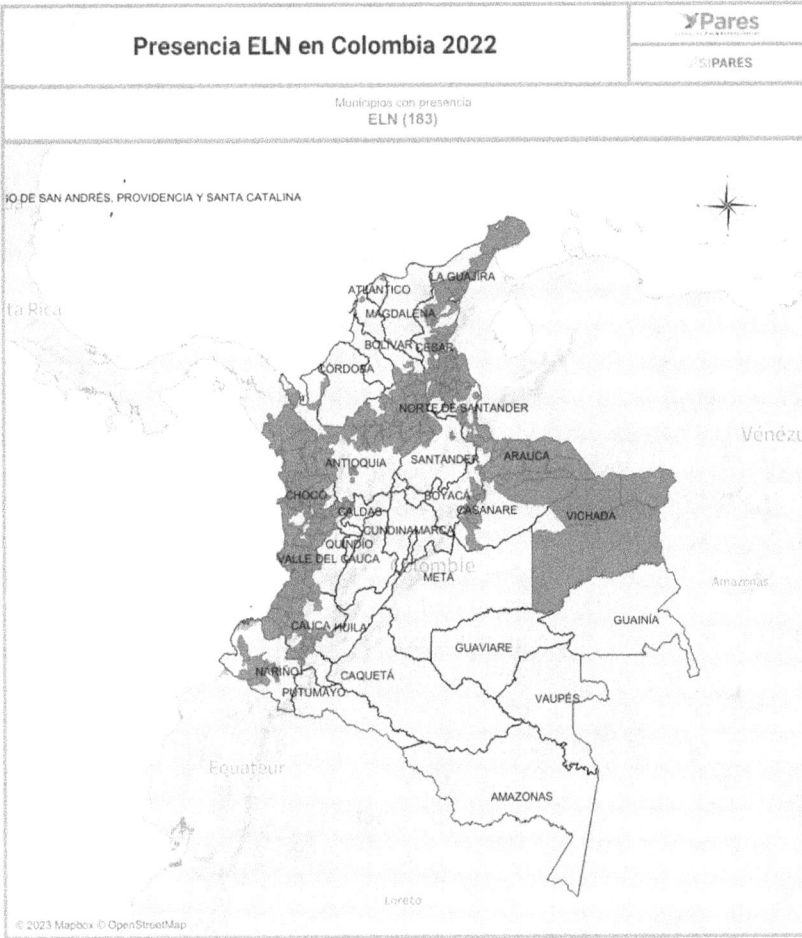

Mapa 2.1. Presencia del ELN en Colombia. Fuente: Fundación Paz y Reconciliación, Liliana Espitia

2. Logros y desaciertos del proceso de paz entre el Gobierno colombiano y el ELN, 2010–2019

Una fuente cercana al Gobierno manifestó que "todo el tiempo ha habido aproximaciones informales con el ELN" (entrevista E45, 2021), siendo la primera de ellas en 1987. Sin embargo, fue en su congreso de 1989, cuando esta guerrilla institucionalizó su decisión de acudir a la vía negociada para la solución del conflicto armado (García 1992; entrevista E32, 2020).

En el gobierno Gaviria (1990–1992), el ELN integraba la Coordinadora Guerrillera Simón Bolívar[13] y participó en el proceso de paz que ese gobierno realizó con esta Coordinadora en Tlaxcala, México y Caracas, Venezuela (García 1992), durante el periodo del presidente Samper (1994–1998) en el preacuerdo fallido del Palacio de Viana entre representantes del Gobierno y esta insurgencia, y posteriormente en Maguncia en el acuerdo de "Puerta del cielo" suscrito entre sectores de la sociedad civil y el ELN. También participó en diálogos con los gobiernos de Pastrana (1998–2002) y Uribe (2002–2010). En todos ellos se comprometieron esfuerzos, mayores o menores, que no lograron superar la etapa exploratoria y, por ende, no pasaron a la fase pública de negociaciones de paz (Mouly y Hernández 2020).

El gobierno Santos (2010–2018) inició en 2012 un proceso de paz con el ELN que alcanzó los mayores logros obtenidos hasta el momento con esta insurgencia, a los que se hará referencia más adelante, pero no consiguió un acuerdo final de paz (Mouly y Hernández 2020). El gobierno del presidente Duque (2018–2022) no evidenció interés por reanudarlo. Inicialmente lo congeló y finalmente lo dio por terminado sin el cumplimiento de los protocolos acordados para tal eventualidad (Mouly y Hernández 2020).

Los procesos de paz realizados con esta insurgencia, aunque no hayan alcanzado un acuerdo final de paz, han aportado aprendizajes al actual acumulado de conocimiento sobre ellos (Hernández 2018; Mouly y Hernández 2020; entrevista E19, 2019). También, así lo perciben integrantes de la comisión negociadora del ELN, quienes aseguraron que los seis puntos de la agenda acordada y vigente fueron producto de esos aprendizajes (entrevista E31, 2022).

Logros en el proceso de paz

No existen procesos de paz perfectos. Ninguno de ellos responde en su totalidad a las expectativas de las partes y de la opinión pública. Unos avanzan más que otros, y solo algunos alcanzan un acuerdo final de paz (Hernández 2018). En el caso del proceso de paz realizado entre el Estado, en el Gobierno Santos, y el ELN, se destacan algunos logros:

- La etapa exploratoria finalizó el 31 de marzo de 2016 alcanzando un acuerdo base que permitió, por primera vez, transitar a una fase pública de negociaciones de paz y la concreción de una agenda de negociación

---

[13] La Coordinadora Guerrillera Simón Bolívar fue constituida en 1987 por todas las insurgencias vigentes en ese momento, las FARC, el EPL y el ELN.

de seis puntos[14]. Fue liderada por Frank Pearl por parte del Gobierno, quien contaba con una experiencia previa, dado que, entre 2009 y 2010, había iniciado un acercamiento con el ELN a través de los integrantes de esta guerrilla detenidos en cárceles de Colombia. Otros factores positivos también se registraron en esta fase: contar con una metodología y una comisión del gobierno integrada sólo por cinco personas, lo que facilitó la interlocución y el trabajo con esa insurgencia (entrevista E37, 2021).

- La inclusión de la participación social en la agenda de negociación, que es su primer punto, significó el reconocimiento a un interés relevante del ELN, uno de sus requerimientos históricos, asociado al rasgo mencionado de esta insurgencia, de su cercanía con las luchas políticas y sociales, y de su particular percepción del proceso de paz, en el que la sociedad representa un actor fundamental (entrevista E29, 2022). Una fuente cercana al Gobierno afirmó que "todos aceptamos la importancia de la sociedad civil como protagonista central en el proceso de paz y eso representó un avance supremamente grande" (entrevista E45, 2021). Además, motivó la participación del ELN en la fase siguiente de negociaciones de paz (entrevistas E19, 2019, E37, 2021; Mouly y Hernández 2022).
- Se alcanzaron avances en la fase de negociación en el punto de participación, reflejados en las audiencias de Tocancipá y en una metodología incipiente para la participación (entrevistas E31, E29, 2022; Mouly y Hernández 2022).
- Se contó, durante el gobierno Santos, con unas condiciones geopolíticas favorables, como las relaciones diplomáticas con Venezuela (entrevista E37, 2021).
- Otro aspecto para destacar fue el acuerdo sobre un cese al fuego bilateral y temporal de 101 días, con importantes niveles de cumplimiento (entrevista E52, 2022).
- Sin duda otro avance fue desvirtuar mitos relacionados con la imposibilidad de negociar y llegar a acuerdos con el ELN, por tratarse de una organización insurgente sin suficiente unidad de mando, federada o confederaba. Como pudo constatarse con los logros alcanzados en sus fases exploratoria y de negociación, sí es posible llegar a acuerdos con esta insurgencia (entrevista E37, 2021). Se destaca, además, que,

---

[14] Fueron los puntos de esta agenda: la participación de la sociedad en la construcción de la paz, democracia para la paz, transformaciones para la paz, víctimas, fin del conflicto armado e implementación.

al comprometerse con el cese bilateral temporal, todos sus frentes de guerra respondieron y los niveles de cumplimiento fueron considerados satisfactorios (entrevistas E45, 2021 y E52, 2022).

- Fue un acierto contar con un canal trasero o *backchannel* para superar estancamientos y dificultades. Una fuente cercana a la comisión negociadora del Gobierno manifestó que este canal había representado un factor positivo e importante, que permitió dinamizar la mesa hasta donde logró llegar, a pesar de las dificultades que le fueron propias. Lo integraron el excongresista Álvaro Leyva, el senador Iván Cepeda, el senador Roy Barreras y la canciller María Ángela Holguín (entrevista E45, 2021).

- Este proceso aporta valiosos aprendizajes al acumulado de conocimiento sobre los procesos de paz con esta guerrilla (entrevista E31, 2022).

Factores negativos en el proceso de paz

Al expresidente Santos se le reconoció su voluntad de paz e, incluso, una fuente cercana al Gobierno manifestó que iba más allá de lograr un acuerdo de paz con las FARC y el ELN, pues buscaba una paz completa (entrevista E45, 2021). Sin desconocerla, se registran a continuación, factores negativos en este proceso de paz:

- Supeditar el proceso de paz con el ELN al realizado con la guerrilla de las FARC. Fue un desacierto significativo por su incidencia en este proceso y en factores como la construcción de confianza (entrevistas E19, 2019; E33, 2020 y E45, 2021). Fuentes consultadas señalaron que en el Gobierno había posturas como la de Sergio Jaramillo, que no estaban de acuerdo con iniciar un proceso de paz con esta insurgencia, y luego, cuando inició, su propuesta fue que estuviera sujeto al de las FARC (entrevistas E37, E45, 2021, E52, 2022). Un integrante de la comisión negociadora del ELN manifestó que este planteamiento hizo que este proceso de paz naciera muerto (entrevista E33, 2020). Desde la perspectiva de Hernández y Mouly (2022), representó una violación a la dignidad, que es un factor invisible pero relevante en los procesos de paz, pues fue interpretado por esta guerrilla como un trato de segunda, que repetía la postura de gobiernos anteriores que priorizaron el proceso de paz con las FARC.

- Carecer de suficiente respaldo político por parte del Gobierno. Un integrante de una de las comisiones negociadoras del Gobierno señaló que "fue un proceso frágil porque carecía de apoyo político" (entrevista E37, 2021).

- Los cambios en las comisiones negociadoras del Gobierno. Durante el proceso de paz se registraron cuatro comisiones[15] (entrevista E52, 2022) y algunas de ellas muy numerosas, como la liderada por el exministro Juan Camilo Restrepo, que estuvo integrada por 16 personas (entrevista E31, 2022). Esto generó inestabilidad e implicó, en mayor o menor medida, el reinicio de comunicación y construcción de confianzas.
- La carencia de una propuesta metodológica más sólida. Así se reflejó en algunos momentos, especialmente en la etapa de negociaciones de paz, en la comisión negociadora del Gobierno liderada por Juan Camilo Restrepo (entrevistas E45, 2021 y E52, 2022).
- La imposibilidad de alcanzar mayores logros en términos de construcción de confianzas. Algunas fuentes aseguraron que en la comisión negociadora del Gobierno había sectores que desde el inicio del proceso de paz no reconocían ningún interés ni voluntad de paz en el ELN (entrevista E52, 2022). A su vez, el ELN desconfiaba de la voluntad de paz del Gobierno, por su planteamiento inicial de supeditar el proceso de paz al de las FARC y también por antecedentes históricos representados en posturas del Estado, que interpretaban que no era de paz sino de pacificación, pues primero invitaban a negociar la paz, pero luego asesinaban a los insurgentes que participaban en los procesos de paz (entrevista E29, 2022). Esta desconfianza se profundizó con los asesinatos de los firmantes de paz de las FARC y las dificultades que se hicieron visibles en su transición temprana. Un integrante de una comisión negociadora del Gobierno manifestó que algo que le había impresionado era "el nivel extremo de desconfianza", que hacía imposible el diálogo. Aseguró que "la posición del ELN era: yo desconfío hasta que no me demuestren lo contrario". Y agregó que muchas veces había tenido que decir: "guardemos el espejo retrovisor" (entrevista E35, 2021).
- El resultado del plebiscito de ratificación del acuerdo de paz con las FARC que debilitó la gobernabilidad del presidente Santos y su impacto

---

[15] En la fase exploratoria, la comisión estuvo liderada por Frank Pearl. En la etapa de transición entre la fase exploratoria y la fase pública de negociaciones de paz, la comisión estuvo bajo la dirección del exembajador Mauricio Rodríguez. Cuando iniciaron las negociaciones de paz, la primera comisión fue direccionada por el exministro Juan Camilo Restrepo, y la segunda por el exvicepresidente Gustavo Bell.

negativo tanto en la comisión negociadora del Gobierno como la de la insurgencia (entrevista E31, 2022).

- El cambio del gobierno Santos al de Duque, quien representaba al uribismo, que había sido el mayor opositor al proceso de paz con las FARC. Este sector había hecho visible su desafecto por la solución negociada del conflicto armado. Aunque había la posibilidad de lograr un nuevo cese bilateral entre el gobierno Santos y el ELN, el cambio de gobierno lo impidió (Mouly y Hernández 2020; entrevista E45, 2021). Una fuente cercana a la comisión negociadora del Gobierno comentó que se habían concentrado los meses de julio y agosto de 2018 para la firma de un nuevo cese bilateral que colocara al nuevo gobierno ante la disyuntiva de terminar el proceso de paz o darle continuidad, pero lamentablemente no lo habían logrado (entrevista E45, 2021).

- El cambio de condiciones geopolíticas, representado en la ruptura de relaciones diplomáticas con Venezuela durante el gobierno Duque, entre otros (entrevista E37, 2021).

- La carencia de una política de paz de Estado. Según integrantes de la comisión negociadora del ELN, este factor no ofrecía garantías a un proceso de paz y, más aún, con las dificultades que se hicieron visibles en la implementación del acuerdo de paz suscrito con las FARC (entrevista E29, 2022). Tampoco favorecía la construcción de confianza.

- El ataque del ELN a las instalaciones de la Escuela de Policía General Santander. Además de su impacto en las víctimas que generó, detonó la decisión del Gobierno Duque de dar por terminado el proceso de paz, reactivar las órdenes de captura de la comisión negociadora del ELN y exigir a Cuba su entrega, desconociendo los protocolos acordados para este evento. Además, representó una frustración para sectores de la sociedad civil que habían comprometido esfuerzos para dinamizar este proceso de paz e implicó la terminación de intervenciones humanitarias impulsadas por la cooperación internacional en búsqueda de acuerdos humanitarios (Mouly y Hernández 2020).

3. *Negociación: una práctica permanente y en evolución*

Algunos académicos señalan que siempre estamos negociando, incluso sin que seamos conscientes de hacerlo. Aseguran que la negociación, entendida como medio para lograr lo que queremos de otra persona o comunicación de doble vía para alcanzar un acuerdo cuando existen intereses en disputa, está presente en la vida cotidiana, en una dimensión personal, social, nacional o internacional (Fisher, Ury y Patton 1981).

Los estudios sobre la negociación no son recientes. Arévalo (2020b) indica que se remontan siglo y medio atrás, y se ubican en la disciplina de las ciencias económicas. Señala que fue Edgeworth, quien, por primera vez, en 1881 ofreció una noción de la negociación como la situación en la que distintas partes buscan llegar a un acuerdo relacionado con el reparto de bienes o dinero (Arévalo 2020b). En la historia reciente, en la década de los cincuenta del siglo XX, los estudios de la negociación se articularon con los estudios de paz y la investigación para la paz (Fisas 2004). En los setenta y ochenta se registró el desarrollo del campo de resolución de conflictos, del que hacía parte la negociación (Fisas 2004) y, como señala Ury (2005), a partir de los ochenta, se ha hecho visible un interés creciente por los estudios sobre la negociación.

La teoría de la negociación ha logrado importantes desarrollos, pero también, estos han reflejado su complejidad. Según Arévalo (2020b), los primeros estudios sobre la negociación se centraron en el reparto del objeto o bienes en disputa, pero fueron considerados después como prescriptivos o normativos, y se les criticó por no analizar la interacción entre las partes y por explicar los impases de la negociación basados en la racionalidad de los actores. También fueron cuestionados, por considerarlos insuficientes, pues la motivación de las partes no siempre está condicionada por los repartos finales sino también por aspectos procedimentales, que podían encontrar su origen en la dinámica misma de la negociación, y por la necesidad de atender problemas de negociación de múltiples elementos. Así surgieron otros aportes, como los que plantearon las etapas de los procesos de negociación, su secuencialidad, el orden en que se abordan los puntos de la agenda, y factores invisibles como la dignidad (Arévalo 2020b).

La negociación en conflictos armados: desarrollos articulados a la investigación para la paz

Fisas (2004) ha ofrecido un interesante corpus de antecedentes y desarrollos de la teoría de la negociación en conflictos bélicos, articulados a la investigación para la paz. Identificó dentro de los primeros los estudios pioneros de Mary Parker Follett (1930), a finales de la década de los veinte del siglo XX, sobre resolución constructiva de conflictos desde un enfoque de integración. También, los realizados sobre la guerra[16] y sus causas en las décadas de los treinta y los cuarenta de la misma centuria, y el aporte de John Burton en los

---

[16] Dentro de estos, se encuentran el de Sorokin en 1930, quien estudió las guerras de los últimos siglos, en la década de los cuarenta, el de Lewis Richardson sobre las causas de la guerra y el rearme, y el de Quincy Wright sobre la guerra (Fisas 2004).

sesenta, sobre la consideración del conflicto como inherente a la naturaleza humana (Fisas 2004).

En cuanto a sus desarrollos, Fisas (2004) reconoció en los sesenta la adopción de la negociación como aplicación de la teoría de juegos de la negociación internacional, los aportes de Thomas Schelling (1956) al plantear que el antagonismo y la cooperación estaban unidos en el conflicto, y la contribución de Herbert Kelman, con sus talleres de resolución de problemas con participación de actores de conflictos armados. En los setenta destacó la promoción del paradigma de transformación de conflictos por Paul Wehr y los aportes de Adam Curle al vincular los procesos de cambio social y estructural a la resolución de conflictos y plantear de manera pionera la diplomacia paralela, que permite la participación de terceros no oficiales en la gestión de los conflictos. En los ochenta, resaltó el trabajo de John Burton y Edward Azar sobre el conflicto social prolongado, el de Christopher Mitchell sobre la naturaleza triangular de los conflictos y la contribución del Programa de Negociación de Harvard junto a los trabajos de Roger Fisher y William Ury. Enfatizó, además, su significativa resonancia. En los noventa consideró los notables estudios de John Paul Lederach, Adam Curle y Johan Galtung sobre transformación de conflictos, entre otros (Fisas 2004).

Evolución en los modelos de negociación

El desarrollo de las teorías sobre la negociación también se ha hecho visible en los modelos generados para realizarla de la manera eficiente. Estudiosos de la negociación sostienen que el ser humano pertenece a la especie del "homo negociador" (Ury 2005) y que, al negociar, se enfrenta al dilema de la elección del modelo más adecuado para hacerlo (Fisher, Ury y Patton 1981). En el trasfondo de los modelos de negociación reposa una respuesta a los problemas que intenta resolver, en términos de dominación o inclusión (Parker Follett 1930), coerción, cooperación o mixtos (Ury 2005), entre otros.

Se ha venido transitando de los modelos de negociación "yo gano – tú pierdes" a los de "gana-gana"; de los duros[17] o suaves[18] al de "según principios", y de los de enfrentamiento a los de cooperación, entre otros (Fisher, Ury y Patton 1981). El tradicional modelo dominante de "yo gano – tú pierdes"

---

[17] Fisher, Ury y Patton (1981) describen al negociador duro como aquel que asume la negociación como enfrentamiento de voluntades, en el que gana la parte que toma decisiones más radicales y las sostiene más tiempo.

[18] En cuanto al negociador suave, lo definen como aquel que elude los conflictos personales y en consecuencia hace concesiones, aunque termina sintiéndose explotado (Fisher, Ury y Patton 1981).

ha ido quedando atrás, dado que es improbable que las partes estén dispuestas a participar en una negociación donde solo una de ellas logre una ventaja (Arévalo 2020b) y también porque, como señalan algunos académicos, "la mentalidad de 'yo gano – tú pierdes' hace estragos en la vida humana" (Ury 2005, 104). Por el contrario, se ha generalizado el modelo del "gana-gana", en el que las partes reciben beneficios mutuos y ceden a la vez, aunque es por lo que ceden que no es posible garantizar que no se repita la incompatibilidad que genera el conflicto (Parker Follett 1930). No obstante, este modelo incrementa el incentivo para resolver las diferencias de manera negociada (Fisher, Ury y Patton 1981).

El modelo según principios fue definido como otra forma de negociar, "decidiendo los problemas de la negociación según sus méritos" (Fisher, Ury y Patton 1981: 10). Propone la búsqueda de ventajas mutuas, cuando sea posible, y frente a conflictos de intereses que el resultado se base en criterios justos, objetivos, independientemente de la voluntad de las partes. Este modelo "es duro para los argumentos y suave para las personas" (Fisher, Ury y Patton 1981: 10), no emplea trucos, permite la transparencia y ser justos, entre otros. Por su parte, el modelo de cooperación es el predominante, por considerarse que la cooperación es fundamental para abordar los conflictos de manera constructiva (Fisher, Ury y Patton 1981) y por el crecimiento de la interdependencia (Ury 2005; Arévalo 2020b).

Fisher, Ury y Patton (1981) recomiendan tres criterios para analizar cualquier modelo de negociación: (i) conducir a un acuerdo sensato y duradero, es decir, que satisfaga con equidad, dentro de lo posible, los intereses de las partes y tenga en cuenta los de la comunidad; (ii) ser eficientes, y (iii) mejorar o no empeorar la relación de las partes.

4. *Cooperación y enfoque cooperativo*

La cooperación ha tenido un lugar relevante en la historia, aunque insuficientemente reconocido. Aunque ha hecho carrera una perspectiva negativa del ser humano que lo ata inevitablemente a una violencia innata, algunos estudios la desvirtúan y permiten afirmar, como lo hace Ury (2005), que, en el primer 99 por ciento de la historia, los seres humanos acudieron a la cooperación para sobrevivir, cazar, recolectar, cosechar, y acceder a metas conjuntas como la comida y la seguridad, y que además la convirtieron en un método para resolver conflictos. Esta práctica se ha mantenido hasta hoy en tribus descendientes nómadas y africanas, como los bosquimanos, que es considerada dentro de las más antiguas de la humanidad (Ury 2005). Su método para gestionar la conflictividad es conocido como *kgotla* y se soporta en la participación constructiva de toda la comunidad, que se mantiene deliberante y reflexiva sobre las normas comunitarias que infringe la disputa y la forma de solucionarlo. Nadie abandona la asamblea hasta que se resuelva, no hay perdedores, y finaliza con una solución estable, a la que se llega por consenso, que puedan respaldar las partes en conflicto y la comunidad (Ury 2005).

El enfoque de negociación cooperativo

Este enfoque de negociación conduce a planteamientos teóricos previos y relevantes. Dentro de estos, el de Mary Parker Follett, quien en forma pionera planteó en 1924 un modelo de gestión constructiva de conflictos. Se soportaba en tres ejes: (i) el carácter interactivo del conflicto, integrado por un campo conjunto de deseos o intereses de las partes, su incompatibilidad, y, a su vez, su dependencia mutua y potencial de armonización; (ii) una respuesta circular, que abarca la dimensión comportamental y la interacción de los deseos de las partes, y (iii) la integración, como armonización o compatibilización de los deseos o intereses que ha generado el conflicto, llevando a las partes a reformular el campo de interacción (Parker Follett 1930).

Otros aportes importantes son los de Nash (1950), quien propuso el asumir el problema de la negociación, maximizando el beneficio de ambas partes, logrando la mayor distancia entre lo que ganan las partes en la negociación frente a sus beneficios al mantener el desacuerdo. También Thomas Schelling planteó que el antagonismo y la cooperación estaban unidos en el conflicto (Schelling 1956; Arévalo 2020b). De igual forma, Axelrod contribuyó con su propuesta del *tit for tat* (ojo por ojo), pero desde la cooperación, a partir de cuatro reglas: (i) no ser envidioso, (ii) no ser el primero en no cooperar, (iii) devolver cooperación y defección, y (iv) no creerse demasiado inteligente. A su vez, su consideración sobre la importancia de muchos pasos que permitan construir confianza, en lugar de pocos y decisorios pasos (Axelrod 2006; Arévalo 2020b; García 2020).

5. La cooperación en el proceso de paz entre el Gobierno colombiano y el ELN

Diversas razones permiten considerar que el modelo de negociación cooperativo es adecuado para negociaciones de paz que intenten resolver conflictos armados y, por ende, las que se inicien o reanuden con el ELN. No obstante, cada proceso de paz desarrolla características propias, y en ellos las partes adoptan un modelo particular o mixto de negociación con rasgos específicos.

Los fundamentos teóricos mencionados en la parte anterior hacen visible la importancia del modelo cooperativo en términos de resolución constructiva de conflictos. De igual manera reflejan sus potencialidades, al colocar el énfasis en la construcción de confianza a partir de un enfoque incremental, que además se convierte en la vía más idónea para el logro de beneficios compartidos. También ofrece alternativas para la integración de los intereses y necesidades de las partes, y permite maximizar el valor de los beneficios mutuos.

Estudiosos de este modelo de negociación cooperativo han señalado que es adecuado para procesos de negociación de larga duración, pues la frecuente interacción entre las partes hace necesaria la cooperación y al mismo tiempo la facilita mediante la generación de ejercicios de esta naturaleza entre ellas. Además, es útil en negociaciones que registran altos niveles de desconfianza porque, como ya se ha manifestado, no se centra solo en el reparto del objeto, sino en la construcción de confianzas, que permita crear valor compartido que beneficie a las partes (Arévalo 2020b).

El reto de este modelo es el tránsito de tradicionales relaciones de confrontación y desconfianza, propias de conflictos armados prolongados, a las de cooperación. En esta intencionalidad, señala García (2020), en la negociación cobran singular importancia tanto los acuerdos entre las partes sobre metodología, procedimientos y principios claros, como su compromiso de cumplimiento de estos, para que se conviertan en la base que permita avanzar, de manera incremental, en la construcción de confianza. Significa que la confianza no surge de las relaciones interpersonales entre las partes, sino de la seguridad que les brinda el proceso (García 2020).

No es posible afirmar, desde los hallazgos de la investigación realizada, que en el proceso de paz con el ELN, en el lapso estudiado, las partes hayan contemplado o acordado un modelo de negociación cooperativo, ni una metodología, procedimientos o principios para avanzar en su principal objetivo que es la construcción de confianza. Por el contrario, como se comentó en un apartado anterior, integrantes de comisiones negociadoras o personas cercanas a alguna de estas hacen alusión a altos niveles de desconfianza, carencia de una metodología soportada, largos tiempos sin intercambios o periodos de estancamiento (entrevistas E45, 2021, E52, 2022). No obstante, puede afirmarse que se evidenciaron algunas expresiones de cooperación entre las partes en las etapas de prenegociación y negociación.

Expresiones de colaboración en las etapas de prenegociación y negociación

Las manifestaciones de cooperación entre las partes, registradas en las etapas del proceso de paz realizado con el ELN, se incluyen dentro de sus factores positivos. Sin duda son limitadas o insuficientes frente a lo deseado, pero extraordinarias a la vez, dado que evidencian posibilidades de cooperación entre las partes, que pueden incrementarse en escenarios futuros de reanudación de las negociaciones de paz. Además, como afirma John Paul Lederach (2008), en materia de construcción de paz, pequeños logros son grandes logros.

El ejercicio de colaboración en la fase de prenegociación

Un integrante de la comisión negociadora del Gobierno identificó dos expresiones de cooperación entre las partes en esta etapa del proceso de paz. La primera se relaciona con respuestas humanas, de cercanía, solidaridad y reconocimiento por parte de la comisión del Gobierno al comandante Antonio García quien lideró la comisión del ELN en esta fase, por el fallecimiento de su madre, y la segunda consistió en la inclusión de la participación social como primer punto de la agenda de negociación (entrevista E37, 2021).

Respecto de la primera expresión de cooperación, se materializó en dos gestos de la comisión negociadora del Gobierno. El primer gesto fue su decisión de conceder, de manera voluntaria, un permiso y un medio de transporte aéreo a Eduardo, hermano del comandante Antonio García, quien se encontraba privado de la libertad en una prisión de alta seguridad, con el fin de que pudiera asistir a las honras fúnebres de su madre (entrevista E37, 2021). No obstante, según la versión de un integrante de la comisión negociadora del Gobierno, a pesar de la buena intención y los esfuerzos comprometidos no fue posible lograrlo (Herrera 2021). El segundo gesto se materializó en ese mismo contexto, en Ecuador, donde se encontraban las comisiones negociadoras de las partes. La comisión del Gobierno dio la noticia del sensible fallecimiento a Antonio García a través de los garantes y facilitadores, y posteriormente, en una capilla pequeña del lugar, organizaron un acto de reconocimiento a la madre fallecida y al dolor que representaba su pérdida, en el que se hicieron visibles profundas manifestaciones de solidaridad. Llevaron flores, se ubicaron en círculo dentro de la capilla, y el jefe de la delegación del gobierno hizo una oración sentida y de viva voz. Así lo expresó una fuente consultada, integrante de la comisión del Gobierno: "fue un momento único porque ahí no importaba nada. Éramos seres humanos teniendo compasión por un dolor que tarde o temprano vamos a tener todos" (entrevista E37, 2021).

En cuanto a la segunda manifestación de cooperación, consistió en la incorporación de la participación social como primer punto de la agenda acordada por las partes, caracterizada como "el puente de oro" por parte de un integrante de la comisión negociadora del Gobierno (entrevista E37, 2021). En su consideración, era un puente porque le permitía al ELN evidenciar ante sus integrantes que mantenía intacto su compromiso con sus ideales y la sociedad, y también hacia el exterior para que la sociedad los acogiera (entrevista E37, 2021). Desde una lectura en perspectiva del *tit for tat*, podría interpretarse como un primer paso de cooperación por parte de la comisión negociadora del Gobierno, que fue respondido también de manera cooperativa por parte del ELN con su decisión de avanzar participando en la etapa siguiente de negociaciones de paz y comenzar el diálogo en la negociación no solo con el punto de la participación, sino también con el punto 5 f, aunque lo acordado anteriormente era tratarlos en su orden (entrevista E31, 2022).

El ejercicio de colaboración en la etapa de negociación

En la segunda fase del proceso de paz, una fuente cercana a la comisión negociadora del Gobierno aseguró que se habían identificado algunas expresiones de cooperación entre las partes. Ellas se materializaron en la postura que asumieron ante el Gobierno de Ecuador frente al asesinato de periodistas ecuatorianos, en el acuerdo de cese al fuego y verificación, y en el realizado para crear una página web donde las dos partes podrían publicar información sobre los desarrollos del proceso de paz (entrevista E52, 2022). El común denominador en todas ellas fue el trabajo conjunto de las partes orientado a sacar adelante un propósito común.

Respecto de la postura ante el Gobierno de Ecuador, las partes realizaron, de manera conjunta, visitas al palacio de gobierno de Ecuador para expresar al presidente de este país su agradecimiento por la hospitalidad que les brindó y ofrecer disculpas por los hechos de violencia perpetrados en 2018 contra los periodistas ecuatorianos de *El Comercio*, por el Frente Oliver Sinisterra, liderado por Walter Arizala, conocido como "Guacho". Como expresó una fuente cercana a la comisión negociadora del Gobierno, la postura de las partes también estuvo motivada por generar "la credibilidad del proceso, no la credibilidad de una de las partes sino del proceso" (entrevista E52, 2022).

Con relación al cese al fuego bilateral y transitorio, con motivo de la visita del papa en septiembre de 2017, dos delegados del Gobierno y dos del ELN trabajaron conjuntamente desde comienzos de julio, durante dos meses, hasta lograr el 4 de septiembre de dicho año un acuerdo, entendiendo su importancia por contribuir a la credibilidad del proceso de paz. Una fuente cercana a la comisión negociadora del Gobierno señaló que habían acordado un principio, y consistía en que este cese blindaría el proceso de paz, al evidenciar que las partes podían construir consensos y cumplirlos (entrevista E52, 2022). En cuanto a la verificación del cese al fuego, las partes asumieron una postura conjunta para lograr que la Organización de Naciones Unidas (ONU) y la Conferencia Episcopal verificaran el cese al fuego. Esto implicó un ejercicio unificado de pedagogía para explicarles el acuerdo logrado, su intencionalidad y requerimientos (entrevista E52, 2022).

Respecto de la página web, una fuente cercana a la comisión negociadora del Gobierno manifestó que se había acordado elaborar una página web para que las partes pudieran informar sobre distintos aspectos del proceso de paz. No obstante, en ese momento la comisión del ELN no contaba dentro de su equipo con una persona con la formación técnica requerida para realizar dicha labor. La cooperación se reflejó por parte del Gobierno, en colocar a disposición del ELN el equipo técnico que realizara la labor acordada y, por parte del ELN, al aceptar trabajar con el Gobierno y su equipo técnico para sacar adelante esta página web (entrevista E52, 2022).

6. *Percepción del ELN sobre el modelo de negociación*

Este aparte recoge la percepción, sobre el modelo de negociación, por parte de integrantes de la comisión negociadora del ELN. Conocerla es importante en perspectiva de futuro, en un escenario de reanudación de las negociaciones de paz. Integrantes de la comisión negociadora de esta guerrilla indicaron que el objetivo fundamental de un proceso de paz es resolver las causas generadoras del conflicto armado interno y, en último lugar, sus propios intereses. Ratificaron que no estaban pidiendo nada para ellos. Destacaron que en este proceso era importante la conciliación de intereses, como requisito que antecede a la reconciliación, y que ella se refleja en el reconocimiento mutuo de las partes, con la misma dignidad, independientemente de sus diferencias; y en la aceptación de responsabilidades (entrevista E29, 2022).

Para esta guerrilla la bilateralidad o reciprocidad es fundamental en un proceso de paz, algo que expresaron de manera reiterada en frases como las siguientes: "yo cumplo, tú cumples", "tu das dos pasos y yo doy dos pasos", "somos dos partes y ahí no puede haber imposiciones" (entrevista E32, 2020). Desde esta perspectiva, en su consideración, el modelo de negociación de beneficio mutuo es válido al reconocer que ningún actor participa en un proceso de paz que beneficie solo a una parte. No obstante, respecto del beneficio que se alcance con la negociación, señalaron que el modelo es incompleto o impreciso, dado que, en el proceso de paz que conciben, "la sociedad es el sujeto principal de los cambios en Colombia y, por tanto, el beneficiario no debe ser ni el ELN ni el Gobierno de turno, sino la sociedad" (entrevista E29, 2022). En ese sentido afirman que el principal punto de encuentro entre las partes seria lograr un acuerdo para beneficiar a un tercero que es la sociedad (entrevistas E1, E29, E31, E32, E33, 2022).

En cuanto a la agenda de negociación acordada en 2016, señalaron que alberga una visión del concepto de la negociación. Enfatizaron que en ella se explicita la búsqueda de finalización del conflicto armado, pero también la necesidad de acordar transformaciones. De igual manera, incluye el requerimiento de construcción de una visión común de paz entre las partes, que consideran fundamental. Indicaron también que en el punto 4 de la agenda se acordó que el proceso de paz estaría en función de las víctimas y, por tanto, el primer derecho de esta población es que no exista el conflicto armado, y la mayor reparación, la no repetición y el reconocimiento de las partes de sus responsabilidades y sus compromisos en el futuro (entrevista E29, 2022).

7. Conclusiones

Las características de la violencia que ha padecido Colombia y, dentro de esta, el conflicto armado interno, asociados con los cambios que ha registrado este conflicto en la última década y su impacto degradado sobre un universo significativo y creciente de víctimas indican la urgencia de finalizar este conflicto. En este contexto cobra singular relevancia un proceso de paz que alcance un acuerdo final de paz con el ELN. Esta guerrilla de primera generación en la actualidad es la única vigente en este país, es robusta, ha incrementado su pie de fuerza e influencia en municipios de Colombia, y se encuentra en expansión.

Colombia ha sido un escenario fértil para paces negociadas. En las últimas cuatro décadas, distintos gobiernos e insurgencias han buscado, con mayores o menores alcances, la solución negociada del conflicto armado interno. Desde 1989, el ELN ha participado en procesos de paz con algunos gobiernos, aunque no superaron su fase exploratoria. No obstante, en el proceso realizado durante el gobierno Santos se alcanzaron los mayores avances, representados en un cierre de etapa de prenegociación con un acuerdo base para transitar a la fase pública de negociaciones de paz y una agenda de negociación de 6 puntos, la inclusión de la participación social como primer punto de esta agenda y un cese al fuego bilateral transitorio de 101 días con mecanismo de verificación, entre otros.

Los estudios sobre la negociación son antiguos, se ubican siglo y medio atrás en la disciplina de las ciencias económicas, cuentan con una teoría robusta que los soporta, y en la década de los cincuenta del siglo XX se articularon a los estudios de paz y la investigación para la paz. A su vez, desde la década de los ochenta se ha evidenciado un creciente interés en estos estudios.

En el primer 99 % de la historia, los seres humanos han acudido a la cooperación para asegurar medios de subsistencia, protegerse, y gestionar la conflictividad. En la historia reciente, el modelo de negociación cooperativo ha cobrado un importante protagonismo por su significación como método de solución constructiva de conflictos y por enfatizar en la construcción de confianzas desde un enfoque incremental que permita a las partes avanzar hasta la consecución de un beneficio mutuo. Su ejercicio práctico implica para las partes acordar una metodología, procedimientos y principios claros, que se conviertan en la vía más expedita para la construcción de confianza.

Los hallazgos de la investigación no permiten afirmar que en el proceso de paz analizado con el ELN las partes hayan planteado o acordado un modelo de negociación cooperativo. Desaciertos en este proceso afectaron la construcción de confianza entre las partes, como la propuesta del Gobierno de supeditarlo al proceso de paz que se desarrollaba con las FARC, la falta de apoyo político, los cambios en la delegación negociadora del Gobierno y el impacto negativo del plebiscito de ratificación del acuerdo final logrado con las FARC y los altibajos de la transición temprana de este actor, entre otros. Se agrega a lo anterior que no se registraron evidencias de acuerdos sobre metodología, procedimientos y principios que condujeran a la apropiación y desarrollo del modelo de negociación cooperativo. Por el contrario, se observaron carencias o fragilidad en la propuesta metodológica, periodos sin interacción o de largos estancamientos, y altos niveles de desconfianza entre las partes. Lo que sí se evidenciaron fueron expresiones de cooperación entre las partes en las fases de prenegociación y negociación. Son insuficientes frente a lo deseado, pero valiosas, no solo por lo logrado, sino por evidenciar que es posible la cooperación entre las partes.

En la actualidad se registra una importante ventana de oportunidad para un proceso de paz con el ELN y la apropiación de un modelo de negociación cooperativa. Se identifican factores que contribuyen a la construcción de confianza entre las partes: el acceso a la presidencia de Gustavo Petro, de filiación de izquierda, sus antecedentes en la lucha armada, su política de Estado de paz total y la reanudación de negociaciones de paz con esta insurgencia con la agenda de negociación pactada en 2016 durante el gobierno Santos. Otros factores favorables son de contexto: la reanudación de las relaciones diplomáticas con Venezuela y los gobiernos democráticos en buena parte de los países latinoamericanos, afectos a negociaciones de paz.

Son requerimientos para las partes en el proceso de paz reanudado y para la aplicación de un modelo cooperativo: (1) la construcción conjunta de una visión de paz, prevista en la agenda de negociación; (2) acordar y afinar una propuesta metodológica con procedimientos y principios claros –dentro de estos el incremental– que conviertan el proceso de paz en el generador de confianzas y avances; y (3) desarrollar dentro del primer punto de la agenda una propuesta innovadora de participación del "tercer lado", utilizando la expresión de Ury, representado por la sociedad, principal beneficiaria del valor compartido que las partes logren en la negociación.

Referencias

Aponte, Andrés y Fernán González. 2021. *¿Por qué es tan difícil negociar con el ELN? Las consecuencias de un federalismo insurgente, 1964–2020*. Bogotá: Centro de Investigación y Educación Popular.

Arévalo, Julián. 2020a. *Negociación y cooperación. Teorías y experiencias en resolución de conflictos*, editado por Julián Arévalo. Bogotá: Universidad Externado de Colombia.

Arévalo, Julián. 2020b. "Negociación en la teoría económica y en otras áreas del conocimiento". En *Negociación y cooperación. Experiencias en resolución de conflicto*, 39–84. Bogotá: Universidad Externado de Colombia.

Axelrod, Robert. 2006. *The Evolution of Coperation*. Nueva York: Basic Book.

Barreto, Miguel. 2016. *Laboratorios de paz en territorios e violencia(s) ¿Abriendo caminos para la paz positiva en Colombia?* Bogotá: Universidad Jorge Tadeo Lozano.

Bouvier, Virginia. 2009. *Building Peace in A Time of War*, editado por Virginia Bouvier. Washington, DC: United States Institute of Peace.

Centro de Recursos para el Análisis de Conflictos (CERAC). 2015. "El proceso de paz con las FARC salva vidas". www.blog.cerac.org.co/el-proceso-de-paz-con-las-farc-salva-vidas.

Curle, Adam. 1994. *El campo y los dilemas de los Estudios por la paz*. Gernika: Gernika Gogoratuz.

Ejército de Liberación Nacional. 2006. "Historia del ELN. La identidad insurgente". En *Cuarto Congreso del ELN de Colombia*.

Escola de Cultura de Pau. 2021. *Negociación de paz 2021. Análisis de tendencias y escenarios*. Barcelona: Icaria.

Fisas, Vicenc. 2004. *Procesos de paz y negociación en conflictos armados*. Barcelona: Paidós.

———. 2015. *Diplomacias de paz. Negociar con grupos armados*. Barcelona: Icaria Mas Madera.

———. 2016. *Anuario de Procesos de Paz 2016*. Barcelona: Icaria.

Fisher, Roger, William Ury y Bruce Patton. 1981. *Si de acuerdo! Cómo negociar sin ceder*. Barcelona: Norma.

Fundación Heinrich Boll Stiftung Oficina Colombia. 2018. "Análisis político No 8. Informe especial de derechos humanos, situación de liderezas y líderes sociales, de defensores y defensoras de derechos humanos y de excombatientes de las FARC – EP y sus familias".

Fundación Ideas para la Paz. 2020. "Notas estratégicas No 16 ¿Qué hacer con el ELN? Opciones ante una derrota militar lejana y un diálogo improbable".

———. 2022. "Notas estratégicas No 28. ¿Cuál es el ELN que se sentara a dialogar? Radiografía en cuatro regiones de Colombia., Bogotá: Fundación Ideas para la Paz, 2022."

Fundación Paz y Reconciliación. 2022. "Presencia ELN en Colombia 2022". https://public.tableau.com/app/profile/fundaci.n.paz.y.reconciliaci.n/viz/PresenciaELNenColombia2022/AnlisisELN.

———. 2021. "Presencia ELN en Colombia 2021".

García, Andrés. 2020. "Construir confianza y honrar la dignidad: análisis del acuerdo sobre reforma rural integral en la negociación del gobierno de Colombia con las Farc". En *Negociación y cooperación. Teoría y experiencia en resolución de conflictos*, 124–148. Bogotá: Universidad Externado de Colombia.

García, Mauricio. 1992. *Procesos de paz. De la Uribe a Tlaxcala*. Bogotá: CINEP.

———. 2006. *Movimiento por la paz en Colombia. 1978–2003*. Bogotá: Antropos.

Hernández, Esperanza. 2018. *Del limbo al acuerdo final de paz. Proceso de paz entre el gobierno Santos y las FARC-EP*. Bucaramanga: UNAB.

Hernández, Esperanza. 2004. *Resistencia civil artesana de paz. Experiencias indígenas, afrodescendientes y campesinas*. Bogotá: Pontificia Universidad Javeriana.

———. 2012. *Intervenir antes que anochezca. Mediaciones, intermediaciones y diplomacias noviolentas de base social en el conflicto armado colombiano*. Bucaramanga: Litografía La Bastilla.

———. 2022. "Assuming Peace at the Beginning of the Post-agreement: The Case of the «Women Weavers of Life' in Putumayo, Colombia »". En *Confronting Peace. Local Peacebuilding in the Wake of a National Peace Agreement*, 1–58. Cham: Palgrave Macmillan.

Hernández, Esperanza y Cécile Mouly. 2022. Ponencia "El proceso de paz entre el Gobierno colombiano y el Ejército de Liberación Nacional (ELN) en el lapso 2010–2019, sus perspectivas y la dignidad como factor relevante", presentada en la 9° Conferencia Latinoamericana y Caribeña de Ciencias Sociales". Ciudad de México, México.

Hernández, Esperanza y Marcela Salazar. 1999. *Con la esperanza intacta. Experiencias de resistencia civil noviolenta*. Bogotá: Arte y Folito.

Herrera, Eduardo. 2021. *¿Un proceso de paz inútil? Diarios de la negociación del Gobierno colombiano con el ELN 2013–2020*. Bogotá: Planeta.

Instituto de Estudios para el Desarrollo y la Paz (INDEPAZ). 2022. "Informe sobre masacres 2020–2021".

Kaplan, Oliver. 2017. *Resisting War: How Communities Protect Themselve.* Cambridge: Cambridge University Press.

Kreutz, Joakim. 2014. "How civil wars end (and recur)". En *Routledge handbook of civil wars*, editado por Edward Newman y Karl DeRouen Jr., 349–362. Nueva York: Routledge.

Lederach, John Paul. 2008. *La imaginación moral. El arte y el alma de construir la paz.* Bogotá: Norma.

Mitchell, Christopher. 2016. *La naturaleza de los conflictos intratables. Resolución de conflictos en el siglo XXI.* Bogotá: Institut Català Internacional per la Pau.

Mouly, Cécile. 2022. *Estudios de paz y conflictos. Teoría y práctica.* Nueva York: Peter Lang.

Mouly, Cécile y María Belén Garrido. 2018. "No a la guerra: resistencia civil en dos comunidades periféricas de Colombia". *Desafíos* 30 (1): 245–77.

Mouly, Cécile y Esperanza Hernández. 2019. *Civil Resistance and Violent Conflict in Latin América. Mobilizing for Rights.* Cham: Palgrave Macmillan.

———. 2020. "Logros, desafíos y lecciones del proceso entre el Gobierno colombiano y el Ejército de Liberación Nacional, 2010 – 2019". Documento de trabajo No 2020. https://www.instituto-capaz.org/wp-content/uploads/2020/05/DT-1-2020-V3.pdf.

———. 2022. "Public participation in peace negotiations between the Colombian government and the National Liberation Army (ELN): An opportunity to redress power asymmetry and enhance the insurgents'". *Conflict Resolution Quarterly* 40 (1): 7–23. doi: 10.1002/crq.21355.

Muñoz, Francisco. 2001. *La paz imperfecta.* Granada: Universidad de Granada.

Muñoz, Francisco, Joaquin Herrera, Beatriz Molina y Sebastián Sánchez. 2005. *Investigación de la Paz y los Derechos Humanos desde Andalucía.* Granada: Universidad de Granada.

Nash, John. 1950. "The Bargaining Problem". *Econométrica* 18 (2): 155–62.

Parker Follett, Mary. 1930. *Creative Experience.* Nueva York: Longmans Green and Company.

Pizarro, Eduardo. 1996. *Insurgencia sin revolución. La guerrilla en Colombia en una perspectiva comparada.* Bogotá: TM Editores / IEPRI.

———. 2017. *Cambiar el futuro. Historia de los procesos de paz en Colombia (1981–2016).* Bogotá: Penguin Random House.

Pizarro, Eduardo. 1991. "La insurgencia armada: raíces y perspectivas". En *Pasado y presente de la violencia en Colombia*, editado por Gonzalo Sánchez y Ricardo Peñaranda, 387–408. Bogotá: CEREC.

Powell, Jonathan. 2021. *Dialogar con terroristas. Cómo acabar con los conflictos armados.* Barcelona: Institut Català Internacional per la Pau.

Programa de Reinserción – Red de Solidaridad Social. 1999. *Acuerdos de paz.* Quebecor Impreandes.

Schelling, Thomas. 1956. "An Essay on Bargaining". *The American Economic Review* 46 (3): 281–306.

Ury, William. 2005. *Alcanzar la paz. Resolución de conflictos y mediación en la familia, el trabajo y el mundo.* Barcelona: Paidós.

Velandia, Carlos Arturo. 2022. *El ELN desde mi ventana. Una contribución a la memoria y a la verdad del conflicto armado.* Bogotá: ABCPAZ.

Villarraga, Álvaro (ed.). 2009. *Se inician acuerdos parciales. Pacto político con el M-19.* Bogotá: Gente Nueva.

3. *La participación de la sociedad: una característica central del proceso de paz entre el Gobierno colombiano y el ELN*[1]

Cécile Mouly

El proceso de paz entre el Gobierno colombiano y el ELN, que inició durante la presidencia de Juan Manuel Santos y se suspendió durante la de Iván Duque, se caracterizó por poner énfasis en la participación de la sociedad. Fue el primer punto de la agenda de la negociación y constituyó un eje transversal del mismo, ya que se planteó que la sociedad, mediante su participación, aportaría a la discusión de los puntos substantivos de la agenda de negociación. Asimismo, era una demanda de larga data del ELN que respondió a cuestiones ideológicas y pragmáticas (Mouly y Hernández 2022) y, según muchas fuentes, se convirtió en una condición indispensable para una salida negociada al conflicto armado entre el Gobierno y esta guerrilla. Así, por ejemplo, el analista Luis Eduardo Celis (2019: 169) afirmó que "[e]l motor de una negociación viable con el ELN es la participación de la sociedad. [. . .] Ese era el camino para un acuerdo de paz, la participación de la sociedad".

A diferencia de muchos procesos de paz que se desarrollan entre líderes de las partes en conflicto con poca participación de actores sociales (Wanis-St. John y Kew 2008; Lederach 2019; Donais 2009; Özerdem y Mac Ginty

---

[1] Este capítulo se basa en algunas ideas desarrolladas en Mouly y Hernández (2020, 2022). La autora agradece a la Facultad Latinoamericana de Ciencias Sociales (FLACSO) Ecuador por financiar esta investigación.

2019),[2] este proceso buscó dar un lugar fundamental a la participación de la sociedad, y varios actores de la sociedad civil aprovecharon esta oportunidad para involucrarse y expresar su voz. Aunque otros procesos de paz han contado con participación ciudadana, como, por ejemplo, en Guatemala con la Asamblea de la Sociedad Civil (Stanley y Holiday 2002; Krznaric 1999), la inclusión de la participación de la sociedad como punto 1 de la agenda de negociación hace del proceso de paz entre Gobierno colombiano y ELN (2012–2019) un caso *sui generis*.

A la luz de entrevistas a más de 60 actores relevantes, complementadas por fuentes documentales, este capítulo analiza la participación de la sociedad como una característica central del proceso de paz entre el Gobierno colombiano y el ELN. A continuación, primero, enmarco el estudio en la literatura sobre participación social en los procesos de paz. Segundo, discuto cómo las partes abordaron dicha participación en el proceso. Tercero, examino los esfuerzos de varios sectores de la sociedad para (1) ambientar el proceso de paz, (2) incidir en las negociaciones de paz y transmitir sus propuestas sobre problemas clave de abordar en las negociaciones de paz, y (3) presionar para que las negociaciones se lleven a cabo y las partes tomen medidas humanitarias. Cuarto, señalo los principales desafíos para la participación de la sociedad en el proceso.

1. *Participación social en los procesos de paz*

Varios académicos destacan los beneficios de la participación de actores sociales para los procesos de paz, tanto desde adentro como afuera. En primer lugar, estos actores pueden propiciar un ambiente favorable para las negociaciones de paz y ayudar a tender puentes entre las partes en conflicto (Paffenholz 2018; Wanis-St. John y Kew 2008). Pueden desempeñar estas funciones de dos formas: (1) directamente al influenciar a las partes o (2) indirectamente al moldear la opinión pública y conseguir apoyo interno y externo para el proceso de paz, incrementando así la presión sobre los actores nacionales para avanzar hacia una salida negociada al conflicto armado. Como observaremos a continuación, varios actores sociales desempeñaron algunos de estos roles en el proceso de paz entre Gobierno colombiano y ELN, aunque este no alcanzó a culminar en un acuerdo de paz (véase también Mouly y Hernández 2020).

---

[2] Nilsson y Svensson (2023: 7) encontraron que apenas un cuarto de los meses de negociaciones de paz en situaciones de conflicto armado interno en África y las Américas entre 1989 y 2018 involucró la participación de actores de la sociedad civil como participantes plenos, observadores o mediadores.

En segundo lugar, los actores sociales pueden aportar a la construcción de la agenda de las negociaciones de paz al plantear temas importantes de abordar, como ocurrió por ejemplo en Guatemala durante el Gran Diálogo Nacional de 1989 y varias consultas con actores de la sociedad civil antes del arranque de las negociaciones oficiales (Wanis-St. John y Kew 2008; Álvarez y Palencia 2002; Stanley y Holiday 2002). En tercer lugar, pueden influenciar las discusiones en la mesa de negociación y tener un impacto en el contenido de los acuerdos negociados. En Guatemala, por ejemplo, la Asamblea de la Sociedad Civil, que tenía un carácter consultivo, entregó una propuesta de acuerdo sobre identidad y derechos de los pueblos indígenas, que fue retomada casi sin modificaciones por la guerrilla y moldeó de forma significativa las provisiones del acuerdo de paz final (Brett 2013; Álvarez y Palencia 2002). Asimismo, en Colombia varias organizaciones étnicas lograron incidir para que el Gobierno y las Fuerzas Armadas Revolucionarias de Colombia (FARC) incluyeran un "capítulo étnico" en el acuerdo de paz de 2016 (Rodríguez, Rosen y Masullo 2021). En cuanto al proceso de paz con el ELN, en el acuerdo marco de marzo de 2016 se planteó que la participación de la sociedad alimentaría la discusión de los temas sustantivos de la agenda (Acuerdo de diálogos para la paz de Colombia entre el Gobierno nacional y el Ejército de Liberación Nacional 2016). En cuarto lugar, los actores sociales pueden presionar para que las negociaciones se lleven a cabo, las partes acuerden ceses al fuego u otros gestos para reducir los enfrentamientos violentos y se comprometan a implementar los acuerdos alcanzados. En el presente caso, veremos cómo estos actores ejercieron presión para que inicien los diálogos y se superen momentos de crisis, así como para que las partes tomen medidas de alivio humanitario.

Asimismo, varios estudios plantean que la inclusión de actores sociales en los procesos de paz contribuye a una paz más sostenible (p. ej., Nilsson 2012; Belloni 2008; Téllez 2019; Wanis-St. John y Kew 2008; Paffenholz 2015, 2018). Nilsson (2012), por ejemplo, estudió las implicaciones de involucrar a la sociedad civil y a partidos políticos en distintas modalidades (p. ej., participación formal en las negociaciones de paz, rol consultivo, participación en foros locales) en más de 83 acuerdos de paz y halló que la inclusión de estos actores aumentaba la durabilidad de la paz, especialmente en países que no son democráticos. Igualmente, un proyecto de investigación que examinó la inclusión de actores sociales en procesos de negociaciones de paz e implementación de acuerdos de paz, comparando sus efectos en más de 40 países, concluyó que el involucramiento de estos actores incrementaba la aplicación de los acuerdos de paz (Paffenholz 2015). Las razones de estos efectos positivos incluyen el rol significativo de la sociedad civil para canalizar los intereses de amplios sectores de la sociedad hacia los tomadores de decisión y ejercer presión sobre las partes para que cumplan con sus compromisos y trabajen para el bien común. Asimismo, la participación de diversos sectores sociales hace que los procesos de paz vayan más allá de los intereses de las partes y busquen beneficiar a un público más amplio, lo que permite una mayor apropiación de estos procesos por parte de la gente y por ende un mayor apoyo a la implementación de los acuerdos resultantes (Mouly 2022). Así se considera que una participación amplia y diversa otorga mayor legitimidad a los procesos de paz y los acuerdos firmados (Mouly 2022; Wanis-St. John y Kew 2008; Vargas 2016; Lederach 1997).

Dicho esto, la participación social no es una panacea. Primero, puede entorpecer los procesos de paz. Así algunos autores afirman que incrementar el número de participantes en una mesa de negociación vuelve el proceso más engorroso y aumenta las dificultades para alcanzar un acuerdo (Wanis-St. John y Kew 2008; Mac Ginty y Özerdem 2019). Segundo, la sociedad civil puede reproducir patrones de dominación y exclusión (Idler, Mouly y Miranda 2015) y no todos los actores sociales están a favor de la paz (Nilsson y Svensson 2023; Wanis-St. John y Kew 2008; Paffenholz 2018; Orjuela 2010). En particular, algunos grupos sociales pueden considerar que las negociaciones de paz van en contra de sus intereses y buscan sabotearlas (Stedman 2002; Nilsson y Söderberg Kovacs 2011; Mouly 2022; Wanis-St. John y Kew 2008). No obstante estos cuestionamientos, parece haber un consenso en la literatura de que los beneficios de unas negociaciones de paz que incluyan a diversos actores sociales superan los inconvenientes. De forma interesante, el estudio comparativo de 40 casos de participación social en las negociaciones de paz y la implementación de acuerdos de paz citado anteriormente encontró que una mayor participación no reducía la posibilidad de alcanzar acuerdos. Al contrario, podía incrementar esta posibilidad bajo ciertas condiciones, en particular si permitía abordar las causas del conflicto armado (Paffenholz 2015). Asimismo, Thania Paffenholz y William Zartman (2019: 6) llegaron a la conclusión de que la cuestión no era tanto si debía haber participación o no; era decidir "a qué nivel hacerlo, bajo qué condiciones, en qué relación con otros y con qué propósito" para que ésta aportara al proceso de paz.

Por otro lado, pueden existir desafíos significativos para la participación de los actores sociales en los procesos de paz, especialmente a nivel comunitario. Un obstáculo común es la falta de seguridad en muchos lugares afectados por conflictos armados, que impide a los actores locales expresar sus opiniones y participar en los procesos por los riesgos que esto acarrea. En estos contextos, actores externos, como operaciones de mantenimiento de la paz, pueden proveer garantías de seguridad y aumentar la legitimidad de los actores locales, incrementando su margen de acción e incidencia (Paffenholz 2018; Mouly 2022). Así, en el caso presente, los enfrentamientos entre el ELN y otros grupos armados, y las amenazas y ataques a líderes sociales dificultaron la participación de la sociedad en el proceso de paz en varios territorios (Mouly y Hernández 2020; Guevara 2019; Naranjo 2020).

2. La participación de la sociedad como punto 1 de la agenda de negociación

La participación de la sociedad ha sido una demanda del ELN de larga data por razones ideológicas y pragmáticas. Esta guerrilla ha exigido dicha participación en todos los procesos de paz en los que ha estado involucrada desde los años 90 (Mouly y Hernández 2022) y lo manifestó desde su primera respuesta a la propuesta de paz del presidente Santos en octubre de 2010: "el ELN quiere retomar la construcción de un camino de paz con la participación de todos los colombianos" (Celis 2019: 170). Desde un punto de vista ideológico, ha vinculado la posibilidad de negociar la paz con la necesidad de construir poder popular, es decir fortalecer las capacidades de los sectores populares para ejercer presión sobre el Estado y que éste tome en cuenta sus demandas (Mouly y Hernández 2020, 2022).

A diferencia de otros grupos insurgentes colombianos, como el Movimiento 19 de Abril (M19) o las FARC, esta guerrilla ha expresado que no tiene interés en convertirse en partido político y competir en elecciones, sino en abrir espacios para que los sectores marginados de la sociedad colombiana puedan hacer escuchar su voz e incidir en las políticas públicas (Mouly y Hernández 2022, 2020). El negociador del ELN Alirio Sepúlveda lo explicó así durante un evento público:

> No aspiramos a tener curules. Pensamos que los cambios no se logran de esta manera. Los verdaderos cambios se logran con el pueblo organizado. Por eso, la participación de la sociedad es importante[3].

---

[3] Palabras de Alirio Sepúlveda durante el evento de presentación del libro del ELN *¡Papá: son los muchachos! Así nació el Ejército de Liberación Nacional (ELN) en Colombia*, Quito, 30 de noviembre de 2017. En este mismo sentido se expresó el comandante Antonio García en una entrevista a finales de 2015: "si en el futuro el ELN tiene que convertirse en otra cosa, seguirá haciendo lo mismo que hace el movimiento social, que hace nuestro pueblo" (de Currea-Lugo 2015) y lo reiteró en 2023 (Albarracín Restrepo 2023; Semana 2023).

Así, esta guerrilla insistió en la participación social como "aspecto vital" y "corazón" del proceso de paz (de Currea-Lugo 2019b) para reequilibrar las relaciones de poder desiguales en la sociedad y lograr cambios. Las palabras del jefe de la delegación del ELN, Pablo Beltrán, a finales de 2017 ilustran el pensamiento de esta guerrilla:

> En este proceso de paz busquemos que participe de manera activa la socie-
> dad, en especial los que históricamente no han tenido voz y siempre han estado
> excluidos de las decisiones básicas del país [...]. La participación es decidir. Lo
> que ustedes expresen en las instancias de participación ha de tener incidencia real
> en las políticas públicas y en las decisiones del Estado[4].

Frente a la insistencia del ELN y reconociendo los beneficios que podía tener dicha participación, el Gobierno aceptó durante la fase secreta que la "participación de la sociedad en la construcción de la paz" fuera el primer punto de la agenda de las negociaciones y atravesara las mismas, como una manera de construir un "puente de oro" para su contraparte que permitiera avanzar en los diálogos hasta la dejación de armas de la guerrilla (cf. Ury 1991). Este gesto permitía darle al ELN una motivación fundamental para seguir en las negociaciones y transitar de las armas a la lucha noviolenta por el cambio social (Mouly y Hernández 2022). Un negociador gubernamental, el general Herrera Berbel, reconoció que el haber aceptado este punto de la agenda aumentó la disposición del ELN de negociar. Así dijo que a partir del momento en el que el Gobierno aceptó incluir dicha participación en la agenda de las negociaciones durante la fase exploratoria, "se dio un punto de inflexión favorable en la Mesa de conversaciones porque comenzamos a explorar este tema [la participación de la sociedad]. Era, por demás, muy evidente el interés de ellos [el ELN] en ese aspecto. Si bien no mejoraron las cosas de manera rápida, sí se generó un ambiente de discusión más positivo" (Herrera 2021: 76).

Dicho esto, para el Gobierno este punto de participación no fue solamente una concesión hacia el ELN o un elemento estratégico para aumentar la disposición de esta guerrilla a negociar la paz. Aunque no había consenso entre los delegados gubernamentales al respecto y algunos se oponían a la participación de la sociedad porque consideraban que iba a entorpecer el proceso, otros valoraban la inclusión de este punto por distintas razones.

---

[4] Saludo de la delegación de diálogos del ELN a las audiencias preparatorias, "Participación para decidir los rumbos del país", disponible en versión audiovisual en: https://www.youtube.com/watch?v=rJ8GqIEwCf4 (última consulta: 30 de julio de 2018). La versión escrita está disponible en: https://cedema.org/digital_it ems/7791 (última consulta: 1 de junio de 2022).

Varios tenían una visión pragmática. Pensaban que avanzar en este punto no solamente motivaría al ELN a negociar otros puntos de la agenda, sino que escuchar a la población afectada por el conflicto armado incentivaría a este grupo a reducir su conducta violenta porque mucha gente le pediría parar la violencia y los abusos a la población civil, como lo habían hecho en particular organizaciones del Chocó, al plantear el "Acuerdo Humanitario ¡Ya! Para el Chocó". De igual forma, consideraban que la mayoría de la población se oponía al secuestro y dicha participación por consiguiente podía presionar al ELN para que abandonara esta práctica (entrevistas E35, septiembre 2021; E43, octubre 2021). Un negociador gubernamental así afirmó:

> En esas mismas comunidades donde está el ELN presente, pues la tarea principal es hablar con esas comunidades para que las mismas comunidades sean las que le digan "¡basta! Si ustedes dicen representarnos, ¡ya no más! No podemos, no queremos, o represéntennos en la vida política, con un nuevo partido", etc., etc. Yo creo que es muy importante interactuar con esas comunidades, para que esas comunidades ejerzan esa presión, repito, positiva (entrevista E35, septiembre 2021).

Mientras tanto, ciertos delegados estimaban que la participación de la sociedad en el proceso podía generar una mayor aceptación del mismo, reducir las posibilidades de acontecimientos como el fracaso del plebiscito de 2016 y generar un ambiente más favorable para la implementación de los acuerdos alcanzados (entrevistas E6, enero 2019; E34, abril 2021; E43, octubre 2021; E45, diciembre 2021; E6, febrero 2022). Finalmente, unos pocos valoraban la participación ciudadana en sí misma y como elemento esencial para la elaboración de políticas públicas que busquen mejorar las condiciones de vida de la población (p. ej., entrevista E6, febrero 2022). Así, no solamente existían divergencias entre el Gobierno y el ELN acerca de la conveniencia y el propósito de la participación social en el proceso de paz, sino también entre los mismos delegados gubernamentales, lo cual dificultó la negociación (Mouly y Hernández 2022).

Al iniciar la fase formal de los diálogos de paz en febrero de 2017, las dos delegaciones empezaron a abordar simultáneamente el punto 1 de la agenda "participación de la sociedad en la construcción de la paz" y el punto 5 f "dinámicas y acciones humanitarias", lo cual reflejó las prioridades discordantes de cada lado: la renuncia de la guerrilla al secuestro, por parte del Gobierno, y la participación de la sociedad, por parte del ELN. Entonces, las discusiones iniciales revelaron dos dinámicas encontradas en la mesa, con una lógica más distributiva que cooperativa: la insistencia del ELN de avanzar en el punto 1 para progresar en el punto 5, mientras que el Gobierno condicionaba cualquier avance significativo en el punto 1 a un compromiso del ELN de suspender el secuestro, lo cual era una exigencia del propio presidente Santos (Celis 2019; Mouly y Hernández 2022; *VerdadAbierta.com* 2017c; Viracacha 2018).

Pese a las dificultades ocasionadas por estas dinámicas, las partes alcanzaron un hito importante, a los siete meses, cuando acordaron invitar a más de 200 representantes de 25 sectores sociales y 120 organizaciones de la sociedad civil a participar en audiencias públicas preparatorias como preámbulo para diseñar e implementar la participación de la sociedad en el proceso de paz. Aunque algunos delegados gubernamentales y el propio presidente Santos se oponían inicialmente a la organización de dichas audiencias hasta que el ELN renunciara públicamente al secuestro (Restrepo 2020: 18)[5], éstas finalmente tuvieron lugar en octubre y noviembre de 2017 en Tocancipá y se desarrollaron exitosamente, de acuerdo con la mayoría de entrevistados. Según el propio jefe de la delegación gubernamental, Juan Camilo Restrepo (2020: 3, véase también 34), "constituyeron un prólogo exitoso de lo que puede ser el desarrollo del Punto No 1 de la Agenda Común 'Participación de la Sociedad en la Construcción de la Paz'" –una valoración compartida con la delegación del ELN (p. ej., Viracacha 2018). Asimismo, un garante las calificó de "ejercicio impresionante" (entrevista E8, enero 2019). En este sentido el punto de participación favorecía la posibilidad de una negociación colaborativa, pero quedó entrampado, al menos inicialmente, en una lógica de suma cero (cf. Aponte, Canal, Reyes y Arias en este libro; Hernández en este libro).

Las audiencias se desarrollaron en medio de un cese al fuego bilateral de 101 días, un hecho sin precedente que posibilitó la participación de actores sociales provenientes de las distintas áreas afectadas por el conflicto armado. Dos personas de cada delegación asistieron a las audiencias y escucharon a los representantes de distintos grupos expresarse sobre la modalidad en que la sociedad debería participar en el proceso de paz. A pesar de que la consigna era pronunciarse sobre el "cómo debería participar la sociedad en el proceso", los participantes "insistieron más en el qué de la negociación, es decir, en la agenda sustantiva que debería discutirse" (de Currea-Lugo 2019c: 14). Además, muchos se expresaron a favor de una salida negociada al conflicto armado (Celis 2019, Ramírez 2018, Restrepo 2020, Cano 2018, N. Sánchez 2017; entrevistas E22, mayo 2019; E10, abril 2021; E43, octubre 2021; E45, diciembre 2021; E31, enero 2022).

---

[5] El general Herrera (2021: 159), por ejemplo, consideró que "fueron una victoria temprana del ELN en la fase pública" y que era inaceptable que integrantes del ELN aún en armas pudieran dialogar con la sociedad.

No obstante, luego de este hito importante, la delegación gubernamental cambió y no se renovó el cese al fuego bilateral, lo que llevó a un estancamiento de las discusiones sobre participación. Durante dos meses se suspendieron las negociaciones y solo se reanudaron en marzo de 2018. Si bien la nueva delegación gubernamental y el ELN retomaron la discusión del punto 1, varios obstáculos impidieron concretar un acuerdo al respecto antes del fin del mandato de Santos. En primer lugar, el traslado de las negociaciones de Quito a La Habana, luego del anuncio del presidente ecuatoriano Lenín Moreno de que su país ya no quería seguir como anfitrión de los diálogos de paz, produjo un nuevo retraso. En segundo lugar, si bien se avanzó de forma significativa en la definición de los mecanismos de participación y los temas a abordar, esta discusión fue larga, puesto que ambas partes concebían la participación en distintos términos y, como se mencionó anteriormente, no había unidad de criterio sobre el tema en la propia delegación gubernamental, aunque se contaba con un mayor consenso al respecto en la nueva delegación (Celis 2019; Mouly y Hernández 2022; de Currea-Lugo 2019a).

Los negociadores gubernamentales tenían una visión más pragmática de cómo se debía desarrollar la participación y cómo esta debía incidir en un acuerdo que pondría fin a los enfrentamientos armados y conduciría a la desmovilización del ELN. Concebían a la sociedad civil como un actor importante en el proceso, pero consideraban que el Gobierno y la guerrilla eran quienes debían negociar y ponerse de acuerdo en la mesa (Mouly y Hernández 2020; entrevistas E6, enero 2019, febrero 2022; E24, junio 2019, septiembre 2021; E31, enero 2020; E10, abril 2021). Mientras tanto, desde una perspectiva más ideológica, el ELN insistía en que las negociaciones de paz no eran un asunto bilateral, que el ELN no podía hablar en nombre del pueblo y que las propuestas que emanaran de la participación de la sociedad debían ser vinculantes (Mouly y Hernández 2020; Cano 2018; N. Sánchez 2017; *VerdadAbierta.com* 2017c; de Currea-Lugo 2019a). El entonces comandante en jefe de la organización, Gabino, por ejemplo, explicó en una entrevista que era "indispensable que se comprometa a todos los sectores de la sociedad, pero no a firmar lo que otros acuerden, sino a diseñar el proceso, a participar en él y a implementarlo" (de Currea-Lugo 2017). Estas divergencias hicieron que el proceso se extendiera y las partes recién acordaran lineamientos preliminares sobre el diseño de la participación al final del mandato de Santos. Estos lineamientos constituían un punto medio, ya que la participación sería la piedra angular del proceso de paz, tendría dimensiones territoriales, sectoriales y nacionales, y los resultados no serían vinculantes, sino constituirían insumos clave para la discusión de los puntos sustantivos de la agenda, como los puntos 2 y 3 sobre democracia para la paz y transformaciones para la paz.

Asimismo, todo el proceso de participación se realizaría en un plazo razonable para no dilatar la firma de un acuerdo que pusiera fin al conflicto armado (Mouly y Hernández 2020, 2022).

A pesar de estos adelantos, la discusión del punto 1 se truncó con la transición de Santos a Duque. Por un lado, emisarios del presidente entrante recomendaron a la delegación del ELN esperar la asunción del nuevo Gobierno para pactar un acuerdo. Por otro lado, algunos negociadores gubernamentales consideraron prudente frenar el proceso hasta la llegada del sucesor de Santos (Mouly y Hernández 2020; entrevistas E17, febrero 2019; E24, E38, septiembre 2021; E12, octubre 2021; E45, diciembre 2021; E52, abril 2022). Esto hizo que ninguno de los avances en cuanto a participación o a un nuevo acuerdo de cese al fuego bilateral pudiera consolidarse antes de la transición. Al asumir la presidencia, Duque ordenó una evaluación de las negociaciones de paz y terminó por suspenderlas indefinidamente luego del ataque del ELN a la Escuela de Policía General Santander (Mouly y Hernández 2020, 2022; de Currea-Lugo 2019c).

3. *Participación de diversos actores de la sociedad civil en el proceso de paz desde adentro y afuera*

Después de centrarme en cómo ambas partes abordaron el punto de la participación social durante el proceso de paz, en este apartado analizo la participación de diversos actores sociales en el proceso de paz desde adentro y afuera. En primer lugar, examino cómo distintos actores sociales se involucraron en acciones para ambientar el proceso de paz. En segundo lugar, me refiero a cómo estos actores transmitieron propuestas sobre problemas clave de tratar en los diálogos de paz. En tercer lugar, me enfoco en la presión ejercida por distintos actores sociales para que las partes negocien una salida al conflicto armado y adopten medidas humanitarias.

Ambientación del proceso de paz

La participación de la sociedad civil en torno a este proceso se remonta a antes del inicio formal de las conversaciones de paz. Ya en los primeros años de la presidencia de Santos, varios grupos sociales abogaban por el inicio de negociaciones de paz entre el Gobierno y el ELN. En este sentido, se destaca el papel de tres plataformas principales, Mesa Social para la Paz y Paz Completa, creadas en 2015, y la red de programas de desarrollo y paz (REDPRODEPAZ) que existía anteriormente (entrevistas E16, E21, febrero 2019, E30, enero 2020; D. Sánchez 2019). Estos actores ayudaron a ambientar el proceso de paz en la sociedad y alentaron a ambas partes a sentarse a dialogar. Este cabildeo tuvo eco tanto en el presidente Santos como en el ELN. Por ejemplo, una persona entrevistada citó el hecho de que el presidente mencionó tres veces la "paz completa" en la inauguración de las conversaciones de paz con el ELN en 2017, como prueba de la influencia de las organizaciones de la sociedad civil que presionaron para el inicio de las negociaciones bajo el lema de la necesidad de una "paz completa", luego de que el Gobierno emprendió negociaciones de paz formales con las FARC (entrevista E12, febrero 2019).

Asimismo, en 2014, durante la fase exploratoria de las negociaciones de paz, el entonces comandante en jefe del ELN, Gabino, reconoció que muchos colombianos estaban pidiendo el fin del conflicto armado y que su organización estaba escuchando este clamor por la paz (Venceremos 2014). De forma similar, poco después de la firma del acuerdo marco de marzo de 2016, Pablo Beltrán (2016: 11), integrante de la delegación del ELN en la fase secreta, afirmó que el ELN estaba dispuesto a dialogar con el Gobierno porque, "haciendo honor a nuestro lema de estar 'siempre junto al pueblo', estamos escuchando las voces que desde la sociedad claman por la paz".

Propuestas e incidencia en el proceso de paz

Muchas organizaciones de la sociedad civil y representantes de distintos sectores sociales que se involucraron en el proceso de paz entre Gobierno y FARC entre 2012 y 2016[6] exigieron mayor participación en el proceso de paz con el ELN. Aprovecharon el espacio clave otorgado a la participación en las negociaciones entre Gobierno y ELN –no solo como cuestión de procedimiento, sino también tema sustantivo– para tratar de incidir en asuntos clave y hacer el proceso más incluyente (entrevistas E6, E8, enero 2019; E12, E17, febrero 2019; E24, junio 2019, septiembre 2021; D. Sánchez 2019). Una lideresa de la sociedad civil así expresó su convencimiento de que "un proceso de paz sin participación de la sociedad es frustrado, o sea, porque a futuro de la sociedad no hay quien se cargue ese proceso a hombros" (entrevista E24, septiembre 2021).

El desarrollo inicial de las negociaciones de paz en Quito facilitó la llegada de múltiples organizaciones para conversar con ambas delegaciones. Asistieron sindicalistas, organizaciones de mujeres que buscaban transversalizar una perspectiva de género, representantes de distintos territorios interesados en

---

[6] El proceso de paz entre el Gobierno y las FARC involucró a distintos actores sociales por medio de foros, participación de delegaciones de víctimas o de organizaciones étnicas en la mesa de negociación, así como buzones de recepción de propuestas.

compartir sus problemas específicos y reducir la victimización de los civiles, entre otros (entrevistas E6, E9, enero 2019; E12, febrero 2019; E24, junio 2019; E33, enero 2020; E10, abril 2021; E52, abril 2022). Aun cuando la mesa se trasladó a Cuba, las delegaciones continuaron recibiendo este tipo de visitas.

Unas de las primeras propuestas de la sociedad civil que llegaron a la mesa concernieron el listado de actores que debían ser invitados a las audiencias preparatorias. Luego, además de propuestas metodológicas respecto al diseño del proceso de participación social, varias organizaciones hicieron planteamientos sobre los temas sustantivos de la agenda (entrevista E24, septiembre 2021).

Distintos entrevistados estimaron que el Gobierno y el ELN fueron sensibles en alguna medida a las propuestas y críticas de la sociedad civil (entrevistas E10, E11, enero 2019; E12, febrero 2019; E22, mayo 2019; E24, junio 2019; E31, E32, E33, enero 2020). Algunos inclusive afirmaron que este contacto con la sociedad civil durante el proceso de paz había abierto la mente de varios delegados, como un negociador gubernamental, quien supuestamente dijo lo siguiente:

> Jamás me imaginaba que había un mundo en el tema de participación. Hay todo un mundo. No sabía que había las dinámicas sociales, ni cuáles eran las apuestas de la gente. Para mí se me abrió un mundo, una dimensión que yo desconocía y yo le digo una cosa: después de que se me abre esta dimensión, me doy cuenta de que estamos del mismo lado. Nosotros tenemos que hacer una gran alianza a favor de la paz de Colombia porque nuestros militares no pueden seguir muriéndose en los campos y los miembros de la guerrilla tampoco pueden seguir muriéndose (entrevista E12, febrero 2019).

Asimismo, ambas delegaciones recogieron y valoraron las propuestas de la sociedad civil para buscar un modelo viable de participación social en el proceso de paz (entrevistas E31, E33, enero 2020; E6, febrero 2022).

Presión ejercida sobre las partes para reducir la intensidad del conflicto armado y avanzar hacia una salida negociada

Además de sus aportes metodológicos y sustantivos, diversas organizaciones de la sociedad civil presionaron a las partes para incrementar sus esfuerzos para reducir el impacto del conflicto armado sobre la población civil y buscar una salida negociada. En este sentido, desde el inicio de las conversaciones la sociedad civil focalizó su atención en la conveniencia de un cese al fuego bilateral para reducir las afectaciones a la población civil y generar un clima más propicio para el desarrollo de las conversaciones de paz (*VerdadAbierta. com* 2017b). La plataforma Paz Completa, por ejemplo, envió una carta al papa para promover un cese al fuego bilateral entre las partes (entrevista E12, octubre 2021). Según consta, las partes escucharon estas voces, ya que uno de los primeros acuerdos en la mesa fue la implementación de un cese al fuego bilateral de 101 días cuyo objetivo primordial era "mejorar la situación humanitaria de la población" (Mesa de diálogos 2017). De forma más específica, el ELN declaró que habían escuchado "los pedidos de diversos sectores y regiones para que estos diálogos por una solución política del conflicto se desarrollen en medio del cese bilateral" (ELN 2018). Mientras tanto, el Gobierno caracterizó dicho cese al fuego como algo histórico, al ser el "primer acuerdo de esta naturaleza que firma el Gobierno nacional con esta guerrilla en más de 50 años" (Restrepo 2017; *VerdadAbierta.com* 2017a; cf. Rueda 2017; Rueda 2022).

Unas 75 organizaciones que habían abogado por un cese al fuego bilateral, incluyendo Mesa Social para la Paz, se juntaron para establecer un mecanismo de veeduría del cese al fuego. El ELN acogió esta veeduría en varios comunicados entre octubre de 2017 y enero de 2018 y manifestó su intención de reducir la intensidad del conflicto armado. El negociador del ELN Aureliano Carbonell caracterizó esta veeduría como "una expresión particular de la participación de la sociedad en los procesos de paz" y recalcó el respaldo de su agrupación a esta iniciativa[7]. La veeduría presentó su primer informe el 29 de noviembre de 2017, reconociendo los esfuerzos de las partes para aliviar el sufrimiento de la población civil y pidiendo aún más avances en este sentido (Veeduría social humanitaria 2017).

En paralelo a la promoción de un cese al fuego, varios actores sociales impulsaron iniciativas humanitarias para disminuir las afectaciones del conflicto armado a la población civil. Una de ellas surgió poco después del inicio de las conversaciones de paz formales en febrero de 2017. En asamblea pública, las autoridades y varias organizaciones de la sociedad civil de los municipios nariñenses de Samaniego y Santacruz de Guachavez anunciaron la reactivación del pacto local de paz, implementado inicialmente por el alcalde de Samaniego en el periodo 2004–2007 para exigir a los grupos armados presentes en el territorio el respeto de ciertas reglas del juego. Como parte de este pacto, lanzaron una propuesta de desminado humanitario para consideración de la mesa de negociación[8]. Las dos delegaciones recibieron la propuesta con

---

[7] Palabras de Aureliano Carbonell en: https://www.youtube.com/watch?v=CGwU 9ZdHJYU (última consulta: 1 de julio de 2018). La versión escrita se encuentra en: https://www.justiciaypazcolombia.com/bienvenida-la-veeduria-de-las-comunidades/ (última consulta: 3 de junio de 2022).

[8] Declaración de Samaniego adoptada por las comunidades de Nariño, municipios de Samaniego y Santacruz, los resguardos indígenas de Sande, Guachavez y la montaña, y Minga por la Paz de Nariño el 26 de febrero de 2017.

beneplácito y empezaron a discutirla en el punto 5 f de la agenda (Masullo, Mouly y Garrido 2019; Mouly y Bustos 2021)[9]. Cinco meses después, un vocero del ELN anunció que las partes habían escogido a ambos municipios para iniciar un proyecto de desminado en el marco de las conversaciones de paz (*Diario del Sur* 2017; *VerdadAbierta.com* 2017b). No obstante, a pesar de discutir esta propuesta en varias ocasiones, las delegaciones no alcanzaron un acuerdo antes de finalizar las negociaciones (Restrepo 2020), presuntamente por cuestiones geoestratégicas y de seguridad (Herrera 2021).

Otra iniciativa humanitaria propuesta por la sociedad civil fue el Acuerdo Humanitario ¡Ya! para el Chocó. Fue planteada por varias organizaciones del Chocó en agosto de 2017, en un contexto de deterioro de la situación humanitaria en este departamento a raíz de los enfrentamientos entre diversos actores armados, incluyendo las Fuerzas Armadas y el ELN. Estas organizaciones solicitaron a ambas partes empeñarse para mejorar la situación humanitaria en el departamento y respetar la autonomía de las comunidades. Algunos líderes del Chocó, al igual que de Nariño, viajaron a Quito e inclusive La Habana para impulsar estas propuestas (entrevistas E6, enero 2019; E22, mayo 2019; E43, octubre 2021; Restrepo 2020; Rodríguez, Rosen y Masullo 2021). Así el Acuerdo Humanitario ¡Ya! para el Chocó se discutió tres veces en la mesa, pero, al igual que la propuesta de desminado humanitario, no produjo un acuerdo antes de la transición de Santos a Duque (Restrepo 2020, Herrera 2021; entrevistas E6, enero 2019; E22, mayo 2019; E31, enero 2020; E43, octubre 2021).

Además de impulsar iniciativas humanitarias, la sociedad civil se empeñó en promover la superación de escollos en la mesa. En este sentido, jugó un papel fundamental entre enero y marzo de 2018, cuando las negociaciones de paz se estancaron durante dos meses y algunos representantes de la sociedad civil ofrecieron mediar entre las partes. Ambas partes aceptaron la oferta y mantuvieron reuniones por separado con estos representantes en Bogotá y Quito respectivamente. Según varios entrevistados, los esfuerzos de la sociedad civil fueron clave para persuadir al ELN de hacer un gesto hacia el Gobierno y anunciar el cese de operaciones militares ofensivas con ocasión

---

[9] El Gobierno acogió la propuesta el 26 de febrero de 2017 en un comunicado audiovisual, disponible en: https://www.youtube.com/watch?v=zUPgAiFlvx8 (última visita: 25 de marzo de 2018). El ELN hizo lo propio el mismo día en un video disponible en: https://www.youtube.com/watch?v=JkDVZE2cgjU (última visita: 25 de marzo de 2018). Véase también el comunicado del ELN del 4 de diciembre de 2017, en el cual señala que las partes discutieron la propuesta de desminado durante el tercer ciclo de negociaciones: https://www.youtube.com/watch?v=74f6dYKbOhY (última visita: 30 de enero de 2022).

de las elecciones legislativas, lo que allanó el camino para la reanudación de las negociaciones de paz en marzo de 2018 (entrevistas E7, enero 2019; E12, febrero 2020; E24, junio 2019, septiembre 2021; E31, E33, enero 2020; D. Sánchez 2019; International Crisis Group 2018; La FM 2018; EFE 2018; *El País* 2018).

Aún después de la suspensión indefinida de las conversaciones de paz en 2019, varias agrupaciones de la sociedad civil siguieron impulsando iniciativas humanitarias y presionando para la reanudación de las negociaciones (entrevistas E6, enero 2019; E28, E31, E32, E33, enero 2020; Defendamos la Paz 2020; Villarraga 2020). Una de ellas fue la plataforma Defendamos la Paz, creada en 2019 en apoyo a la implementación del acuerdo de paz de 2016 y al proceso de paz con el ELN. En abril de 2019 esta plataforma exhortó al ELN a cesar las hostilidades para "avanzar en el objetivo de poner fin al conflicto armado" y "ahorr[ar] vidas, recursos y sufrimientos en los territorios" –un pedido acogido favorablemente por la guerrilla (Defendamos la Paz 2019; Infobae 2019; ELN 2019). Similarmente, un año después, Defendamos la Paz hizo un llamado al Gobierno para decretar un cese al fuego con motivo de la pandemia de COVID-19, como lo había hecho el ELN, en respuesta al llamamiento del secretario general de la ONU, Antonio Guterres, ya que facilitaría "la atención humanitaria de la población" (Defendamos la Paz 2020). La plataforma también alentó al Gobierno a retomar los diálogos de paz y señaló el importante rol de la sociedad civil en una eventual reanudación del proceso de paz:

> cada vez hay más sectores sociales comprometidos con la paz y con su construcción en las regiones y a nivel nacional. Pero somos conscientes de la necesidad de ampliar y fortalecer la participación y las acciones que demandan la paz, para lo cual es indispensable sensibilizar e incorporar a todos los sectores de la sociedad. Sin presión ciudadana incidente frente al Gobierno y al ELN no habrá proceso de paz ni sus positivos efectos humanitarios. La gran movilización social registrada recientemente incluye la demanda de la paz (Defendamos la Paz 2020).

Como se evidencia, aun cuando se truncó el proceso de paz entre el Gobierno y el ELN, la participación de la sociedad civil desde afuera en apoyo al proceso se mantuvo, aunque con niveles de movilización menores. De forma general, la participación social permitió ambientar el proceso, aportar propuestas y empujar a las partes a avanzar hacia una salida negociada y acordar medidas para reducir el impacto del conflicto armado sobre la población civil. No obstante, enfrentó desafíos, que analizo a continuación.

4. Desafíos de la participación

La continuidad del conflicto armado –en particular los enfrentamientos entre ELN, grupos neoparamilitares y Fuerzas Armadas– y la falta de garantías de seguridad en varios territorios, incluyendo amenazas y ataques a líderes sociales, constituyeron los principales desafíos para la participación de la sociedad en este proceso (Parrado y Henao 2018; de Currea-Lugo 2016, 2019c). Frente a esta situación, muchos actores sociales ejercieron presión sobre las partes para acordar un cese al fuego bilateral inicialmente, y posteriormente para prolongarlo y negociar uno nuevo. Asimismo, durante las audiencias preparatorias, muchos representantes de la sociedad civil denunciaron la falta de condiciones de seguridad adecuadas para participar en el proceso y solicitaron a las partes obrar para garantizar estas condiciones (PNUD 2017). Como se mencionó anteriormente, algunos colectivos inclusive se reunieron con las delegaciones y plantearon acciones humanitarias para abordar estas y otras preocupaciones en zonas afectadas por el conflicto armado. No obstante, aunque ambas delegaciones aceptaron discutir estas acciones en el punto 5 f de la agenda e implementar medidas para mejorar la situación humanitaria en el Chocó y los municipios nariñenses de Samaniego y Santacruz de Guachavez, la falta de acuerdo sobre un nuevo cese al fuego bilateral y cuestiones de orden estratégico impidieron avanzar en estos temas (entrevistas E22, mayo 2019; E31, enero 2020; E42, octubre 2021; E46, diciembre 2021; Herrera 2021; de Currea-Lugo 2019b). Así los graves problemas de seguridad en áreas como el Chocó, el Catatumbo o Nariño, incluyendo amenazas y asesinatos a líderes sociales, redujeron las posibilidades de participación en estos territorios (entrevistas E7, enero 2019; E30, E31, E33, enero 2020).

Otro desafío fueron los distintos escollos a los que se enfrentó el proceso de paz y que afectaron negativamente a la sociedad civil, con varias organizaciones perdiendo poco a poco la esperanza de un resultado exitoso y por ende disminuyendo sus acciones para incidir en el proceso. Este desánimo paulatino, especialmente luego de la suspensión indefinida del proceso de paz en 2019, hizo que plataformas inicialmente muy activas, como Mesa Social para la Paz o Paz Completa, cesaran sus actividades y la participación social se redirigiera hacia otros espacios en espera de un contexto más propicio.

5. Conclusiones

En este capítulo analicé la participación de la sociedad como un elemento central y transversal del proceso de paz entre el Gobierno colombiano y el ELN que se desarrolló durante el gobierno Santos y terminó en el de Duque.

Al acordar que dicha participación conformaría el punto 1 de la agenda de negociación y subyaciera a la discusión de los temas sustantivos de la agenda, las partes le dieron un lugar preponderante en el proceso de paz, tanto sustantivo como metodológico. Sostuve que las razones por las cuales las partes dieron tanta importancia a la participación fueron diversas. Para el ELN, era un mecanismo clave para reequilibrar las relaciones de poder no solamente entre esta guerrilla y su contraparte en la mesa, sino también entre los sectores marginados y las élites, y así lograr cambios sociales de forma más efectiva que en procesos de paz anteriores. Mientras tanto, no había consenso al respecto del lado gubernamental. Así algunos delegados cuestionaron dicha participación por obstaculizar el desempeño de las negociaciones, mientras otros destacaron su importancia, en particular para motivar y presionar al ELN a negociar el fin del conflicto armado. Estas divergencias entre las partes y en la misma delegación gubernamental tuvieron un efecto negativo en el proceso, ya que menoscabaron las posibilidades de alcanzar acuerdos.

Dicho esto, se lograron avances valiosos en materia de participación en el proceso hasta la transición de Santos a Duque. Uno de ellos fue la organización de las audiencias preparatorias que permitieron escuchar a una variedad de actores sociales y sentar las bases para desarrollar un modelo de participación de la sociedad en el marco de los diálogos de paz. Otro fue el progreso alcanzado en el diseño de dicho modelo, aunque el fin del mandato del presidente Santos y la no reanudación del cese al fuego bilateral impidieron que se concretara un acuerdo al respecto.

Más allá del espacio formal de la mesa de negociación, la sociedad civil se involucró en este proceso desde antes de sus inicios formales hasta que se truncara e inclusive después. Promovió un entorno más favorable para las negociaciones de paz y presionó a las partes para que comenzaran las conversaciones y luego avanzaran en las mismas. Igualmente, ayudó la mesa a superar varias dificultades, en especial su estancamiento al inicio de 2018 luego de la no reanudación del cese al fuego bilateral. Lo hizo al mediar entre las partes y convencerlas de hacer gestos para restablecer la confianza mutua y retomar el proceso. Muchas agrupaciones sociales también se reunieron con las delegaciones para presentar sus propuestas, algunas de las cuales fueron discutidas en la mesa de negociación. La sociedad civil, en especial, buscó una mejora de la grave situación humanitaria en varios territorios afectados por el conflicto armado en donde operaba el ELN.

En definitiva, la participación de la sociedad en el proceso de paz desde adentro y afuera fue notable y tuvo incidencia, aunque el proceso no haya podido culminar en un acuerdo de paz. Esta experiencia por tanto constituye una base valiosa, de la cual se pueden desprender aprendizajes clave en pro del proceso de paz entre el Gobierno y el ELN que empezó en 2022. Es de esperar que estos aprendizajes permitan a las partes diseñar un modelo efectivo de participación que potencie el proceso y que la sociedad civil mantenga su importante rol desde adentro y afuera, acompañando el proceso, alimentándolo con propuestas metodológicas y sustantivas, y ejerciendo presión a favor de una reducción de la violencia armada y una salida negociada al conflicto. En efecto, tal como se argumentó en un artículo reciente (cf. Mouly y Hernández 2022), la participación de la sociedad en el proceso de paz entre el Gobierno y el ELN es central para aumentar la disposición de esta guerrilla a negociar y ayudará a incrementar su disposición a pactar un acuerdo que ponga fin al conflicto armado.

Dicho esto, es importante tomar medidas para disminuir la inseguridad en los territorios afectados por el conflicto armado, ya que representa un obstáculo para la participación de la sociedad en el proceso. En particular, se espera que dicha participación pueda desarrollarse en el marco de un cese al fuego bilateral, conjuntamente con la implementación de acciones humanitarias que reduzcan la victimización de la población civil.

Para finalizar, este capítulo refuerza los hallazgos de otros estudios respecto a las funciones que la sociedad civil puede desempeñar en apoyo a un proceso de paz, tales como fomentar un entorno más propicio, establecer puentes entre las partes en conflicto y servir de canal para transmitir las propuestas de varios sectores sociales a la mesa de negociación. Estos aspectos beneficiosos de la participación social en este y otros procesos ciertamente explican el consenso cada vez mayor alrededor de la deseabilidad de tener procesos de paz más incluyentes (cf. Nilsson y Svensson 2023; Hirblinger y Landau 2020; Carl 2019; Paffenholz y Zartman 2019).

Referencias

Acuerdo de diálogos para la paz de Colombia entre el Gobierno nacional y el Ejército de Liberación Nacional, firmado el 30 de marzo 2016.

Albarracín Restrepo, Laura Alejandra. 2023. "Eln: «La paz no es sinónimo de dejación de las armas», ni de curules." *El Tiempo*, 5 de febrero. Disponible en: https://www.eltiempo.com/politica/proceso-de-paz/eln-la-paz-no-es-sinonimo-de-dejacion-de-las-armas-ni-de-curules-739480.

Álvarez, Enrique y Tania Palencia. 2002. "Guatemala feature study." En *Owning the process: Public participation in peacemaking*, Accord No. 13, editado por Catherine Barnes, 38–55. Londres: Conciliation Resources.

Belloni, Roberto. 2008. "Civil Society in War-to-Democracy Transitions." En *From War to Democracy: Dilemmas of Peacebuilding*, editado por Anna K. Jarstad y Timothy D. Sisk. Cambridge: Cambridge University Press.

Beltrán, Pablo. 2016. "Saludo del ELN." En *Metiéndole pueblo a la paz*, editado por Víctor de Currea-Lugo, 11–12. Bogotá: Ántropos.

Brett, Roddy. 2013. "Peace stillborn? Guatemala's liberal peace and the indigenous movement." *Peacebuilding* 1 (2): 222–238. doi: 10.1080/21647259.2013.783255.

Cano, Adalberto. 2018. "El diálogo nacional es la participación de la sociedad en el logro de la paz." *ELN Voces*, 22 de enero. Disponible en: http://www.eln-voces. com/index.php/voces-del-eln/militancia/1414-el-dialogo-nacional-es-la-participac ion-de-la-sociedad-en-el-logro-de-la-paz

Carl, Andy (ed.). 2019. *Navigating inclusion in peace processes*, Accord No. 28. Londres: Conciliation Resources.

Celis, Luis Eduardo. 2019. *Una paz sin dolientes: Diálogos gobierno – ELN, 1982–2019*. Bogotá: NC Producciones.

de Currea-Lugo, Víctor. 2015. "Des-cubriendo al ELN." *El Espectador*, 9 de diciembre. Disponible en: https://www.elespectador.com/politica/des-cubriendo-al-eln-arti cle-604365/.

———. 2016. "Introducción. La pregunta por el cómo." En *Metiéndole pueblo a la paz*, editado por Víctor de Currea-Lugo, 23–29. Bogotá: Antrópos.

———. 2017. "Sin participación de la sociedad, el proceso con el Eln no va." *El Espectador*, 3 de junio. Disponible en: https://colombia2020.elespectador.com/pais/ sin-participacion-de-la-sociedad-el-proceso-con-el-eln-no-va.

———. 2019a. "¿Cuánto esperó el coronel Aureliano Buendía?" En *Historia de un fracaso: Diálogos Gobierno-ELN (2014–2019)*, 236–239. Bogotá: Icono.

———. 2019b. "Entrevista al ELN, en su 54o aniversario." En *Historia de un fracaso: Diálogos Gobierno-ELN (2014–2019)*, 226–229. Bogotá: Icono.

———. 2019c. *Historia de un fracaso: Diálogos Gobierno-ELN (2014–2019)*. Bogotá: Icono.

Defendamos la Paz. 2019. Carta al Eln: Defendamos la Paz pide cese unilateral, 4 de abril, disponible en: https://lalineadelmedio.com/carta-al-eln/.

———. 2020. *El cese al fuego y los compromisos humanitarios facilitan recuperar el proceso de paz con el ELN*. Declaración, 17 de abril. Disponible en: https://www.facebook. com/DefendamosLaPazColombia/posts/2522569231337525.

Diario del Sur. 2017. "Se inicia desminado en Nariño: Los pasos para llegar al desminado humanitario." *Diario del Sur*, 26 de julio.

Donais, Timothy. 2009. "Empowerment or Imposition? Dilemmas of Local Ownership in Post-Conflict Peacebuilding Processes." *Peace & Change* 34 (1): 3–26. doi: 10.1111/j.1468-0130.2009.00531.x.

EFE. 2018. "El ELN anuncia cese al fuego para las elecciones y propone fijar una fecha de diálogos." *EFE*, 26 de febrero. Disponible en: https://www.efe.com/ efe/america/politica/el-eln-anuncia-cese-al-fuego-para-las-elecciones-y-prop one-fijar-una-fecha-de-dialogos/20000035-3535586.

El País. 2018. "El ELN anuncia el cese de ataques durante las legislativas en Colombia." *El País*, 26 de febrero. Disponible en: https://elpais.com/internacional/2018/02/26/actualidad/1519650926_967289.html.

ELN. 2018. "La mesa de Quito aspira a servir." *Revista Insurrección 615*, 8 de enero. Disponible en: https://cedema.org/digital_items/7856.

———. 2019. Cese al fuego en la Semana Santa, 11 de abril, disponible en: https://www.justiciaypazcolombia.com/cese-al-fuego-en-la-semana-santa/.

Guevara, Carlos A. 2019. *Panorama de las personas defensoras de derechos humanos y líderes sociales en riesgo en Colombia, 2018–2019*. Policy Brief No. 1, febrero. Bogotá: Instituto Colombo-Alemán para la Paz (CAPAZ). Disponible en: https://www.instituto-capaz.org/wp-content/uploads/2019/02/FINAL-Policy-Brief-1-2019-web2.pdf.

Herrera, Eduardo. 2021. *¿Un proceso de paz inútil? Diarios de la negociación del Gobierno colombiano con el ELN 2013–2020*. Bogotá: Planeta.

Hirblinger, Andreas T. y Dana M. Landau. 2020. "Daring to differ? Strategies of inclusion in peacemaking." *Security Dialogue* 51 (4): 305–322. doi: 10.1177/0967010619893227.

Idler, Annette, Cécile Mouly y Lenin Miranda. 2015. "Power Unpacked: Domination, Empowerment and Participation in Local Guatemalan Peace Forums." *Peace, Conflict & Development* (21): 1–40.

Infobae. 2019. "Líderes políticos de Colombia enviaron una carta al ELN pidiendo un cese unilateral del fuego." *Infobae*, 5 de abril. Disponible en: https://www.infobae.com/america/colombia/2019/04/05/lideres-politicos-de-colombia-enviaron-una-carta-al-eln-pidiendo-un-cese-unilateral-del-fuego/.

International Crisis Group. 2018. *La paz que falta: el nuevo gobierno de Colombia y la última de sus guerrillas*. Informe sobre América Latina No. 68, 12 de julio. Bogotá/Bruselas: International Crisis Group. Disponible en: https://www.crisisgroup.org/es/latin-america-caribbean/andes/colombia/68-missing-peace-colombias-new-government-and-last-guerrillas.

Krznaric, Roman. 1999. *Bulletin of Latin American Research* 18: 1–16. doi: 10.1111/j.1470-9856.1999.tb00184.x.

La FM. 2018. "ELN declara cese el fuego por elecciones en Colombia." *La FM*, 26 de febrero. Disponible en: https://www.lafm.com.co/colombia/eln-declara-cese-el-fuego-por-elecciones-en-colombia.

Lederach, John Paul. 1997. *Building peace: sustainable reconciliation in divided societies*. Washington, D.C.: US Institute of Peace Press.

———. 2019. "Forging inclusive peace: We stink more than we think." En *Navigating inclusion in peace processes*, Accord Issue 28, editado por Andy Carl, 23–26. Londres: Conciliation Resources.

Mac Ginty, Roger y Alpaslan Özerdem. 2019. "Introduction: why compare peace processes?" En *Comparing Peace Processes*, editado por Alpaslan Özerdem y Roger Mac Ginty, 1–17. Londres: Routledge.

Masullo, Juan, Cécile Mouly y María Belén Garrido. 2019. "Alternative Forms of Civilian Noncooperation with Armed Groups: The Case of Samaniego in Colombia." En *Civil Resistance and Violent Conflict in Latin America: Mobilizing for Rights*, editado por Cécile Mouly y Esperanza Hernández. Londres: Palgrave.

Mesa de diálogos. 2017. Comunicado conjunto cierre de ciclo III: acuerdo de Quito. Quito, 4 de septiembre, disponible en: https://www.eltelegrafo.com.ec/noticias/mundo/8/gobierno-de-colombia-y-eln-acuerdan-cese-al-fuego-bilateral.

Mouly, Cécile. 2022. *Estudios de paz y conflictos. Teoría y práctica.* Nueva York: Peter Lang.

Mouly, Cécile y Karen Bustos. 2021. "Samaniego after the 2016 Peace Agreement: Between Hope and Fear." En *Confronting Peace: Local Peacebuilding in the Wake of a National Peace Agreement*, editado por Susan Allen, Landon Hancock, Christopher Mitchell y Cécile Mouly, 111–135. Cham: Palgrave Macmillan.

Mouly, Cécile y Esperanza Hernández. 2020. *Logros, desafíos y lecciones del proceso de paz entre el Gobierno colombiano y el Ejército de Liberación Nacional, 2010–2019.* Bogotá: Instituto Colombo-Alemán para la Paz (CAPAZ). Disponible en: https://www.instituto-capaz.org/wp-content/uploads/2020/05/DT-1-2020-V3.pdf.

———. 2022. "Public participation in peace negotiations between the Colombian government and the National Liberation Army (ELN): An opportunity to redress power asymmetry and enhance the insurgents' readiness." *Conflict Resolution Quarterly* 40 (1): 7–23. doi: 10.1002/crq.21355.

Naranjo, Carolina. 2020. *Situación de líderes y lideresas sociales y personas defensoras de derechos humanos en Colombia en el 2019 y su prospección para el 2020.* Policy Brief No. 3, febrero. Bogotá: Instituto Colombo-Alemán para la Paz (CAPAZ). Disponible en: https://www.instituto-capaz.org/wp-content/uploads/2020/03/Policy-Brief-3-2020-V2-Naranjo.pdf.

Nilsson, Desirée. 2012. "Anchoring the Peace: Civil Society Actors in Peace Accords and Durable Peace." *International Interactions* (38): 243–266. doi: 10.1080/03050629.2012.659139.

Nilsson, Desirée y Mimmi Söderberg Kovacs. 2011. "Revisiting an Elusive Concept: A Review of the Debate on Spoilers in Peace Processes." *International Studies Review* 13 (4). doi: 10.1111/j.1468-2486.2011.01080.x.

Nilsson, Desirée y Isak Svensson. 2023. "Pushing the doors open: Nonviolent action and inclusion in peace negotiations." *Journal of Peace Research.* doi: 10.1177/00223433221141468.

Orjuela, Camilla. 2010. "Peace Activists and Nationalists." En *Civil Society and Peacebuilding: A Critical Assessment*, editado por Thania Paffenholz, 297–320. Boulder, CO: Lynne Rienner.

Özerdem, Alpaslan y Roger Mac Ginty. 2019. "Conclusión: What have we learned?" En *Comparing Peace Processes*, editado por Alpaslan Özerdem y Roger Mac Ginty, 336–353. Londres: Routledge.

Paffenholz, Thania. 2015. Can Inclusive Peace Processes Work? New evidence from a multi-year research project. *Policy Brief*. Geneva: Graduate Institute of International and Development Studies, Centre on Conflict, Development and Peacebuilding, abril.

———. 2018. "Is Civil Society Needed for Quality Peace?" En *Understanding Quality Peace*, editado por Madhav Joshi y Peter Wallensteen, 163–177. Abingdon: Routledge.

Paffenholz, Thania y I. William Zartman. 2019. "Inclusive Peace Negotiations – From a Neglected Topic to New Hype." *International Negotiation* 24 (1): 1–6. doi: 10.1163/15718069-24011186.

Parrado, Erika y Laura Henao. 2018. "La participación de la sociedad civil en los procesos de paz: algunas lecciones aprendidas." *Cien días* (92).

PNUD. 2017. *Súmate A LA PARTICIPACIÓN: DIÁLOGOS PARA LA PAZ DE COLOMBIA Gobierno Nacional y Ejército de Liberación Nacional-ELN*. Relatorías Audiencias preparatorias para escuchar propuestas ciudadanas sobre mecanismos de participación en los Diálogos de Paz entre el Gobierno Nacional y la guerrilla del ELN, noviembre. Bogotá.

Ramírez, Socorro. 2018. "Lecciones de los diálogos por la paz con el ELN." *El Espectador*, 11 de septiembre.

Restrepo, Juan Camilo. 2017. Comunicado "Acuerdo y comunicado sobre el cese al fuego bilateral y temporal entre el Gobierno y el ELN", 4 de septiembre, disponible en: http://www.altocomisionadoparalapaz.gov.co/dialogos-eln/Paginas/Comunicados-conjuntos/acuerdo-comunicado-cese-fuego-bilateral-temporal-gobierno-ELN.aspx.

———. 2020. "Memorias de Cachapamba." En. https://drive.google.com/file/d/1R-JbCQCBzD0AAxdnhqaPSQtuJ5jgaXjJc/view.

Rodríguez, Ana Isabel, Noah Rosen y Juan Masullo. 2021. "Mobilizing to Counter Post-agreement Security Challenges: The Case of the «Humanitarian Accord Now» in Chocó." En *Confronting Peace: Local Peacebuilding in the Wake of a National Peace Agreement*, editado por Susan Allen, Landon Hancock, Christopher Mitchell y Cécile Mouly, 81–109. Cham: Palgrave Macmillan.

Rueda, María Isabel. 2017. "¿Qué tanto tuvo que ver el Papa en el despegue con el Eln?" *El Tiempo*, 11 de septiembre. Disponible en: https://www.eltiempo.com/politica/proceso-de-paz/entrevista-de-maria-isabel-a-juan-camilo-restrepo-sobre-los-acuerdos-con-el-eln-129294.

———. 2022. "¿Es inevitable, y qué tan difícil será, volver a negociar con el Eln?" *El Tiempo*, 2 de mayo. Disponible en: https://www.eltiempo.com/politica/proceso-de-paz/entrevista-a-juan-camilo-restrepo-por-maria-isabel-rueda-669122.

Sánchez, Diana. 2019. Mesa de Diálogos con el ELN: el invaluable aporte de la participación de la sociedad. *Viva la ciudadanía*, 620. Disponible en: http://viva.org.co/caja virtual/svc0620/articulo01.html.

Sánchez, Nicolás. 2017. "El balance del Eln sobre las audiencias de participación." *El Espectador*, 17 de noviembre. Disponible en: https://www.elespectador.com/colom bia-20/paz-y-memoria/el-balance-del-eln-sobre-las-audiencias-de-participacion-article/.

Semana. 2023. "Antonio García, comandante del ELN, lanza advertencia al Gobierno Petro: «La paz no es sinónimo de dejación de las armas»." *Semana*, 4 de febrero. Disponible en: https://www.semana.com/politica/articulo/antonio-garcia-com andante-del-eln-lanza-advertencia-al-gobierno-petro-la-paz-no-es-sinonimo-de-de jacion-de-las-armas/202301/.

Stanley, William y David Holiday. 2002. "Everyone Participates, No One is Responsible: Peace Implementation in Guatemala." En *Ending Civil Wars: The Implementation of Peace Agreements*, editado por Stephen J. Stedman, Donald Rothchild y Elizabeth M. Cousens, 421–458. Londres: Lynne Rienner.

Stedman, Stephen John. 2002. "Introduction." En *Ending Civil Wars: The Implementation of Peace Agreements*, editado por Stephen J. Stedman, Donald Rothchild y Elizabeth M. Cousens, 1–40. Londres: Lynne Rienner.

Téllez, Juan Fernando. 2019. "Peace agreement design and public support for peace: Evidence from Colombia." *Journal of Peace Research* 56 (6): 827–844. doi: 10.1177/0022343319853603.

Ury, William. 1991. *Getting Past No: Negotiating with Difficult People*. Nueva York: Bantam Books.

Vargas, Alejo. 2016. "Participación de la sociedad en la superación del conflicto armado." En *Metiéndole pueblo a la paz*, editado por Víctor de Currea-Lugo, 177–184. Bogotá: Ántropos.

Venceremos. 2014. "Entrevista con el Ejército de Liberación Nacional (ELN) «Colombia: La paz es posible y necesaria»." *Venceremos*, 2 de noviembre. Disponible en: http://www.cedema.org/ver.php?id=6561.

VerdadAbierta.com. 2017a. "Así recibieron en las regiones el anuncio del cese al fuego con el Eln." *VerdadAbierta.com*, 5 de septiembre. Disponible en: https://verdadabie rta.com/asi-recibieron-en-las-regiones-el-anuncio-del-cese-al-fuego-con-el-eln/.

———. 2017b. "Cese bilateral de fuego con el Eln, ¿impulso para la mesa en Quito?" *VerdadAbierta.com*, 27 de julio. Disponible en: https://verdadabierta.com/cese-bi lateral-de-fuego-con-el-eln-impulso-para-la-mesa-en-quito/.

———. 2017c. "«El Eln no va a renunciar a la participación de la sociedad»: Silvana Guerrero." *VerdadAbierta.com*, 13 de noviembre. Disponible en: https://verdadabierta. com/el-eln-no-va-a-renunciar-a-la-participacion-de-la-sociedad-silvana-guerrero/.

Villarraga, Álvaro. 2020. "¿En qué queda la posibilidad de paz con el ELN? ¿Ofrece alguna posibilidad el insulso decreto gubernamental?" *Agencia Prensa Rural*, 23 de mayo. Disponible en: https://prensarural.org/spip/spip.php?article25460.

Viracacha, Winston. 2018. "¿Qué pide el ELN para mantener cese el fuego? Habla uno de sus negociadores." *El País*, 9 de enero. Disponible en: https://www.elpais.com.co/proceso-de-paz/que-pide-el-eln-para-mantener-cese-el-fuego-habla-uno-de-sus-negociadores.html.

Wanis-St. John, Anthony y Darren Kew. 2008. "Civil Society and Peace Negotiations: Confronting Exclusion." *International Negotiation* (13): 11–36. doi: 10.1163/138234008X297896.

4. *Comunicación pública y confidencialidad en las negociaciones de paz Gobierno-ELN*

Joana Amaral

Las negociaciones de paz suelen tener lugar casi exclusivamente entre las élites políticas, y lejos de los medios de comunicación y del público. La confidencialidad puede ser esencial para el delicado proceso de negociaciones de paz. Sin embargo, las negociaciones "a puerta cerrada" pueden impedir que los avances significativos sean conocidos por el público. Aunque las poblaciones locales son las más afectadas tanto por el conflicto armado como por el resultado de las negociaciones, son excluidas, mal informadas o, en el peor de los casos, activamente desinformadas (Lehmann 2009: 6). El secreto y la confidencialidad también están en contradicción con la necesidad de que los procesos de paz sean incluyentes, tanto política como cívicamente, y permitan la participación de un mayor número de actores. Además, dado que cada vez se recurre más a los referendos para ratificar los acuerdos de paz, la información y la educación pública oportunas sobre el contenido de las negociaciones también ponen en tela de juicio los beneficios de la confidencialidad y del secreto (Amaral 2019; Lordos 2009).

Las negociaciones entre el Gobierno colombiano y el Ejército de Liberación Nacional (ELN), y las desarrolladas en La Habana con las Fuerzas Armadas Revolucionarias de Colombia – Ejército del Pueblo (FARC-EP) tuvieron características innovadoras en sus mecanismos de comunicación pública. En ambas se acordó que, para garantizar la transparencia del proceso, las mesas redactarían informes públicos periódicos conjuntos, con el objetivo específico de comunicar los avances. Los comunicados conjuntos se publicaron a través de una página web gestionada conjuntamente por las dos delegaciones, donde también se invitó al público a presentar propuestas a la mesa de negociaciones. La negociación y establecimiento de un mecanismo conjunto de comunicación pública, y la divulgación sin precedentes de los avances durante las negociaciones de paz hacen de las negociaciones colombianas un caso de estudio crucial.

Este capítulo analiza las negociaciones entre el Gobierno colombiano y el ELN entre 2012 y 2019 con el objetivo de entender qué factores y motivaciones influyeron en la comunicación pública de los avances en las negociaciones. La centralidad de la participación de la sociedad hace de la fase pública de las negociaciones de paz Gobierno-ELN una instancia especialmente relevante para el estudio de la comunicación pública, debido a que un proceso más participativo supone menor confidencialidad y una mayor apertura a la comunicación al público. El capítulo ofrece un análisis de los factores que incidieron en la estrategia de comunicación pública de avances acordada por las partes en la mesa y de cómo esta reflejó las preferencias comunicativas individuales de cada delegación, a través de un análisis cualitativo de contenido de documentos y entrevistas con miembros clave de ambas delegaciones. Especial énfasis se da a la comunicación de avances en la negociación –que se definen aquí como cualquier tipo de acuerdo o paso hacia el acuerdo, así como medidas de confianza, y cualquier tipo de acuerdo de procedimiento o de fondo, como los acuerdos marco, parciales o globales– porque es importante que el público conozca, aprenda, debata y digiera la información sobre el progreso de las negociaciones. Las entrevistas y otras fuentes de primera mano son privilegiadas en el análisis, concretamente las comunicaciones oficiales de la mesa de diálogos (comunicados conjuntos, acuerdos, comunicaciones a los medios) y memorias publicadas por los miembros de las delegaciones. Otras fuentes utilizadas son artículos de prensa, entrevistas con periodistas y otras publicaciones de fuentes secundarias.

Este capítulo empieza por describir la tensión entre el tradicional formato "a puerta cerrada" de las negociaciones de paz y la actual tendencia a que estos procesos sean más incluyentes de la sociedad civil y participativos, lo que requiere mayor transparencia y conduce a la importancia creciente de la comunicación pública durante las negociaciones. Sin la ambición de proporcionar un recuento detallado del proceso de paz, la descripción de las negociaciones ofrecida se centra en los aspectos más relevantes de la comunicación pública, enfatizando las preferencias, intereses y motivaciones individuales del Gobierno y del ELN. Como el análisis muestra, el proceso de paz Gobierno-FARC-EP tuvo una influencia profunda en las características de la comunicación pública del proceso Gobierno-ELN. Por lo tanto, se comparan los dos procesos con frecuencia a lo largo del capítulo.

1. *Confidencialidad versus comunicación*

Los términos 'secreto' y 'confidencial' se han utilizado indistintamente en la literatura sobre negociaciones de paz, aunque se puede establecer una distinción clave. Las negociaciones secretas se llevan a cabo sin el conocimiento de nadie más que de los implicados. Suelen tener lugar en las primeras fases de la negociación (previas) y/o en el punto álgido del conflicto, cuando las partes buscan una salida, pero la desconfianza entre ellas es alta. Por ejemplo, en Irlanda del Norte, las negociaciones secretas entre el Gobierno británico y el movimiento republicano desempeñaron un papel crucial a la hora de abrir un canal de comunicación entre ambos actores y ayudaron a poner en marcha el proceso de negociación que llevó al acuerdo de paz de Belfast (Dochartaigh 2011; O'Kane 2015). La fase secreta de las negociaciones entre el Gobierno colombiano y cada una de las dos guerrillas (FARC-EP y ELN) durante el gobierno Santos, en que se negoció la agenda de cada mesa de negociación, es otro ejemplo. A partir del momento en que se anuncia al público que las negociaciones se están llevando a cabo, las negociaciones no son secretas, sino confidenciales. En otras palabras, se sabe que se están desarrollando negociaciones, aunque su contenido no se conozca ampliamente. El grado de confidencialidad puede variar en función de los temas y el orden en que se negocien, y de los acuerdos que se alcancen.

El secreto y la confidencialidad pretenden agilizar los acuerdos entre las élites y protegerlos de posibles detractores. Al reducir la visibilidad de un proceso de negociación, ayudan a los líderes a hablar más abiertamente y a cooperar más fácilmente. Pueden crear un entorno propicio para la normalización de las relaciones políticas y la creación de confianza entre las partes, y evitar que se produzca una escalada de tensión debido a problemas de exposición al público (Bjola 2014: 87). Cuando hay un mediador, la confidencialidad le permite proteger a los representantes políticos en la mesa de negociaciones cuando hacen concesiones costosas, por ejemplo, presentando las propuestas al público como propias (Beardsley 2010: 404).

Sin embargo, el secreto y la confidencialidad reducen la responsabilidad política de los dirigentes y dejan al público mal informado y vulnerable ante las campañas de desinformación (Bjola 2014: 89; Lehmann 2009: 6). Esto es especialmente problemático cuando se utilizan los referendos para ratificar los acuerdos de paz y ha contribuido más de una vez a su rechazo (Amaral 2019; Lordos 2009). La confidencialidad también es cada vez más difícil de mantener y poco práctica, dados los avances en la tecnología de la información (Bjola 2014: 88; Lehmann 2009: 5). Además, la demanda creciente de que las negociaciones de paz sean incluyentes y participativas trae nuevos desafíos para la confidencialidad de las negociaciones porque implica procesos naturalmente más abiertos, desde luego debido al mayor número de personas involucradas y una mayor difusión de la información sobre el contenido y los avances en las negociaciones, cuyo conocimiento es necesario para que la participación ciudadana sea significativa.

En esta constelación, la información pública es crucial para las negociaciones de paz y debe tener lugar lo antes posible en el proceso de negociación (Amaral 2019; Lehmann 2009: 7), lo que denota la importancia de los mecanismos de comunicación pública en una mesa de negociación. Desde luego, una línea de comunicación oficial al público desde la mesa es especialmente importante porque la cobertura de los medios de comunicación responde a determinadas agendas y leyes del mercado. Hace, por lo tanto, falta comprender con más profundidad, lo que motiva a los líderes de las partes en una mesa de negociación a revelar al público los progresos alcanzados, especialmente mientras las negociaciones se están desarrollando y no solo cuando llegan a un acuerdo final. Esto es clave para tener un balance adecuado entre la confidencialidad y la información pública.

2. *Confidencialidad y comunicación en las negociaciones Gobierno-ELN*

Las negociaciones de paz entre el Gobierno colombiano y el ELN se iniciaron en el contexto del proceso de paz más amplio que involucró a las FARC-EP y llevó, a diferencia del proceso con el ELN, a la firma de un acuerdo de paz en 2016. Contrariamente a la ambición de Santos y su Alto Comisionado para la Paz, Sergio Jaramillo, quien fue el principal arquitecto del proceso de paz, las dos negociaciones de paz no lograron desarrollarse simultáneamente, ni con el mismo ritmo de avances.

Los primeros acercamientos con vistas al inicio de las negociaciones de paz entre el Gobierno y el ELN se realizaron en secreto en 2012, justo después del anuncio público de la Agenda para la Terminación del Conflicto y la Construcción de una Paz Estable y Duradera, acordada, también en secreto, entre el Gobierno y las FARC-EP. Con el apoyo del presidente venezolano Hugo Chávez, el Gobierno colombiano y el ELN se reunieron en Caracas para indagar la posibilidad de iniciar una fase de negociaciones exploratorias secretas con vistas a acordar una agenda, como había ocurrido con las FARC-EP (Celis 2019: 174). En marzo de 2013, las dos partes se comprometieron a dialogar para definir una agenda y los procedimientos de unas futuras negociaciones de paz formales. Esta fase exploratoria inició en enero de 2014, con reuniones en Venezuela, Ecuador y Brasil. Es precisamente en esta fase que las partes negociaron los mecanismos comunicacionales, así como la participación de la sociedad civil en el proceso.

A petición del Gobierno, se acordó que las negociaciones (tanto con el ELN como con las FARC-EP) se realizarían fuera de Colombia –una precondición que buscaba reducir la exposición de las guerrillas a los medios de comunicación colombianos (Durán 2019; Jaramillo 2019)–. Inicialmente, el Gobierno quería que el proceso de negociación con las guerrillas fuera ampliamente confidencial, con una comunicación mínima con los medios de comunicación y el público. Hacer las negociaciones a la distancia permite esa mayor confidencialidad porque, por ejemplo, como pasó durante las negociaciones entre el Gobierno y las FARC-EP, por razones legales, logísticas y monetarias, viajar, permanecer y trabajar en Cuba era difícil para los periodistas colombianos, explicaron Jairo Tarazona de la cadena de televisión y radio RCN y Gloria Castrillón de *El Espectador* (entrevistas con Castrillón, junio 2019; Tarazona, julio 2019).

El 10 de junio de 2014 por primera vez se dio a conocer al público colombiano que la fase exploratoria se estaba desarrollando. A cuatro días de la segunda vuelta de las elecciones presidenciales en las que Santos estuvo a punto de no ser reelegido – y en una tentativa de reforzar su campaña (Sierra Restrepo 2014; Celis 2019: 176) –, los jefes de las delegaciones, Frank Pearl y Antonio García, emitieron un comunicado conjunto en que dieron a conocer la existencia de las conversaciones. En este comunicado público también revelaron los principales temas de una futura agenda de negociación, concretamente los derechos de las víctimas, la participación de la sociedad en la construcción de paz, el "fin del conflicto" (dejación de armas, desmovilización y reintegración) y la implementación del acuerdo (Sierra Restrepo 2014). Además, a diferencia del proceso con las FARC-EP en que la agenda de las negociaciones fue enteramente acordada en secreto, las dos delegaciones empezaron desde este momento a comunicar periódica y conjuntamente potenciales avances y resultados. Sin embargo, la consecución de un acuerdo sobre la agenda iba a llevar otros dos años.

Esto no quiere decir que las tensiones en la mesa con el ELN relacionadas con la confidencialidad dejaron de existir (entrevista con E1, julio 2022). Por ejemplo, en enero de 2015, cuando García describió al diario *Tiempo Argentino* los seis puntos de la futura agenda de negociaciones, explicando en cuáles había más o menos progreso, la delegación gubernamental protestó en la mesa por la ruptura de la confidencialidad (Celis 2019: 176–8). En abril, se filtró a la prensa que el ELN se oponía a que el tema de la dejación de armas fuera parte de la agenda, lo que sembró dudas sobre el compromiso del ELN con el proceso de paz en la opinión pública (Celis 2019: 178).

Es en septiembre del 2014, frente al creciente impacto de la campaña de desinformación de la oposición que poco a poco fue ganando terreno en la opinión pública (visible por la corta distancia entre Santos y Zuluaga en las elecciones presidenciales), que la delegación del Gobierno cambió su posición respecto a la confidencialidad de las negociaciones de paz con las FARC-EP, permitiendo la divulgación pública de todos los borradores de acuerdo alcanzados hasta ese momento (Mesa de diálogos 2014). El jefe de la delegación gubernamental, Humberto de la Calle, se refirió a este cambio en la confidencialidad y comunicación pública como salir de "la burbuja del silencio" (de la Calle 2019: 88) y afirmó que "los avances obtenidos en las negociaciones y su escaso conocimiento por parte de la opinión pública exigían transformaciones" (de la Calle 2019: 91).

Esta mayor apertura del Gobierno a la comunicación pública de avances se reflejó también en las negociaciones con el ELN. Si por un lado el Gobierno tomó conciencia de los costos de la confidencialidad y de la necesidad de una mayor transparencia e información pública en la lucha contra la campaña de desinformación de la oposición, por otro lado, al igual que las FARC-EP, el ELN siempre buscó un proceso de paz incluyente y participativo que naturalmente tendría que ser transparente al público. Esta confluencia se refleja en lo acordado en el Acuerdo de Diálogos para la Paz de Colombia entre el Gobierno Nacional y el Ejército de Liberación Nacional, firmado y anunciado al público en marzo de 2016. Con relación a la comunicación, el acuerdo sostiene que las partes se comprometen a proporcionar "información objetiva al país sobre el curso del debate y los avances de la mesa". Además, estipula lo siguiente:

a. La sociedad requiere información objetiva y equilibrada sobre los diálogos y el proceso de paz, para tal efecto se propiciará, entre otras, la comunicación participativa.

b. Declaraciones conjuntas a fin de cada ciclo y cuando las Delegaciones consideren conveniente.

c. Declaraciones de cada delegación cuando lo considere conveniente, preservando la confidencialidad en los temas que de manera conjunta se acuerden.

d. La mesa tendrá sus propios instrumentos de comunicación, como comunicados conjuntos, boletines, página web y los que se acuerden en el transcurso de la fase pública (Acuerdo de diálogos para la paz de Colombia entre el Gobierno nacional y el Ejército de Liberación Nacional 2016).

Aunque los mecanismos acordados para la comunicación pública fueron los mismos que los planteados por el Gobierno en las negociaciones con las

FARC-EP (como el uso de comunicados conjuntos para comunicar avances y la utilización de una página web para la publicación de esos comunicados y permitir la participación pública a través del envío de propuestas a la mesa), así como la mención de la importancia de la comunicación pública y el respeto de la confidencialidad de las negociaciones, hay algunas diferencias con lo acordado en el proceso con las FARC-EP. Desde luego, este acuerdo previó que cada delegación hiciera declaraciones a los medios cuando lo considerara conveniente, mientras que el Gobierno buscó restringir esto en las negociaciones con las FARC-EP. Segundo, la mención de una "comunicación participativa" denotó la demanda del ELN por un proceso incluyente. En palabras del jefe de la delegación del ELN, Pablo Beltrán (2019: 17), "el corazón de la Agenda está en la participación de la sociedad en la edificación de la paz, lo que deja atrás el concepto que a la paz se llega sólo por un pacto entre dos fuerzas".

La participación de la sociedad en las negociaciones ha sido un elemento central y demanda insistente del ELN. Esto es, por un lado, producto de su ideología y visión de sí mismo, no como representantes del pueblo, sino como el vehículo para que, a través de las negociaciones, la sociedad reclame el acceso a la vida política del país (de Currea-Lugo 2019: 30). La preferencia del ELN era que la paz fuera negociada en un proceso dialogante con el Estado, altamente participativo e incluyente bajo la forma de una asamblea constituyente –una demanda inaceptable para el Gobierno–. El Gobierno apoyó la participación, considerando el involucramiento de la sociedad como parte de un esfuerzo de mayor "democratización" del país. Así el jefe de la delegación gubernamental, Juan Camilo Restrepo (2020: 8), declaró en la ceremonia inaugural de la mesa pública de conversaciones que "modernizar nuestro Estado pasa por asegurar una mayor participación de la ciudadanía en los asuntos que le afectan directamente; promover una ciudadanía activa que contribuya a la toma de decisiones y al ejercicio del control político". Igualmente, el Gobierno entendió la importancia de la participación como forma de garantizar el compromiso del ELN con el proceso de paz y una futura transición a la política sin armas (Mouly y Hernández 2022: 6).

Sin embargo, el Gobierno no estuvo de acuerdo con el ELN en el alcance de la participación. Como explicó Restrepo en una entrevista a Caracol Radio el 4 de diciembre de 2017:

> El Gobierno ha aceptado que haya, y es el punto número uno de la agenda común, un proceso de consulta, de participación. El punto es cómo se hace aquello ordenadamente. Esto no puede ser un tumulto, ni una asamblea constituyente por la puerta de atrás (Caracol Radio 2017a).

Para el Gobierno, el propósito de la participación era "nutrir la Mesa de Negociaciones", por lo que debía ser un proceso con "un marco fijo de tiempo" que produjera "conclusiones concretas y oportunas" y, sobre todo, no vinculantes para la mesa (Restrepo 2020: 35).

3. *La comunicación en la fase pública*

La agenda abrió puertas al comienzo de la fase pública de las negociaciones que se iniciaron en febrero de 2017 en Quito, a un año del final del segundo mandato de Santos. Las dos delegaciones, ahora encabezadas por Juan Camilo Restrepo por el Gobierno y Pablo Beltrán por el ELN, decidieron priorizar la negociación del punto 1 del acuerdo sobre la "Participación de la Sociedad en la Construcción de la Paz" y del punto 5 f denominado "Fin del Conflicto Armado – Dinámicas y Acciones Humanitarias". La prelación dada a estos dos puntos reflejó las prioridades individuales de las dos partes en las negociaciones, siendo la participación la principal demanda del ELN y la dejación de armas y desmovilización el tema más importante para el Gobierno.

Sin embargo, gran parte de los apenas trece meses de la fase pública se centraron en la negociación del cese al fuego bilateral (Restrepo 2020: 5). Esto fue una diferencia importante con el proceso con las FARC-EP, en el que el Gobierno buscó dejar la negociación de un cese al fuego bilateral casi hasta la firma del acuerdo final, como forma de ejercer presión sobre las FARC-EP, si bien las FARC-EP anunciaron un cese al fuego unilateral y se dio un proceso de desescalamiento del conflicto (entrevistas con de la Calle, julio 2019; Jaramillo, agosto 2019). Aunque la ambición inicial del Gobierno al iniciar las conversaciones con las dos guerrillas era que hubiese coordinación entre las dos mesas y un ritmo de progreso similar, esta ambición se desvaneció cuando el proceso de paz con el ELN se reveló más lento, como explicó un integrante de la delegación gubernamental, Eduardo Herrera Berbel:

> De verdad, creo que se le dio mayor atención al proceso FARC-EP, que avanzaba a un ritmo lento, pero sin pausa, mientras que el nuestro no despegaba aún y no se hacía atractivo para nadie. Ni para el mismo Gobierno (Herrera 2021:32).

Cuando empezó la fase pública de las negociaciones Gobierno-ELN, el Gobierno y las FARC-EP ya habían firmado un acuerdo de paz, refrendado en octubre 2016, por lo que dejaba de tener sentido insistir en negociar con el ELN en medio del conflicto armado, mientras iniciaba la implementación de la paz con las FARC-EP. Cuando se anunció la visita del papa a Colombia, la delegación gubernamental buscó negociar un cese al fuego bilateral (véase Johnson y Olaya en este libro). Asimismo, insistió en el fin de la práctica del secuestro previo a la realización de audiencias públicas preparatorias (el primer paso hacia la participación de la sociedad en las negociaciones), como Restrepo relata en su libro de memorias:

> [N]o sería ni lógica ni éticamente aceptable y convocable a mi entender, sino tiene un telón de fondo que sería la continuidad del Cese al Fuego dentro de un contexto humanitario donde no haya secuestros ni amedrentamiento alguno contra la sociedad civil que se esté convocando (Restrepo 2020: 18).

La visita papal se convirtió en una motivación para ambas partes para llegar a un acuerdo de cese al fuego por ser altamente simbólica para el ELN y permitir al Gobierno aumentar la confianza pública en el proceso (Restrepo 2020: 21), ya que el Gobierno estaba preocupado por los pocos avances de la mesa para publicitar. En septiembre de 2017, se anunció el acuerdo de cese al fuego bilateral humanitario tres días antes de la visita del papa Francisco a Colombia.

Con la implementación del cese al fuego, se llevaron a cabo las audiencias públicas preparatorias en Tocancipá, Cundinamarca, con el objetivo de explorar –y no vincular, como insistió la delegación gubernamental (Restrepo 2020: 35)– potenciales mecanismos y formas de participación. Junto con el cese al fuego, estas audiencias fueron uno de los mayores logros del proceso, que sufrió varios reveses desde ese momento: la demisión de Restrepo y otros miembros del equipo negociador del Gobierno, la negativa de Ecuador a permanecer como país anfitrión y el traslado de la mesa a La Habana, hasta que el proceso se estancó con la elección del presidente Duque en 2018 por su poca disposición para negociar con el ELN. El atentado a la Escuela de Cadetes de Policía General Francisco de Paula Santander en Bogotá en 2019, por el Frente de Guerra Oriental del ELN, fruto de tensiones internas hacia la negociación y la potencial dejación de armas, dio la estocada final al proceso (Aponte González 2021b: 141–2).

4. *Las preferencias comunicacionales del Gobierno*

Contrariamente al proceso con las FARC-EP, el Gobierno comunicó al público un gran compromiso con el avance de las negociaciones. Varias condiciones y motivaciones explican esta posición pública del Gobierno. Desde luego, como ya se mencionó, las negociaciones con el ELN se hicieron públicas en un momento y un contexto en que el Gobierno estaba rompiendo la "burbuja" de la confidencialidad en las negociaciones con las FARC-EP (entrevista con de la Calle, julio 2019), ampliando la comunicación de los avances de la negociación ante la opinión pública con el objetivo de luchar contra la desinformación y la desconfianza del público. Segundo, cuando Santos casi perdió las elecciones y hasta el final de su mandato en 2019, el Gobierno necesitó mostrar avances que respaldaran su gestión ante la opinión pública. Esto tuvo importantes repercusiones en el proceso con el ELN y denotó un cambio significativo en las características y preferencias comunicacionales del Gobierno.

La estrategia comunicacional del Gobierno durante el proceso con las FARC-EP buscó el mantenimiento de una comunicación pública restringida y controlada (lo más posible conjunta), la preservación de la confidencialidad y de la distancia a Colombia, y el principio de que "nada está acordado hasta que todo esté acordado" que pretendía que ningún borrador de acuerdo fuera divulgado al público hasta el final de las negociaciones (entrevistas con Ambrosi, julio 2019; Jaramillo, agosto 2019; Durán 2019). Hablando de la decisión de publicar los borradores de acuerdo tomada por las dos delegaciones en 2014, Elena Ambrosi, plenipotenciaria de la delegación del Gobierno, explicó:

> [N]osotros nunca lo habíamos querido y habíamos acordado que lo mejor era como lo estábamos haciendo, pero en este país que estaba tan polarizado el no revelar el documento daba para que la gente especulara mucho [...] [F]ue un paso necesario para dar más transparencia y para quitar muchos miedos que había sobre los textos de los acuerdos (entrevista con Ambrosi, julio 2019).

Segundo, el principio de que "nada está acordado hasta que todo esté acordado" fue una parte esencial de la estrategia del Gobierno, ya que evitó comprometerse con los avances logrados en la mesa hasta que las FARC-EP aceptaran desarmarse (entrevista con Jaramillo, agosto 2019) y aseguró que las FARC-EP no se levantarían de la mesa antes de llegar al acuerdo (entrevista con de la Calle, julio 2019). Sin embargo, como explicó Sergio Jaramillo, hubo "una tensión entre ese principio y la necesidad de tener una mínima publicidad" (entrevista con Jaramillo, agosto 2019). En el proceso con el ELN, el Gobierno abandonó este principio porque, según Restrepo,

> [nos] habíamos apartado del dogma de que nada se daría por negociado con el ELN hasta que el todo lo estuviera. Este dogma impedía, y tanto más tratándose de un Gobierno que entraba en la recta final de su mandato, concretar y poner en marcha acuerdos parciales. Y desde luego el más importante era el de un Cese al Fuego (Restrepo 2020: 21).

Tercero, en las negociaciones con las FARC-EP, la comunicación pública de la delegación del Gobierno fue ambigua, no demasiado comprometida con alcanzar un acuerdo, al mismo tiempo que señaló su compromiso con el proceso para mantener el apoyo público al proceso de paz. En contraste, en la negociación con el ELN, la delegación comunicó su compromiso con llegar a un acuerdo, como lo hizo Restrepo, por ejemplo, cuando escribió en *Semana* y *El Espectador*: "El Gobierno Nacional está decidido a llegar a un acuerdo para el fin del conflicto con el ELN" (Restrepo 2020: 94). En la mesa de diálogos, la delegación advirtió que el momento de llegar a un acuerdo se podía perder con las elecciones y expresó frustración con la posición "exploradora" (Restrepo 2020: 11) de la delegación del ELN:

> No venimos a esta mesa a explorar; ya la fase exploratoria quedó atrás. El objetivo de esta mesa –cito el texto (de la agenda) – es 'subscribir un Acuerdo Final para terminar el conflicto armado y acordar transformaciones en búsqueda de una Colombia en paz y equidad.' Esa es nuestra misión (Restrepo 2020: 7).

La mayor dificultad para avanzar en las negociaciones con el ELN fue fuente de frustración para el Gobierno, que sospechó de la voluntad del ELN de negociar la paz. Tal como en las negociaciones con las FARC-EP, el Gobierno veía el deseo del ELN de mayor apertura al público como una maniobra para promoverse políticamente, como se denota en este pasaje del libro de memorias de Eduardo Herrera Berbel, exmiembro de la delegación del Gobierno en las fases secreta y pública de las negociaciones con el ELN, en que recuenta una intervención del jefe de la delegación del ELN en la fase secreta, Antonio García: "Afirmaba García con bastante vehemencia que 'la realidad sea la que hable y que el país conozca que este proceso existe'. Era una clara intención de una búsqueda incesante de protagonismo político-mediático" (Herrera 2021: 36). Restrepo compartió esta percepción de oportunismo:

> [E]l afán que caracteriza todas las actitudes del ELN en estas negociaciones de querer hacer de ellas un altavoz y constituirse ellos, los del ELN, en una especie de portaestandartes de cuánto problema social, minga, o protesta social que se presente en Colombia (Restrepo 2020: 29).

5. *Las preferencias comunicacionales del ELN*

La estructura interna del ELN es un factor importante para entender sus posiciones en la negociación y sus preferencias respecto a la comunicación. A diferencia de las FARC-EP, que tenían un liderazgo más definido en la figura del secretariado, la estructura interna del ELN es federada y tiene un liderazgo más diluido del comando central (Aponte González 2021a: 26). Estas características del ELN tienen importantes implicaciones en unas negociaciones de paz, las cuales tradicionalmente requieren una forma de representación en la mesa estrecha y limitada. Desde luego, la estructura menos jerarquizada del ELN requirió más tiempo para la búsqueda de consensos en el seno de la organización respecto a sus posiciones en la mesa (Aponte González 2021b: 139). Asimismo, la prioridad que el Gobierno de Santos dio a la negociación con las FARC-EP y la insistencia del ELN en la participación de la sociedad en la negociación explican en parte el ritmo más lento de las negociaciones.

El movimiento armado comparte una identidad vinculada a la lucha de la sociedad para incidir en el Estado como elemento unificador (Aponte González 2021a: 27). Pero, los diferentes frentes de guerra disponen de una relativa autonomía y tienen posturas diferentes hacia las negociaciones de paz. No adhieren estrictamente a las directrices nacionales de la organización. Al ser heterogéneo, con cada frente caracterizado por una base social diferente, el ELN necesita un proceso incluyente para asegurar el apoyo de sus miembros a la negociación. Para eso, es importante que las necesidades de cada grupo sean atendidas o, al menos, escuchadas en las negociaciones, de manera de garantizar en la medida de lo posible que este apoyo se mantenga en la fase de implementación, en especial durante la dejación de armas y desmovilización, que requieren cohesión interna (Aponte González 2022: 163). El caso del Frente de Guerra Occidental en Chocó ilustra estas características internas del ELN, ya que este frente más opresivo, criminalizado, y con menos apoyo de la población local mostró más reticencia a una salida negociada del conflicto, presentándose como potencial saboteador (Aponte González y González Ramírez 2022: 478).

La centralidad de la participación ciudadana y la visión del proceso negocial como participativo, significaron que el ELN concebía el marco temporal de las negociaciones de paz en términos diferentes a los del Gobierno. Para el ELN, permitir a la sociedad esta participación era un objetivo en sí mismo y, de este modo, la existencia del proceso de negociación (participativo) era un logro y no un medio. En entrevista con Víctor de Currea-Lugo (2019: 72–73), Antonio García reveló esta visión del ELN: "no nos consideramos vanguardia de nadie, ni tampoco organización política que va a dirigir la sociedad en Colombia" y "no podemos ir a negociar cosas que no tienen que ver con nosotros", "consideramos que debe ser la misma sociedad". Por otro lado, un proceso participativo era crucial para la cohesión interna del ELN en torno a la ruta negociada (Mouly y Hernández 2022: 13). Asimismo, permitía al ELN reducir la asimetría de poder con el Estado, toda vez que la sociedad tenía peso y capacidad de presionar al Gobierno en las negociaciones de paz y en la ejecución de las transformaciones sociales que reivindicaba el grupo insurgente (Mouly y Hernández 2022: 8).

De este modo, para el ELN la amplitud del proceso era más importante que llegar a un acuerdo. En efecto, al contrario del Gobierno que iba a estar siempre bajo la presión de las siguientes elecciones, el ELN no sufría presión de tiempo (de Currea-Lugo 2019: 28) o necesidad de publicitar avances. Similarmente, el ELN discrepaba con el principio de que "nada está acordado hasta que todo esté acordado", el cual no encuadraba con su idea de que la propia sociedad debía definir los temas más importantes de la negociación. Como sugiere de Currea-Lugo (2019: 48), el ELN deseaba alcanzar acuerdos durante la negociación que sirvieran para evidenciar y garantizar logros en materia de participación pública, y de este modo mantener la confianza de sus integrantes y bases sociales en el proceso.

Es importante entender que el ELN (al igual que las FARC), en lo que concierne a su capacidad de comunicación con el público, se consideraba en desventaja y competencia desigual con el Gobierno, como explicó un miembro de la delegación de esta guerrilla:

> Sus micrófonos obviamente son muy potentes y los nuestros, y los del campo popular, muy limitados. Es una confrontación desigual. Ellos monopolizan los grandes medios y en general todos los aparatos ideológicos (entrevista con E1, julio de 2022).

Desde esta perspectiva, en virtud de su desventaja para comunicarse con el público, el ELN, al igual que las FARC, vio en las denuncias del Gobierno sobre violaciones de la confidencialidad un intento de limitar su capacidad de comunicación y, en última instancia, de silenciarlos políticamente:

> De parte nuestra se respetó la confidencialidad de lo que ocurría en el día a día de las sesiones. Eso era lo acordado. Pero ello no impedía que tanto los voceros de la delegación del Gobierno, como los del ELN, nos pronunciáramos sobre los temas del país en los comunicados, en las entrevistas de los medios, en nuestras propias publicaciones o en saludos que a través de vídeos cortos hacíamos llegar a encuentros de organizaciones sociales del país o a reuniones diversas que se daban en el exterior. [...] [E]n algunas ocasiones se presentaron conflictos. Ellos se molestaron por una que otra declaración nuestra, tratando de silenciarnos frente a los problemas del país y el discurrir de la vida nacional. Pero la cuestión no pasó a mayores. Sus delegados en algunos momentos se dieron la libertad de hablar del proceso y del discurrir mismo de la mesa (entrevista con E1, julio de 2022).

Por lo tanto, mientras que el Gobierno veía la comunicación pública del ELN como disruptiva y fuente de desconfianza, el ELN consideraba la necesidad del Gobierno de gestionar la comunicación como un intento de silenciamiento.

6. *Otros factores e implicaciones*

Lamentablemente, la brevedad de la fase pública de las negociaciones de paz limita el análisis de la comunicación pública en este proceso. Sin embargo, frente a una posible reanudación de la mesa, hay algunos factores importantes, además de los ya mencionados, que tienen el potencial de dar forma a la comunicación pública, especialmente de los avances.

Uno de ellos es la agenda y sus características. Como señala Restrepo (2020: 4), la agenda acordada con las FARC-EP contenía seis puntos temáticos bien definidos, mientras que la agenda del proceso con el ELN era menos estructurada y más difusa. Era más abierta, debido en parte a la lógica de que la participación pública debía definir la propia agenda de negociación y puesto que la participación de la sociedad era un objetivo en sí mismo del ELN en la mesa. Mientras que en la negociación con las FARC-EP era posible anunciar y divulgar avances cuando se alcanzaba un borrador de acuerdo en cada uno de los seis puntos de la agenda, el procedimiento no fue tan claro en la negociación Gobierno-ELN. Aunque una agenda más abierta dificulta la publicidad de los avances, como se ha sugerido respecto a estas negociaciones de paz (Aponte González 2022b: 141), también debemos considerar que un proceso más incluyente y participativo implica una mayor difusión de la información sobre el contenido y los avances en las negociaciones. La expectativa del Gobierno en el proceso con el ELN fue, y debe seguir siendo, que una mayor participación pública en el marco de un cese al fuego bilateral (Restrepo 2020: 22) tiene un impacto positivo en la opinión pública y ayuda a que la gente respalde al proceso. Esto lo hace más sostenible y evita retrocesos como el fracaso del plebiscito de 2016, además de favorecer la implementación de lo acordado (Mouly y Hernández 2022: 10). No obstante, y especialmente a nivel nacional, en futuras negociaciones sería importante definir cómo se difundirán los avances públicamente, para lo cual sería importante encontrar temas en los que se pueden alcanzar acuerdos, aunque sean parciales o borradores, que puedan ser ampliamente difundidos, en particular en cuestiones de alivio humanitario.

El abandono del principio de que "nada está acordado hasta que todo esté acordado" remueve una potencial barrera a la comunicación pública de avances, aunque este principio no es antitético a la comunicación del progreso durante negociaciones de paz, como las negociaciones Gobierno-FARC-EP lo comprueban. El principio de que "nada está acordado hasta que todo esté acordado" es común en las negociaciones de paz y significa que todos los temas y acuerdos pueden reabrirse y renegociarse hasta el final del proceso de negociación. Otras negociaciones que se rigieron por este mismo principio fueron las del Acuerdo de Viernes Santo en Irlanda del Norte (1996–98) y las negociaciones de paz chipriotas. El principio está tradicional e íntimamente ligado a una mayor confidencialidad de las negociaciones y lleva a que el texto del acuerdo sea la primera información que tiene el público sobre el contenido de las negociaciones y los acuerdos alcanzados en la mesa. En las negociaciones Gobierno-FARC-EP, se divulgaron los avances a pesar de este principio, especialmente después de 2014, cuando los borradores de los acuerdos se empezaron a hacer públicos. Esto tuvo un efecto positivo en la negociación, como explicó Sergio Jaramillo:

> Resultó francamente positivo, porque desde el momento en que se comienzan a publicar, se establece como un ritmo, más fuerte, porque no son solamente los comunicados conjuntos diciendo que se llegó a un acuerdo, sino acuerdos mismos que le van mostrando a la gente que se está avanzando realmente. [...] [E]n la medida en que se llega a un acuerdo y se hace público, después se llega a otro, con mucho trabajo, y se va construyendo ese edificio que es el acuerdo [...]. [M]ientras más se avanza, menos disposición hay de ambas partes, pero también un poco del público de echar por la borda todo lo que se ha hecho cuando ha sido tan trabajoso (entrevista con Jaramillo, agosto 2019).

Un aprendizaje de la ola de desinformación que caracterizó la campaña del plebiscito de 2016 es que no basta divulgar la información a través de comunicados conjuntos y borradores de acuerdo, aunque es un primer paso crucial. Es esencial hacer "pedagogía de paz" temprano en el proceso de paz. Por otro lado, una vez que la sociedad fuera llamada a participar en el proceso, resultaba más urgente hacer esa pedagogía. Consecuentemente, vemos referencias explícitas a esta necesidad en el texto de los acuerdos de cese al fuego y de la agenda de negociación en el proceso Gobierno-ELN. Un ejemplo de esta pedagogía en práctica fue el plan "Dialogando Ando" del Alto Comisionado para la Paz que tuvo por objetivo "socializar" los avances de las negociaciones entre el Gobierno y el ELN en ciertas comunidades y en el que el propio jefe de la delegación gubernamental participó en ocho regiones del país (Caracol Radio 2017b).

Como se señaló al principio de este capítulo, la creación de la estrategia de comunicación conjunta de la mesa es una innovación de los procesos de paz con las FARC y el ELN durante el gobierno Santos que tiene una relevancia significativa para futuras negociaciones de paz. La comunicación conjunta de avances al público tiene un gran potencial para la paz y la reconciliación, pero tuvo algunas limitaciones durante el proceso analizado. Naturalmente, cada delegación siguió teniendo su propia comunicación pública que coexistió con el canal de comunicación conjunta. Entonces, no eliminó las tensiones y sospechas entre las partes sobre las intenciones de su contraparte en sus opciones de comunicación pública, lo que constituye una fuente de desgaste frecuente en negociaciones de paz. Para evitar y aliviar las tensiones derivadas de la comunicación pública, es importante que las partes comprendan las necesidades comunicacionales de la otra parte y se abstengan de utilizar a la opinión pública para reforzar su posición en la mesa, ya que ello perjudica la implementación del acuerdo y la sostenibilidad de la paz.

7. Conclusión

El entendimiento de que las dos partes tienen diferentes necesidades comunicacionales es importante en unas negociaciones de paz. Tanto el Gobierno como el ELN tuvieron preferencias y necesidades distintas con relación a la confidencialidad y comunicación pública en las negociaciones. La divulgación del progreso fue moldeada por las preferencias, necesidades, recursos y estrategias de comunicación individuales de las partes y por experiencias previas de negociación, como el proceso de paz con las FARC-EP. Sería quizás imposible, o ciertamente menos fructífero, analizar la comunicación pública de las negociaciones Gobierno-ELN sin contextualizarlas y trazar comparaciones con el proceso Gobierno-FARC-EP, puesto que el proceso de paz con las FARC-EP tuvo una influencia significativa en la posición del Gobierno hacia la comunicación en el proceso con el ELN.

Aunque a un ritmo más lento que las negociaciones Gobierno-FARC-EP, el proceso de paz entre Gobierno y ELN produjo avances significativos, desde luego el acuerdo e implementación del cese al fuego y los primeros pasos dados en la participación pública en la negociación con las audiencias preparatorias de Tocancipá. Como se planteó al principio de este capítulo, los procesos de paz más participativos e incluyentes plantean desafíos para la comprensión y delimitación de la confidencialidad en las negociaciones, tal como lo muestra la comparación del proceso de paz con las FARC-EP con el del ELN que se anunció mucho más participativo. Al momento de escribir este capítulo, el primer Gobierno de izquierda acababa de ser elegido en Colombia, por lo que se anticipaba un apoyo a la participación ciudadana en un nuevo proceso de paz con el ELN.

La falta de reconocimiento entre las partes de sus diferencias en materia comunicacional es fuente de malentendidos que dificultan las negociaciones de paz. En las negociaciones Gobierno-FARC-EP, el hecho de que la comunicación de cualquier progreso se hiciera de forma conjunta y consensuada significó que las partes no explotaran los avances en las negociaciones como victorias, sino los consideraran como hitos alcanzados conjuntamente –algo crucial para la implementación de los acuerdos resultantes y la reconciliación social–. En este sentido, sería importante mantener este principio de comunicación conjunta en un futuro proceso de paz Gobierno-ELN, así como en negociaciones de paz en otros lugares del mundo.

Referencias

Acuerdo de diálogos para la paz de Colombia entre el Gobierno nacional y el Ejército de Liberación Nacional, adoptado el 30 de marzo de 2016.

Amaral, Joana. 2019. *Making Peace with Referendums: Cyprus and Northern Ireland.* Syracuse, New York: Syracuse University Press.

Aponte González, Andrés. 2021a. "El Rompecabezas del ELN". En *¿Por qué es tan difícil negociar con el ELN? Las consecuencias de un federalismo insurgente, 1964–2020*, editado por Andrés F. Aponte González y Fernán E. González, 25–53. Bogotá: Centro de Investigación y Educación Popular/Programa por la Paz.

Aponte González, Andrés. 2021b. "Descifrando al ELN: Un federalismo insurgente, génesis y desarrollo de sus constreñimientos organizacionales, 1964–2020." En *¿Por qué es tan difícil negociar con el ELN? Las consecuencias de un federalismo insurgente, 1964–2020*, editado por Andrés F. Aponte González y Fernán E. González, 25–53. Bogotá: Centro de Investigación y Educación Popular/Programa por la Paz.

Aponte González, Andrés F. y Valentina González Ramírez. 2021. "Un poder popular distorsionado: madera, oro y coca como determinantes organizacionales y armados del ELN chocoano." En *¿Por qué es tan difícil negociar con el ELN? Las consecuencias de un federalismo insurgente, 1964–2020*, editado por Andrés F. Aponte González y Fernán E. González, 477–582. Bogotá: Centro de Investigación y Educación Popular/Programa por la Paz.

Beardsley, Kyle. 2010. "Pain, Pressure and Political Cover: Explaining Mediation Incidence." *Journal of Peace Research* 47(4): 395–406.

Beltrán, Pablo. 2019. "Lecciones aprendidas en la búsqueda de la paz." *Rebelión*, 22 de mayo. https://rebelion.org/lecciones-aprendidas-en-la-busqueda-de-la-paz/.

Bjola, Corneliu. 2014. "The Ethics of Secret Diplomacy: A Contextual Approach." *Journal of Global Ethics* 10(1): 85–100.

Caracol Radio 2017a. "Juan Camilo Restrepo renuncia a equipo de negociación del Gobierno con el ELN", 4 de diciembre. https://caracol.com.co/programa/2017/12/04/6am_hoy_por_hoy/1512391473_984552.html

Caracol Radio. 2017b. "Gobierno lanzó campaña 'Dialogando Ando' para socializar acuerdos con el ELN.", 15 de septiembre. https://caracol.com.co/radio/2017/09/15/nacional/1505492252_548697.html.

Celis, Luis Eduardo. 2019. *Una paz sin dolientes. Diálogos Gobierno-ELN 1982–2019.* Bogotá: NC Producciones.

De Currea-Lugo, Víctor. 2019. *Historia de un fracaso. Diálogos Gobierno-ELN (2014–2019).* Bogotá: Icono.

de la Calle, Humberto. 2019. *Revelaciones al final de una guerra. Testimonio del jefe negociador del Gobierno colombiano en La Habana*. Bogotá D.C.: Debate.

Dochartaigh, Niall Ó. 2011. "Together in the Middle: Back-channel Negotiation in the Irish Peace Process. *Journal of Peace Research* 48(6): 767–780.

Herrera, Eduardo. 2021. *¿Un proceso de paz inútil? Diarios de la negociación del Gobierno colombiano con el ELN 2013-2020*. Bogotá: Planeta.

Lehmann, Ingrid A. 2009. *Managing Public Information in a Mediation Process*. Washington D.C.: United States Institute of Peace.

Lordos, Alexandros. 2009. "From Secret Diplomacy to Public Diplomacy: How the Annan Plan Referendum Failure Earned the Cypriot Public a Seat at the Negotiating Table. En *Reunifying Cyprus: The Annan Plan and Beyond*, editado por Andrekos Varnava y Hubert Faustman. New York: I.B.Tauris, pp. 163–179.

Mesa de diálogos. 2014. Comunicado conjunto, 24 de septiembre.

Mouly, Cécile y Hernández Delgado, Esperanza. 2022. "Public Participation in Peace Negotiation Between the Colombian Government and the National Liberation Army (ELN): An Opportunity to Redress Power Asymmetry and Enhance the Insurgents' Readiness." *Conflict Resolution Quarterly* 40 (1): 7–23. doi: 10.1002/crq.21355.

O'Kane, Eamonn. 2015. "Talking to the enemy? The Role of the Back-channel in the Development of the Northern Ireland Peace Process. *Contemporary British History* 29(3): 401–420.

Restrepo, Juan Camilo. 2020. *Memorias de Cachapamba*. En: https://drive.google.com/file/d/1RJbCQCBzD0AAxdnhqaPSQtuJ5jgaXjJc/view

Sierra Restrepo, Álvaro. 2014. "Gobierno y ELN están en 'fase fxploratoria'." *Semana*, 9 de junio. https://www.semana.com/gobierno-eln-estan-en-fase-exploratoria/391 117-3/

5. *La perspectiva de género en las negociaciones con el ELN. Una oportunidad para el futuro*

Liliana Zambrano-Quintero

Pese a que han pasado más de 20 años desde la aprobación de la Resolución 1325 sobre mujeres, paz y seguridad por el Consejo de Seguridad de la ONU (2000), siguen siendo escasos los procesos de paz en el mundo en los que se ha integrado la perspectiva de género, en todas sus dimensiones, durante las negociaciones de paz y etapas posteriores. La experiencia colombiana en el proceso reciente con las Fuerzas Armadas Revolucionarias de Colombia-Ejército del Pueblo (FARC-EP) es uno de los casos más destacados en este esfuerzo. Sin embargo, aún queda mucho por hacer para que la paz se entienda, se conciba y se construya de manera inclusiva.

En las pasadas conversaciones con el ELN durante el gobierno Santos se avanzó poco en este sentido. La influencia de La Habana había sentado un precedente de la importancia de tener en cuenta éste y otros enfoques diferenciales, pero la paralización del proceso no permitió seguir dando forma a estas ideas. El objetivo de este capítulo es partir de lo que supone ponerse los lentes de género a la hora de entablar negociaciones de paz y aplicar estos conceptos al proceso y a la agenda de negociación acordada en las pasadas conversaciones entre el Gobierno colombiano y el ELN (2017–2019). Para ello, señalaré unas nociones teóricas de partida, haré un recorrido por los esfuerzos que se hicieron en la mesa para integrar esta perspectiva en el proceso, y esbozaré algunas recomendaciones que sirvan de insumo para futuros diálogos entre el Gobierno colombiano y este grupo insurgente.

Este texto se escribe en una coyuntura muy particular. Por primera vez en el país llega a la presidencia (2022–2026) un gobierno compuesto por una coalición de partidos de izquierda y centro-izquierda que, a diferencia del gobierno saliente, ha expresado desde un primer momento su voluntad política de avanzar en la implementación del acuerdo de paz pactado con las FARC-EP, buscar salidas negociadas con los grupos ilegales aún activos y promover las transformaciones sociales, políticas y económicas para lograr lo que ha llamado una "paz total".

Incertidumbre, esperanza y voluntad son algunas de las palabras que gravitaban en Colombia en abril del 2022 cuando realicé las entrevistas que me ayudaron a sustentar este escrito[1]. En dichas conversaciones merodeaba un espíritu posibilista, un escenario de oportunidad no solo para retomar las conversaciones de paz con este grupo insurgente, sino para pensarlas y llevarlas a cabo desde una perspectiva feminista, que incluyera todas las voces, que fuera capaz de vislumbrar las desigualdades de género y de desafiar las estructuras heteropatriarcales que sustentan las asimetrías de poder.

1. *Las mujeres en las negociaciones de paz*

Tradicionalmente en los procesos de paz que se han llevado a cabo en diferentes partes del mundo han prevalecido discursos androcéntricos que dejan de lado las vivencias, intereses y posturas de las mujeres y otros colectivos con identidades de género diversas. Pese a ello, no podemos ocultar que las mujeres[2], de diferentes maneras y en varios ámbitos, hemos sido constructoras de paz. Desde el relato de la huelga de mujeres representada en la obra "Lisístrata" de Aristófanes del siglo IV a. C., hasta el largo recorrido para llegar a la resolución 1325 de la ONU, son innumerables las experiencias de mujeres que hemos trabajado en la búsqueda de sociedades más pacíficas. Poco a poco, estos procesos han venido ganando reconocimiento público, poniendo en valor esas acciones y valorando la participación femenina en los

---

[1] Me reuní con dos miembros de la delegación del Gobierno: el general (r) Eduardo Herrera (C1) y Socorro Ramírez (C2), un miembro del ELN-testimonio protegido (C3), y Marina Gallego, coordinadora nacional de la Ruta Pacífica de Mujeres (C4). Me hubiese gustado entablar una charla con las mujeres del ELN que fueron parte de la delegación, pero, por la coyuntura electoral y su condición de ilegalidad, no fue fácil el acceso a ellas. Para suplir este vacío retomé las entrevistas publicadas que ellas habían concedido a los medios de comunicación.

[2] Aun cuando es fundamental ir más allá de una comprensión binaria de la perspectiva de género que incluya la participación y las necesidades de las personas con identidades de género no binarias, en este texto haré referencia principalmente a la experiencia de las mujeres, sin desconocer que un proceso similar, con sus dimensiones y particularidades, también debería darse con el colectivo LGTBI+.

procesos e implementación de los acuerdos de paz en ámbitos oficiales y no oficiales.

Hoy la integración de una perspectiva de género en las negociaciones de paz es un tema de la agenda internacional. Es una apuesta política que empieza a mostrar sus frutos, aunque todavía dista mucho de ser una práctica generalizada capaz de concretarse e ir más allá de buenas intenciones y recomendaciones teóricas. Según el informe anual presentado por el secretario general de la ONU en el año 2020, en los procesos de paz que se han desarrollado entre 1992 y 2019, tan solo el 13 % de las personas que negociaron, el 6 % de quienes desempeñaron tareas de mediación y el 6 % de quienes firmaron acuerdos de paz eran mujeres. Siete de cada diez procesos de paz seguían sin incluir mujeres mediadoras o signatarias. Como avances limitados se señala que se pasó del 14 % al 22 % en el porcentaje de acuerdos de paz que incluyeron disposiciones relativas a la igualdad de género (ONU 2020). Varios procesos de paz fueron relevantes desde este punto de vista durante el año 2019 y en solo uno, el caso colombiano, se hizo un esfuerzo por integrar la perspectiva LGTBIQ+. Pese a que las organizaciones de mujeres siguen reclamando una mayor participación en las diferentes negociaciones en todo el mundo, así como la inclusión de agendas de género, en la mayoría de estos procesos no se han puesto en marcha transformaciones de calado para incluir la participación de las mujeres de forma significativa.

La Organización para la Seguridad y la Cooperación en Europa (OSCE) (2020) indicó que estos siguen siendo escenarios dominados por hombres donde es más difícil para las mujeres ganar respeto. Tienen que demostrar su valía y son juzgadas más severamente que los hombres. Por otro lado, las condiciones patriarcales de partida hacen que para las mujeres sea más difícil elegir entre la vida privada y su carrera en resolución de conflictos sabiendo que esta es una labor que supone viajes y largas horas de trabajo. Como negociadoras participan en las delegaciones, pero no como jefas de delegación; asumen funciones de apoyo, toman notas, redactan textos, pero no es habitual verlas llevar la vocería o tomar decisiones. Eso sí, en los pocos casos donde su participación ha sido protagónica se ha demostrado que su presencia puede ayudar a cambiar las dinámicas en las reuniones facilitando mejor la interacción entre las partes o resolviendo nudos de tensión. Cuando las mujeres son parte activa de los equipos o las delegaciones negociadoras, su contribución al lenguaje del texto y a la inclusión de disposiciones específicamente dirigidas a las mujeres suele ser muy importante. Por otro lado, su participación puede ayudar a incrementar el grado de legitimidad, apropiación, apoyo social e implementación de lo pactado (ONU Mujeres 2010).

A la fecha, la agenda de mujeres, paz y seguridad consta de diez resoluciones del Consejo de Seguridad de las Naciones Unidas[3]. La resolución 1325, adoptada por unanimidad en el año 2000, es considerada el instrumento de mayor relevancia en este sentido. Fue el resultado de una campaña de organizaciones de mujeres y de la sociedad civil que impulsaron una mayor concienciación sobre los vínculos entre género, desarrollo y conflicto. La resolución inyecta una perspectiva de género en los diversos foros de paz y seguridad e incorpora el tema del género en todo el ámbito de la seguridad[4]. En concreto habla de cuatro pilares centrados en las mujeres que también podrían ser extendidos a otros grupos de identidad de género:

    i) la *participación* de las mujeres a todos los niveles en los procesos de paz y en la política de seguridad;
    ii) la *protección* de las mujeres y de los derechos de las mujeres durante los conflictos armados y el posconflicto;
    iii) la *prevención* de los impactos de los conflictos armados en las mujeres;
    iv) la *consolidación de la paz*, también denominada ayuda y recuperación, en la que se abordan las necesidades y prioridades específicas de las mujeres y las niñas.

Son diversos los trabajos y experiencias que se han desarrollado para intentar operativizar estos lineamientos y aplicar este enfoque a lo largo de todas las fases, niveles y dimensiones de un proceso de paz. La tabla 5.1, elaborada a partir de los trabajos de autores como Kara Ellerby (2013), Christine Bell (2015), Thania Paffenholfz (2016, 2017) y José Alvarado, Emma Bjertén-Günther y Jung (2018), sintetiza algunos de los principales aportes en este sentido.

[3] Véase la página sobre "mujeres, paz y seguridad" en el sitio web del Departamento de Asuntos Políticos y Consolidación de la Paz en: https://dppa.un.org/es/women-peace-and-security.
[4] La perspectiva de género significa tener en cuenta las diferencias basadas en el género a la hora de analizar cualquier fenómeno, política o proceso social. Se centra en las diferencias de estatus y poder basadas en el género, y considera cómo la discriminación puede moldear las necesidades inmediatas y los intereses a largo plazo de los diversos grupos de identidad de género (ONU Mujeres 2010).

Tabla 5.1. Marco teórico de partida

Ellerby (2013)	a) Representación: examina a las mujeres como responsables de la toma de decisiones en los órganos formales de gobierno, liderazgo y comités de consolidación de la paz. b) Incorporación: examina la inclusión de las mujeres en la burocracia y en los órganos de consolidación de la paz que tienen como objetivo el equilibrio de género en todos los niveles. c) Protección: se centra en la violencia directa, como el daño físico y la discriminación por razón de sexo, así como en la seguridad y los derechos de las mujeres. d) Reconocimiento: se centra en la perspectiva de género y en los requisitos políticos para el desarrollo.
Bell (2015)	a) Inclusión de las mujeres y de todos los demás grupos de identidad de género en los procesos de paz (durante las negociaciones y los procesos de transición). b) Atención a las necesidades especiales de las mujeres y de otros grupos de identidad de género. c) Consideración de los impactos de género de los acuerdos de paz. d) Comprensión y análisis de las dinámicas de poder.
Paffenholz (2016, 2017)	a) Representación directa en la mesa de negociación b) Condición de observador/a c) Consultas d) Comisiones inclusivas e) Talleres de alto nivel para la resolución de problemas f) Toma de decisiones públicas g) Acción masiva
Alvarado, Bjertén-Günther and Jung (2018)	a) Participación: cómo se ha incluido a las mujeres y a otros grupos de identidad de género en un proceso de paz. b) Representación: cómo se ha abordado la participación de las mujeres y otros grupos de identidad de género en los órganos de toma de decisiones. c) Incorporación: cómo se ha abordado la inclusión de las mujeres y de otros grupos de identidad de género en la burocracia y en los órganos de consolidación de la paz y en el contenido de los acuerdos de paz definitivos. d) Protección: si las necesidades especiales de las mujeres y de las minorías de género se han puesto en práctica, y en caso afirmativo, cómo, centrándose en la igualdad y la seguridad de las mujeres y los grupos marginados. e) Reconocimiento: el impacto de género de un acuerdo de paz, más concretamente, la forma en que las leyes y las políticas reflejan un lenguaje centrado en el género y/o en la mujer. f) Relaciones de poder de género: operativiza el análisis de las dinámicas de poder utilizando un análisis del discurso del acuerdo de paz para evaluar si incluye un lenguaje que aborde las relaciones de poder de género, como el patriarcado, los desequilibrios estructurales de poder o la discriminación contra las mujeres y otras minorías de género.

Fuente: Elaboración propia

2. *Colombia: un campo abonado y fértil*

Dentro de los estudios de procesos de paz comparados, Colombia se destaca como uno de los países donde más se ha avanzado en la incorporación del enfoque de género en las negociaciones de paz (Bouvier 2016; SIPRI 2018). De cara a negociaciones futuras se podría decir que no partimos de cero y que tener en cuenta esta perspectiva es irreversible.

Este campo abonado y fértil es el resultado de un arduo trabajo de las organizaciones de mujeres que desde los años noventa, cuando empezaron a darse este tipo de procesos, comenzaron a organizarse y posicionarse como artífices y promotoras de paz. Las mujeres en Colombia han sido parte de la guerra como combatientes, representan la mitad de las víctimas del conflicto armado y han sido impulsoras de salidas negociadas con los grupos armados a nivel local y nacional. El movimiento de mujeres ha venido fortaleciéndose, ampliando su capacidad de convocatoria, articulándose y movilizándose con creatividad, en torno a tres objetivos centrales: visibilizar las desigualdades de género y las afectaciones diferenciadas de la guerra en su vida y sus cuerpos, exigir la representación de las mujeres en las mesas de paz, y otorgar al movimiento de las mujeres un papel decisorio en los procesos de negociación. La agenda internacional en esta materia fue dando un marco de apoyo y referencia a este activismo. Así a partir del año 2000 las mujeres empezaron a liderar procesos para afianzar los lineamientos de la resolución 1325.

En procesos de paz anteriores al de 2012–2016 con las FARC-EP, las mujeres raramente habían tenido un papel en los equipos de negociación (cf. Bouvier 2016; Martínez y Chaparro 2016). No obstante, en cada proceso que se venía adelantando iban ganando terreno, aprendiendo y buscando la manera de presionar para estar allí presentes de manera decisoria, acercándose cada vez más a la propia mesa de conversaciones de paz. El proceso de paz con las FARC-EP (2012–2016) fue el culmen de este esfuerzo y marcó una senda irreversible en esta materia (p. ej., Bouvier 2016; Aguirre, Avelar y Abdenur 2017; SIPRI 2018).

Aunque la consideración del enfoque de género en el proceso de paz de La Habana con las FARC-EP llegó de manera tardía, casi dos años después de instaladas las negociaciones, poco a poco esta perspectiva, así como la mirada LGTBIQ+ y el enfoque étnico fueron ganando espacios. La carrera trazada por las organizaciones de mujeres en Colombia no tardó en presionar a la mesa de diálogos, no solo para que ellas estuvieran presentes como negociadoras y en posiciones clave, sino para que se permitiera su participación y que sus posiciones, intereses y demandas fueran escuchadas.

El cambio ocurrió tras la histórica Cumbre Nacional de Mujeres y Paz en Colombia de octubre de 2013, iniciada por un consorcio de nueve organizaciones de mujeres colombianas en representación de distintos contextos étnicos, regionales, culturales y políticos. Allí plantearon tres peticiones fundamentales: que las partes permanecieran en la mesa hasta alcanzar un acuerdo; que se incluyera a las mujeres en la mesa de negociación en todas las etapas del proceso; y que se tuviesen en cuenta las necesidades, los intereses y las experiencias de las mujeres en relación con el conflicto durante las conversaciones (Bouvier 2016: 20).

A partir de entonces, en noviembre del 2013, el Gobierno designó a dos mujeres como negociadoras plenipotenciarias: Nigeria Rentería y María Paulina Riveros, y más adelante se sumó María Ángela Holguín. Las FARC-EP también hicieron lo propio: a Tanja Nijmeijer se unió Victoria Sandino. Lejos de las cámaras, en ambas delegaciones, había un considerable número de mujeres que desempeñaban papeles fundamentales como asesoras, negociadoras y facilitadoras; apoyaron en la redacción de los textos y prestaron apoyo técnico y sustantivo a los equipos de negociación y al propio proceso.

Otro de los puntos destacables fue el establecimiento de la subcomisión de género dentro de la mesa, establecida en septiembre de 2014 con el mandato de revisar y garantizar, con el apoyo de expertos y expertas nacionales e internacionales todos los acuerdos de paz alcanzados, y asegurar que tuvieran un enfoque de género adecuado. Este ente sirvió como mecanismo de comunicación con los movimientos de mujeres fuera de la mesa, escuchó de manera directa a las organizaciones sociales, víctimas mujeres y LGBTIQ+ y ayudó a que se canalizaran y consideraran sus propuestas sobre cada uno de los temas de la agenda.

El Acuerdo Final de Paz entre el Gobierno colombiano y este grupo insurgente es considerado uno de los más innovadores e inclusivos jamás redactados. Más de 100 medidas concretas para la garantía de los derechos de las mujeres quedaron allí incluidas. Además, no solo se hizo hincapié al papel decisivo de las mujeres y su posición de igualdad en la sociedad colombiana, sino que es uno de los pocos acuerdos en el mundo en los que se hace referencia a los derechos de los grupos LGBTIQ+ en todos los puntos pactados. Finalmente, en la fase de implementación se ha contado con la participación de las organizaciones de mujeres en el seguimiento de lo acordado y en diversos órganos de construcción de paz.

3. *La perspectiva de género en el proceso con el ELN*

Las negociaciones de paz entre el Gobierno y el ELN tuvieron varias etapas. Los diálogos exploratorios se llevaron a cabo entre enero de 2014 y marzo de 2016. Esta fase terminó con el primer acuerdo que hasta la fecha se había firmado con este grupo armado, el Acuerdo de Diálogos para la Paz de Colombia entre el Gobierno Nacional y el Ejército de Liberación Nacional, en el cual se pacta la instalación oficial del proceso, se decide la sede de las negociaciones y los países garantes y se establecen los seis puntos de la agenda. La apertura formal de la mesa pública de negociaciones se dio en febrero de 2017. Esta fase de diálogos se extendió hasta su suspensión en enero de 2019.

Siguiendo la inercia de las negociaciones con las FARC-EP, la inclusión de la perspectiva de género en este proceso era indiscutible. En otros diálogos exploratorios que se habían hecho con este grupo insurgente, las mujeres apenas habían tenido un papel visible. En esta ocasión, ya no se debía reclamar la presencia de este enfoque, ni exigir que hubiera mujeres dentro de los equipos de negociación, ni explicar en qué consistía la perspectiva de género, ni justificar por qué era primordial que estuviese presente. La cuestión más bien era cómo darle forma para ir incorporando esta mirada, desde sus inicios, de manera integral y no sectorial en todos los procesos y dinámicas de la negociación. A continuación, me valdré de cuatro dimensiones para describir los pocos avances que pudieron hacerse en este sentido en los años que duró el proceso.

3.1. *Las mujeres en la mesa de negociaciones*

El 6 de febrero de 2017 se definieron los equipos negociadores encabezados por Juan Camilo Restrepo por el Gobierno colombiano y Antonio García por el ELN. Ambos equipos contaron dentro de su delegación con mujeres. Por parte del gobierno, durante la fase exploratoria participó como delegada y signataria del acuerdo alcanzado, Paola Celis, economista cercana al entonces jefe de la delegación Frank Pearl. Ya en la fase pública, en el equipo de negociación liderado por Juan Camilo Restrepo, le acompañaron Luz Helena Sarmiento Villamizar, geóloga ministra de Medio Ambiente en el primer período de Santos y exdirectora de la Agencia de Licencias Ambientales, y María Alejandra Villamizar Maldonado, periodista. Luz Helena Sarmiento fue la encargada de acompañar las audiencias preparatorias con la sociedad civil que comentaré más adelante. En diciembre del 2017, el equipo del Gobierno se modificó y quedó bajo el liderazgo Gustavo Bell. Dos mujeres le acompañaron dentro de la delegación: Socorro Ramírez y Angelika Rettberg. Ambas son académicas ampliamente reconocidas a nivel nacional e internacional que, además de representar al sector femenino en la mesa, son expertas en los temas de la agenda de negociación, amplias conocedoras del conflicto armado colombiano y de los procesos de paz. Detrás de cámaras, como asesoras de la delegación, varias mujeres también estuvieron presentes[5].

En lo que respecta al equipo de negociación del ELN, durante la fase exploratoria y como signataria del acuerdo estuvo Omaira Elena Vásquez, alías "Paula", miembro de la Dirección Nacional del ELN. Falleció de un paro cardiaco en enero del 2018. Durante la fase pública de las negociaciones, cuatro mujeres fueron parte de esta delegación: Consuelo Tapias, Silvana Guerrero, Isabel Torres y Vivian Henao (*Las2orillas* 2019).

Según Silvana Guerrero, "uno de los mayores avances del ELN es la opción, la posibilidad que tienen hoy [las mujeres] de participar en los diversos espacios y responsabilidades o roles que hay dentro del conjunto de la organización" (LQS 2021). Un miembro del ELN señaló que esta experiencia de diálogos y, en particular, el contar con mujeres dentro de la delegación, fue útil para la organización:

> Sirvió para darnos cuenta de las cuestiones de género... Deberíamos preguntarles a las mujeres elenas que estuvieron allí presentes cómo llegaron allí, qué labor cumplieron, cómo se sintieron... Hoy en día, hay un reconocimiento de la preeminencia del tema y un interés por la formación política en esa materia" (entrevista con C3).

Al respecto, Consuelo Tapias mencionó que pese a que el ELN es una organización político-militar que promueve la participación de la mujer en igualdad de derechos y condiciones, nunca se preocuparon por desarrollar una política de género al interior de la tropa: "Vivimos en una sociedad machista y el ELN es parte de esa sociedad. Las personas militantes provenimos de esa forma de pensar y de sentir y, como en el resto de Colombia, dentro del ELN también se viven las mismas contradicciones y las mismas secuelas del machismo" (*Colombia Informa* 2017). Su presencia en la mesa de diálogos supuso un "compromiso bastante grande, primero, por ser revolucionaria y, segundo, por ser mujer. No solo tenemos el reto de la organización como tal, sino el reto de conquistar banderas para la mujer" (*Colombia Informa* 2017). Según ella, llegó a Quito en el 2017 con una idea en la cabeza: "hay que feminizar la paz" (Trochando Sin Fronteras 2017).

La percepción que tienen las personas que compartieron con ellas en el proceso de diálogos (entrevistas con C1, C2, C4) es que la participación de

---

[5] Son de mencionar, por ejemplo, a Lucía Jaramillo y Caterina Heyck durante la fase exploratoria y, durante la fase pública, a mujeres como Clara López Obregón, ministra de Trabajo, Cecilia Álvarez Correa, exministra de Comercio, Mónica Cifuentes Osorio, asesora jurídica en el proceso de paz con las FARC-EP (CIDOB 2017).

las mujeres del ELN era más marginal y reactiva que en el caso de las mujeres de la delegación del Gobierno. Esto no es de extrañar no solo por la falta de experiencia y de recorrido de las mujeres y del mismo grupo insurgente en este tipo de escenarios políticos, sino, y fundamentalmente, por el funcionamiento orgánico de la guerrilla (entrevista con C4). El ELN hasta ahora ha sido una organización político-militar que, aunque funciona de manera federada, sus decisiones se toman por consenso a través de congresos nacionales. En este sentido, era de esperarse que las posiciones, actuaciones y roles dentro de la mesa se dieran de forma alineada y que las mujeres allí presentes no actuaran como ruedas sueltas, sino de manera articulada, coordinada y siguiendo los lineamientos acordados como colectivo (entrevista con C4).

Probablemente, en un nuevo escenario de negociación, las mujeres del ELN seguirán teniendo presencia en la delegación e irán tomando poco a poco la vocería y el liderazgo como sucedió en el caso de las mujeres de las FARC-EP. Socorro Ramírez en conversaciones informales les decía:

> Asuman la vocería en su delegación. Si no, no vamos a poder, en la participación de la sociedad, darle toda la fuerza a este enfoque de género. Nosotras somos parte del liderazgo que está construyendo este proceso y mostrémoslo así. Ayudemos a que en la participación muchas mujeres ganen espacios, derechos, voz (entrevista con C2).

Durante el periodo de estudio, ya se pudo observar a estas mujeres concediendo entrevistas públicas, aportando su visión del conflicto, del proceso, de la política y, aunque sus discursos no dejaban de ser organizacionales, escuchar su voz ya era un avance en este aspecto.

3.2. Formas, mecanismos y procedimientos de la mesa

Cinco son los aspectos a destacar en este sentido. El primero es la organización y movilización fuera de la mesa. Gracias a un trabajo de décadas y siguiendo la estela de procesos de paz anteriores, las organizaciones de mujeres en Colombia fueron protagonistas durante el tiempo que duraron los diálogos con el ELN. Bajo el mensaje "¡La paz sin las mujeres, no va!", fueron diferentes las acciones que en este marco emprendieron.

Entre los movimientos que más han aportado a la búsqueda de una salida negociada al conflicto armado colombiano se destaca la Ruta Pacífica de las Mujeres. Inicialmente, este movimiento se organizó alrededor de las víctimas y su exigencia central era poner fin al conflicto armado y al uso de los cuerpos de las mujeres como botines de guerra. A lo largo de los años, esta y otras organizaciones pasaron a exigir también que las mujeres no fueran solamente objeto sino pactantes de la paz. La Ruta Pacífica de las Mujeres, en particular y luego como Cumbre Nacional de Mujeres y Paz, reconoció los adelantos en los diálogos con el ELN y articulándose como conglomerado de organizaciones buscó contribuir a este proceso desde el enfoque de derechos de las mujeres en sus múltiples diversidades. La Ruta Pacífica de las Mujeres había hecho acercamientos con esta guerrilla durante la fase exploratoria, dos o tres años antes de que se instalara oficialmente la mesa. Ya como Cumbre, empezó a tener una relación primero en la cárcel con Juan Carlos Cuéllar, gestor de paz del ELN, y luego con el resto de los miembros de las delegaciones. El objetivo de las organizaciones de mujeres agrupadas en la Cumbre Nacional de Mujeres y Paz era dar a conocer su experiencia con las FARC-EP y hacer un acercamiento que les permitiera estar presentes cuando se abriera la mesa. En efecto, estuvieron presentes en la instalación oficial de las conversaciones en 2017 y a partir de allí fueron un actor clave en la concreción del primer punto de la agenda sobre participación de la sociedad (entrevista con C4).

Por otro lado, de una manera más coyuntural, en el 2017 se conformó la iniciativa llamada "Juntanza de Mujeres Conectadas con la Paz", una articulación de más de 24 organizaciones en todo el país que nació con dos metas muy claras: lograr la participación de las mujeres en la implementación del Acuerdo Final con las FARC-EP y gestionar una eventual subcomisión de género en la mesa de negociación con el ELN. La embajada de Suecia, el Centro Fokus y la Misión de Apoyo al Proceso de Paz de la OEA (MAPP-OEA) apoyaron con recursos financieros, logísticos y pedagógicos esta convergencia nacional. No obstante, luego de la ruptura de la mesa en el 2019 no se ha conocido actividad de este conglomerado de organizaciones, más cercano al movimiento social y político Congreso de los Pueblos: "Parece haberse disuelto con el proceso" (entrevista con C4).

Ambos conglomerados de mujeres –cada uno con sus perspectivas y formas de trabajo, pero persiguiendo un objetivo en común– empezaron a crear alianzas e intercambios. En efecto, "[a]mbas estaban pidiendo lo mismo y no tenía sentido que se manejaran dos agendas" (entrevista con C4). La primera con mayor recorrido y peso político en esta materia, y la segunda, creada de cierta manera *ad hoc* para este proceso, realizaron acciones conjuntas para presionar la salida negociada del conflicto y que en ese esfuerzo sus voces y las de otros sectores excluidos estuvieran presentes. En concreto, querían poner en la agenda el tema de género, plantear sus sugerencias y valorar cómo podían tener lugar en la mesa de negociación. Su presencia y activismo fue de buen recibo por parte de ambas delegaciones (entrevista con C2).

El segundo aspecto es la pedagogía. La formación específica en temas de género es una de las recomendaciones internacionales más importantes en esta materia. Esto es mucho más eficiente si las organizaciones de mujeres locales asumen el liderazgo en este tipo de formaciones (ONU Mujeres 2010), pues así se garantizan debates situados y contextualizados, y se evita caer en una imposición interpretativa de agentes externos sobre esta temática. Dentro de esta lógica, sensibilizadas como estaban ambas delegaciones sobre el tema, se convocó a los dos conglomerados de mujeres que gravitaban alrededor del proceso, la Cumbre Nacional de Mujeres y Paz y Juntanza de Mujeres Conectadas con la Paz, para que desarrollaran de manera conjunta un taller sobre enfoque de género y derechos de las mujeres. Este espacio se llevó a cabo en Cuba los días 18 y 19 de mayo del 2018. Allí fue posible dialogar sobre el contexto actual de los derechos de las mujeres en Colombia, la experiencia de participación en el proceso de paz con las FARC-EP, el enfoque de derechos de las mujeres, el cese al fuego, el mecanismo de participación y el balance sobre el actual proceso de implementación. Ambas plataformas expusieron sus puntos de vista y prepararon un documento conjunto en el que señalaban:

> Destacamos la disposición de ambas delegaciones en la Mesa para conversar e intercambiar con nosotras, escuchar nuestras opiniones, visiones, experiencias y propuestas. Esto nos llena de mucha satisfacción y regresamos al país a transmitir a las mujeres de todos los rincones de la geografía nacional que la Mesa de Negociaciones representa una enorme posibilidad para avanzar hacia una paz completa incluyente y respetuosa de los derechos humanos de las mujeres en toda nuestra diversidad: étnica, sexual, territorial y generacional (Cumbre Nacional de Mujeres y Juntanza de Mujeres 2018).

El taller fue valorado positivamente por ambas delegaciones y generó una reflexión importante que luego se prolongó en varias sesiones internas de la mesa dedicadas específicamente a este tema (entrevista con C2). Esto es importante pues con ello se promovió un aprendizaje conjunto, ayudó a todo el equipo a entender la importancia de incorporar la perspectiva de género en el proceso y lograr la comprensión y apropiación de cada uno de los miembros al respecto.

El tercer aspecto se refiere a los espacios para la consideración de las voces de las mujeres, colectivos LGTBIQ+ y otros sectores excluidos. Los procesos de paz son más inclusivos si dentro de ellos se crean espacios de confianza, seguridad y participación activa para recoger las vivencias, intereses, necesidades y afectaciones específicas –según el género– de la guerra y la paz. Dos mecanismos alcanzaron a llevarse a cabo en este proceso.

Por un lado, el primer punto de la agenda de conversaciones con el ELN era la participación de la sociedad. Más que una cuestión sustantiva, era un asunto de método. En un principio, Gobierno y ELN decidieron que lo mejor era solicitarles a los diferentes sectores de la sociedad colombiana que presentaran propuestas de participación para ver cómo se podría materializar ese mecanismo. Para cumplir con este propósito, del 31 de octubre al 1 de noviembre del 2017, se realizaron unas audiencias preparatorias en Tocancipá, Cundinamarca. En total fueron 19 audiencias presenciales y cinco virtuales que se desarrollaron a lo largo de 15 días. Allí participaron más de 200 personas. Había presencia de ambas delegaciones: Luz Helena Sarmiento y Juan Sebastián Betancur del lado del Gobierno y Silvana Guerrero y Consuelo Tapias del lado del ELN. Cada equipo estaba acompañado por relatores y asesores. La relatoría estuvo a cargo del Programa de Naciones Unidas para el Desarrollo (PNUD) y la moderación la hizo la embajada del Ecuador. Además, había una mesa de los países acompañantes y garantes del proceso. En estas audiencias, participaron de forma activa los colectivos de mujeres. Había una preocupación constante e iniciativa de varias de estas organizaciones para que el enfoque de género tuviera un espacio reconocido y destacado (entrevista con C2).

Por otro lado, un año después y ya avanzado el trabajo en la subcomisión de participación creada para abordar el primer punto de la agenda, se pusieron en marcha los diálogos territoriales para la recolección de propuestas de la sociedad civil, en especial de las organizaciones de mujeres, colectivos LGTBIQ+ y otros sectores vulnerables. El 18 de mayo de 2018, la Cumbre Nacional de Mujeres y Paz y la Juntanza de Mujeres Conectadas con la Paz realizaron un encuentro en Barrancabermeja para hacer el lanzamiento oficial de los diálogos territoriales que se desarrollarían dos semanas después. El 1 de junio de 2018, 2500 mujeres en 11 departamentos del país[6] se unieron para pedirles al ELN y al Gobierno que incluyeran de manera transversal el enfoque de género en sus negociaciones. Participaron mujeres diversas: indígenas, afrocolombianas, campesinas, urbanas, académicas, políticas, jóvenes, de todas las edades, trans, lideresas sociales. En cada ciudad, de manera paralela y siguiendo su propia agenda, las mujeres se sentaron para construir propuestas que se transmitieron en directo a ambas delegaciones en La Habana vía *streaming* (Ávila 2018).

En el departamento del Cauca, por ejemplo, las 500 asistentes se distribuyeron en ocho mesas de discusión: educación para la paz, inclusión de la juventud, el mecanismo de participación en los diálogos con el ELN, paridad política, aprendizajes del proceso de paz con las FARC-EP, ordenamiento territorial, una vida libre de violencias hacia la mujer, economía de las mujeres y protección a los líderes y lideresas sociales. Según se recoge en las reseñas sobre esta experiencia, en este encuentro también participaron algunos

---

[6] Estos departamentos son los siguientes: Antioquia, Arauca, Bogotá, Atlántico, Boyacá, Cauca, Chocó, Huila, Quindío, Tolima y Nariño (Ávila 2018).

hombres, especialmente líderes sociales y jóvenes del departamento. Fueron varios los temas que se pusieron sobre la mesa: las mujeres trans hablaron de las violencias a las que se enfrentan como colectivo LGTBIQ+. Las mujeres indígenas y campesinas destacaron, desde sus miradas locales, la cuestión del ordenamiento territorial, la protección del medio ambiente y la incorporación de los enfoques de género y étnico en los procesos educativos. Las principales propuestas derivadas de este ejercicio colectivo se compartieron en un acto público en el parque central del municipio (Ávila 2018).

Estos diálogos territoriales buscaron de manera consciente el involucramiento de las mujeres que hacían parte de ambos equipos negociadores. Silvana Guerrero, Consuelo Tapias e Isabel Torres del ELN se conectaron virtualmente. Ellas explicaron que en ese momento se estaban discutiendo los temas del cese bilateral del fuego y del mecanismo de participación de la sociedad. Aseguraron que "las mujeres estarían priorizadas en la negociación y que estaban buscando que en el cese bilateral del fuego estuviera claro el grado de afectación de las mujeres por el conflicto armado" (Ávila 2018). Por su parte, Angélika Rettberg y Socorro Ramírez, de la delegación del Gobierno, se comprometieron, a través de un video que enviaron al evento, a trabajar el enfoque de género de manera trasversal en la negociación. Manifestaron que "estaban buscando un cese bilateral cualitativamente mejor, con un impacto diferenciado, que tuviera en cuenta las necesidades y particularidades de las mujeres y distintos sectores de la sociedad" (Ávila 2018). También les pidieron a los colectivos allí presentes "que siguieran acompañando el proceso para medir el alcance del enfoque de género en la implementación" (Ávila 2018).

El cuarto aspecto son las consultas a organizaciones de mujeres. Socorro Ramírez cuenta que cada vez que regresaban de Quito o La Habana, los miembros de la delegación del Gobierno iban a los territorios o a Bogotá y se reunían con redes y organizaciones sociales para ver cómo le daban forma a esa propuesta de participación de la sociedad. En esas reuniones uno de los interlocutores más importantes fueron las organizaciones de mujeres. Según ella,

> las redes de mujeres nutrieron muchísimo esa reflexión y en buena medida la propuesta que se hizo en la Mesa sobre el punto de participación recogió los insumos de organizaciones como la Casa de la Mujer, la Ruta Pacífica de las Mujeres, Juntanza de Mujeres [...]. Fueron encuentros para hacer consultas, para sentarse a planear conjuntamente cómo lograr la incorporación de este enfoque y nutrir a la participación de la sociedad con ideas donde el tema de género fuera un ingrediente sustancial y no se limitara a talleres o recomendaciones puntuales (entrevista con C2).

Las delegadas del Gobierno canalizaban estos insumos a la mesa. Incluso invitaron también a los delegados varones a participar en estos espacios de trabajo para ir comprometiendo al conjunto de la mesa en este tema y sensibilizarlos (entrevista con C2).

El quinto aspecto son los canales de comunicación dentro-fuera de la mesa. Para garantizar que la perspectiva de género pasara de un mero acto de escucha y participación a ser parte integral de las decisiones en el proceso era preciso que se diseñaran mecanismos específicos dentro de la mesa capaces de recibir, procesar y articular las propuestas que llegaban desde las organizaciones de mujeres y otros colectivos con identidades de género diversas, para que hicieran parte de los debates y de los acuerdos que se pactaran entre las partes negociadoras.

Dentro de las normas que se fijaron para el funcionamiento de la mesa con el ELN no se estipuló ninguna figura específica en materia de género. No había directrices concretas ni de parte del Gobierno, ni del ELN, para abordar esta perspectiva. Las mujeres de ambos equipos participaban plenamente en todos los temas de la negociación y fueron ellas quienes de *motu proprio* asumieron la responsabilidad de liderar este enfoque y procurar integrarlo desde el primer momento en todos los debates y procesos que se venían adelantando (entrevista con C2).

Por otro lado, dentro de las propuestas que hicieron las organizaciones de mujeres en el marco de los encuentros territoriales se señalaba la concreción de una "instancia o comisión de género" que permitiera incorporar los derechos de las mujeres en todos los puntos del acuerdo y a lo largo de todo el proceso de negociación (Cumbre Nacional de Mujeres y Juntanza de Mujeres 2018). Al final, no quedó claro si la figura debía ser una subcomisión de género al interior de la mesa –como se hizo en el caso de las FARC-EP– o si debía tener otro formato. Desde la delegación del Gobierno, esta subcomisión no se pensó. Según Socorro Ramírez,

se quería que la participación, es decir, todo ese proceso de lo sectorial, temático, regional-nacional, lo organizara un comité distinto a la mesa para que la mesa de negociación no tuviera que estar dedicada a organizar este proceso y se paralizara. La idea, más bien, era crear un comité operativo en el que debían estar mujeres de los distintos sectores para que fuera este ente quien organizará las reuniones de las fases que se proponían para ese proceso de participación, y fuera haciendo y entregando permanentemente las memorias a la mesa. La mesa iría procesando, debatiendo y tomando decisiones. Con esto también se quería enviar un mensaje a la gente para que no se sintiera coaccionada porque las dos delegaciones estuvieran presentes en las discusiones. Se quería dejar una participación lo más libre posible y que un equipo participativo, con un gran componente de mujeres, pudiera ayudar a organizarlo. Esto de alguna manera, garantizaría que este enfoque no se asumiera como un punto aparte, sino que fuera parte integral de los debates y consensos (entrevista con C2).

3.3. La perspectiva de género en los temas de la agenda

La tercera dimensión dentro de la cual se debe ver reflejada la perspectiva de género tiene que ver con lo sustantivo de la negociación, en concreto, con cómo se integra de manera transversal en los puntos de la agenda. La agenda pactada con el ELN en marzo del 2016 contenía seis puntos: i) participación de la sociedad en la construcción de la paz; ii) democracia para la paz; iii) transformaciones para la paz; iv) víctimas; v) fin del conflicto armado, y vi) implementación.

En lo que respecta a la agenda sustantiva, únicamente se avanzó en el punto de participación que sería el mecanismo a través del cual se daría forma a los otros tres puntos de la agenda que conducirían al punto de fin del conflicto armado de carácter más operativo. La coordinadora de la Ruta Pacífica de las Mujeres señaló que la mirada de género estaba en todo momento contemplada. La subcomisión de participación ciudadana que se conformó en la mesa estaba consciente de recoger los impactos y propuestas diferenciales de todos los colectivos que componen la diversidad colombiana (entrevista con C4).

Para Consuelo Tapias, el tema de la mujer era trasversal a todos los temas: "En el punto de participación estaban los sectores y ahí estaban las mujeres" (*Colombia Informa* 2017). Silvana Guerrero afirmó que "en la agenda pactada no existía un punto que se denominara igualdad de género. Lo que sí estaba en la agenda eran los derechos vulnerados de la mujer y de la comunidad LGTBIQ+. Por tanto, su posición inicial es que estos derechos se materialicen y se ejerzan" (*Colombia Informa* 2017). Mientras tanto, del lado gubernamental, para Socorro Ramírez,

> en la mesa, tanto en Quito como en La Habana, intentaron incorporar la mirada de género de entrada. Esto significaba la participación de iniciativas locales que involucraran las dimensiones de género para que la agenda que se fuera construyendo, centrada en la participación de la sociedad, pudiera tener esos enfoques como un esfuerzo deliberado (entrevista con C2).

Explicó que de las audiencias en Tocancipá, los diálogos territoriales y las consultas y jornadas de trabajo con organizaciones de la sociedad civil quedaron dos productos concretos. Uno fue lo que se llamó los fundamentos de la participación y otro la propuesta de cómo abordar los cuatro primeros puntos de la agenda. Se propuso una primera fase territorial, una segunda fase sectorial, una tercera fase temática y al final una reunión o evento nacional donde se pusiera en común lo propuesto por los distintos sectores en las fases anteriores. Allí se insistió mucho en que las mujeres no eran un sector. Tenían que ser un componente central porque estaban en lo sectorial, lo temático, lo territorial. En la propuesta entregada estaba integrada la perspectiva de género de manera fuerte y consciente. Se pedía que en las delegaciones siempre la participación fuera lo más equitativa posible, pero también que en cada uno de los ejes esa mirada pudiera ser explícita (entrevista con C2).

Por su parte, en el manifiesto conjunto que circularon la Cumbre Nacional de Mujeres y Juntanza de Mujeres (2018) se "exigía un diálogo nacional de paz cuyas propuestas y acuerdos de las mujeres fueran vinculantes para la mesa de diálogo y que se sostuviera sobre la participación directa de las mujeres en sus comunidades y sus territorios a partir de la diversidad y la integralidad". Constataban, además que "los diálogos territoriales era una metodología que garantizaba la participación de las mujeres, fortalecía los lazos de articulación y unidad, rescataba y visibilizaba las agendas de las mujeres y propiciaba la participación" (Cumbre Nacional de Mujeres y Juntanza de Mujeres 2018).

En lo que respecta a los demás puntos de la agenda todo estaba por verse. Sobre los puntos dos y tres, democracia para la paz y transformaciones para la paz, las plataformas de mujeres fueron claras en manifestar que se debían "reivindicar los importantes avances alcanzados en los Acuerdos de Paz con las FARC sobre los derechos de las mujeres y exigir al Estado su integral cumplimiento, desarrollo legal y normativo" (Cumbre Nacional de Mujeres y Juntanza de Mujeres 2018).

Sobre el punto de víctimas, había un reconocimiento de que la gran mayoría de víctimas en Colombia tenían rostro de mujer. Parafraseando a Teresa Cunha, la mitad de las víctimas en el país son mujeres y la otra mitad son sus hijos[7]. Isabel Torres destacó que "muchas de las organizaciones sociales, movimientos de víctimas que deben participar del proceso, están liderados por mujeres. Esto hace que las agendas y pactos sociales de transformación que de allí surjan estén impregnados de la defensa de los derechos humanos de las mujeres y de otros colectivos vulnerabilizados" (LQS 2021). Por su parte, las plataformas de mujeres señalaron que se "necesitaba continuar avanzando en temas claves para las mujeres: esclarecimiento de la verdad, dignidad para las víctimas, fortalecimiento de las capacidades, iniciativas productivas, formación política y empoderamiento organizativo, ampliar la participación juvenil, crear políticas públicas de empleo, protección y justicia frente a los feminicidios (Cumbre Nacional de Mujeres y Juntanza de Mujeres 2018).

---

[7] Esta expresión ha sido utilizada por Teresa Cunha en varias de sus investigaciones sobre mujeres y paz en el continente africano. Ver perfil en: https://ces.uc.pt/en/ces/pessoas/investigadoras-es/teresa-cunha.

Del punto sobre fin del conflicto, solo se llegó a abordar el literal 5 f, que se refiere a acciones humanitarias, pues la posición del ELN era que solo se podía tratar el fin del conflicto armado cuando el Estado colombiano hubiese hecho todas las transformaciones que la sociedad había identificado en los cuatro puntos anteriores. Esto, en palabras de la negociadora gubernamental Socorro Ramírez, era un imposible porque significaba "un uso de la sociedad para que la guerrilla legitime la continuidad indefinida de su resistencia armada" (entrevista con C2).

Uno de los grandes avances que se destacan del proceso fue el cese al fuego bilateral que se pactó a finales del 2017, con una duración de 101 días (Misión de Verificación de la ONU 2017). Paralelo a la subcomisión de participación, la mesa contaba con una subcomisión técnica para avanzar en el diseño de un cese al fuego bilateral que pudiera volverse indefinido. Las organizaciones de mujeres pusieron a disposición de esta subcomisión una serie de medidas y propuestas para que un cese bilateral pudiera contribuir con aliviar la vida de mujeres, niñas y comunidades en general. Fueron enfáticas en señalar que, aunque reconocían que la paz no era solamente el silenciamiento de los fusiles, el fin de los hostigamientos y la violencia era un punto de partida para lograrla. Resaltaron cuestiones como el no reclutamiento de menores de edad, ni de mujeres, que el cese fuera de la mano de un acuerdo humanitario que tuviera en cuenta los riesgos de la guerra para las mujeres; que estuviera regido por un protocolo que incluyera estrategias de prevención y protección de la violencia sexual y otros tipos de violencias que sufren las mujeres por razones de su género. Aseguraron su disposición de apoyar en la concreción del cese y su verificación. Y pedían incorporar una veeduría de las mujeres dentro de la veeduría social creada para velar las condiciones y garantías del cese al fuego bilateral sostenible para los territorios (Cumbre Nacional de Mujeres y Juntanza de Mujeres 2018).

Finalmente, en materia de género era claro que, a la luz de otras experiencias, era importante involucrar a las mujeres combatientes en las discusiones sobre el punto 5 para evitar que las especificidades propias de su desarme, desmovilización y reintegración se pasaran por alto o se diluyeran detrás de medidas androcéntricas como las que habitualmente se diseñan en esta materia[8].

---

[8] Véanse las recomendaciones de las mujeres sobre la desmovilización de la Agenda de la Coalición de Mujeres por la Paz de Uganda (2006), citado en ONU Mujeres (2010).

3.4. *Los acuerdos y su implementación*

Esta última dimensión hace alusión al último punto de la agenda, el cierre de las negociaciones y el inicio de lo que sería la consolidación de la paz. Aun cuando se desarrolla al final del proceso, lo ideal es que se visualice desde un principio para saber hacia dónde se quiere llegar. Dentro de ese diseño, la perspectiva de género debería ser un componente esencial. En el caso de los diálogos con el ELN esto no parece haberse imaginado más allá de contemplar que las organizaciones de mujeres estén presentes en los comités técnicos de implementación y seguimiento de los acuerdos.

Procedimentalmente la integración de género se vería reflejado en aspectos como la recopilación y síntesis de información desglosada por género sobre cada uno de los temas de la agenda y del acuerdo; el cuidado de las comunicaciones y del mismo lenguaje del texto; la presencia de mujeres y personas de otros colectivos de identidades sexuales diversas en todas las fases del proceso. Políticamente, debería hacer alusión a cambios en las estructuras y dinámicas de poder que garanticen los derechos de las mujeres y del colectivo LGTBIQ+. Si de transformaciones profundas se trata, es preciso tener presente que este enfoque tiene que ver con un cuestionamiento de las dinámicas de poder y de exclusión de la sociedad que sustentan y reproducen las desigualdades de género.

4. *Oportunidades a futuro*

A pocos días de instalarse el nuevo Gobierno en agosto del 2022, el presidente Gustavo Petro envió una delegación a Cuba para trazar una nueva ruta de diálogo con el ELN y en noviembre ya se había instalado oficialmente la mesa y se habían nombrado ambos equipos negociadores, en ambos casos con una buena representación femenina. Así pues, la frase que queda en el tintero en este texto no es tanto lo que fue la perspectiva de género en las negociaciones de paz con esta guerrilla, sino lo que puede ser. Un escenario de diálogos con este grupo insurgente representa una oportunidad para visibilizar y materializar la perspectiva de género en toda su integralidad. Es un espacio para que este enfoque vaya ganando en dinámica, iniciativa y reconocimiento, y pueda concretarse en propuestas transformadoras. El reto está en que deje de ser una cuestión semántica o un bloque específico de los acuerdos, y se integre de forma transversal y pieza fundamental a tener en cuenta en todos los procesos y discusiones procedimentales y sustantivas de la negociación. Para ello se requiere formación, sensibilización y voluntad política.

Algunos de los aprendizajes destacables de este esfuerzo son los siguientes:

i) *Mujeres como sujetas de decisión*: la representación de mujeres en los equipos de negociación garantiza que el tema de género esté presente, que fluyan con mayor facilidad las afectaciones y necesidades de colectivos diversos y se supere la interpretación de la sociedad desde un prisma heteropatriarcal.

ii) *La importancia de "hacer bulla"*: meterse por los pasillos, por las ventanas, por entrepuertas, organizarse y asumir liderazgos para demostrar que las mujeres son fuerza esencial para la promoción de una paz duradera, a una escala cotidiana, pero también, a nivel político, económico, social y cultural.

iii) *"Ser parte de" cuesta dinero*, de allí que sea clave el apoyo económico de la comunidad internacional para facilitar la participación directa de los colectivos de mujeres y de diversidad sexual en estos procesos, la resonancia de sus voces, la inclusión de sus demandas en el diseño de alternativas y el involucramiento de sus agentes en la toma de decisiones.

iv) *Escuchar en primera persona*: no se necesitan intérpretes para narrar las afectaciones de las violencias en el cuerpo y la vida de las mujeres y personas LGTBIQ+. Tampoco se requieren intermediarios para ilustrar sus estrategias de afrontamiento. Se demandan espacios de escucha, confianza, creación e incidencia, para que ellas mismas expongan sus necesidades, diagnósticos, propuestas e intereses, y se conviertan en protagonistas de la transformación de las dinámicas de poder que reproducen las desigualdades.

v) *Conectar dentro-fuera*: el proceso quedará impregnado de la perspectiva de género siempre y cuando se establezca un canal de comunicación (de ida y vuelta) entre los miembros de las delegaciones negociadoras (hombres y mujeres) y el colectivo de mujeres y otros grupos de diversidad sexual por fuera de la mesa.

vi) *Interseccionalidad a la hora de abordar las cuestiones de género*: esto supone análisis más complejos y menos homogeneizadores que reconozcan la multiplicidad de opresiones: de género, clase, etnia, edad, origen... y promuevan alternativas creativas para la diversidad e inclusión.

vii) *De la teoría a la praxis*: el enfoque de género en la negociación no es una cuestión meramente técnica ni metodológica. Para que sea efectivo, necesariamente, debe traducirse en planes, programas y políticas que aborden las causas y factores estructurales subyacentes en las relaciones de poder: normas, status, roles, oportunidades, con el objetivo explícito de desmontar las estructuras heteropatriarcales y trabajar por la igualdad de género como condición ineludible para la paz.

Referencias

Alvarado, José, Bjertén-Günther, Emma and Yeonju, Jung. 2018. *Assessing gender perspectives in peace processes with application to the cases of Colombia and Mindanao.* SIPRI, Insights on Peace and Security No. 2018/6 November.

Ávila, Carolina. 2018. "¡La paz sin las mujeres, no va!". *El Espectador,* 5 de junio: https://www.elespectador.com/colombia-20/paz-y-memoria/la-paz-sin-las-mujeres-no-va-article/

Bell, Christine. 2015. *Text and Context: Evaluating Peace Agreements for their Gender Perspective.* Political Settlements Research Programme: University of Edinburgh.

Bouvier, Virginia. 2016. *El género y el papel de las mujeres en el proceso de paz de Colombia.* ONU Mujeres.

CIDOB. 2017. *Dossier proceso de paz en Colombia. Proceso de paz con el ELN.* Disponible en: https://www.cidob.org/es/publicaciones/documentacion/dossiers/dossier_proceso_de_paz_en_colombia/dossier_proceso_de_paz_en_colombia/proceso_de_paz_con_el_eln

Colombia Informa. 2017."*La paz para nosotras es diversidad, por lo que la participación es fundamental*". Entrevista, 1 de noviembre: https://mesadeapoyo.com/wp-content/uploads/2019/01/La_paz_para_nosotras_es_diversidad-Colombia_Informa.pdf

Cumbre Nacional de Mujeres y Juntanza de Mujeres. 2018. *Manifiesto de Mujeres por la Paz en Colombia.* 18 de mayo.

Ellerby, Kara. 2013. "(En)gendered security? The complexities of women's inclusion in peace processes". *International Interactions,* Vol. 39, N°4.

Las2orillas. 2019. "De regreso al monte". *Las2orillas,* 19 de enero: https://www.las2orillas.co/de-regreso-al-monte/.

LoqueSomos (LQS). 2021. *Colombia: Guerrilleras del ELN conversan sobre las luchas de la mujer.* Vídeo, 12 de marzo: https://loquesomos.org/colombia-guerrilleras-del-eln-conversan-sobre-las-luchas-de-la-mujer/

Martínez, Margarita y Nina Chaparro González. 2016. "Negociando desde los márgenes: la participación política de las mujeres en los procesos de paz en Colombia (1982–2016)". *Ideas para construir la paz,* Documentos 29. Bogotá, Dejusticia.

Misión de Verificación de la ONU. 2017. Presentación del mecanismo de veeduría y verificación al cese al fuego bilateral, temporal y nacional (CFBTN) entre el Gobierno de Colombia y el Ejército de Liberación Nacional (ELN), 11 de octubre: https://colombia.unmissions.org/presentaci%C3%B3n-del-mecanismo-de-veedur%C3%ADa-y-verificaci%C3%B3n-al-cese-al-fuego-bilateral-temporal-y-nacional

ONU. 2000. *Resolución 1325 sobre mujeres, paz y seguridad por el Consejo de Seguridad de la ONU.*

ONU Mujeres. 2010. *Participación de las mujeres en las negociaciones de paz: relaciones entre presencia e influencia.*

ONU. 2020. *Las mujeres y la paz y la seguridad.* Secretario General de la ONU, S/2020/946, Consejo de Seguridad de la ONU, 25 de septiembre de 2020.

Organization for Security and Cooperation in Europe (OSCE). 2020. *Inclusion of women an effective peace process. A toolkit.*

Paffenholz, Tania, et al. 2016. *Making Women Count, Not Just Counting Women: Assessing Women's Inclusion and Influence on Peace Negotiations.* Inclusive Peace & Transition Initiative: Graduate Institute of International and Development Studies and UN Women, Geneva.

Paffenholz, Tania. 2017. *Preventing Violence through Inclusion: From Building Political Momentum to Sustaining Peace.* Inclusive Peace & Transition Initiative: Geneva, November.

Trochando Sin Fronteras. 2017. *La mujer y su participación en los diálogos del ELN y el gobierno colombiano.* 7 de febrero de 2017, Quito, Ecuador: https://trochandosinfronteras.info/la-mujer-y-su-participacion-en-los-dialogos-del-eln-y-el-gobierno-colombiano/

6 El cese al fuego bilateral de 101 días: Desescalar el conflicto sin construir confianza

KYLE JOHNSON Y ÁNGELA LILIANA OLAYA CASTRO

Los diálogos de paz entre el Gobierno de Colombia y el ELN empezaron accidentados. El anuncio público de tener una agenda para empezar negociaciones formales tuvo lugar el 31 de marzo del 2016, pero solo se sentaron casi 11 meses después en febrero del 2017. El Gobierno había pedido que esta guerrilla liberara a todos los secuestrados que tenía en su poder –un pedido considerado sorpresivo y unilateral por parte del ELN–. Aunque terminó liberando al último secuestrado en su poder en el momento en Chocó unos días antes del arranque de las negociaciones formales, la confianza entre las partes se dañó (quizá aún más).

En teoría, una medida de confianza fue el cese al fuego bilateral entre las partes que duró 101 días, entre octubre del 2017 y enero del 2018. Sin embargo, la confianza en la mesa no mejoró. Ello se debe a diferentes razones: los textos necesariamente ambiguos del cese al fuego; algunas interpretaciones tan ampliamente diferentes de ambas partes de lo acordado; una lectura de que la Fuerza Pública aprovechó el cese al fuego para ganar terreno contra la guerrilla; y la incapacidad de resolver controversias en el Mecanismo de Veeduría y Verificación (MV&V). Los ataques del ELN justo después de finalizar el cese al fuego, cuando existía un reclamo público general de extenderlo, empeoraron la situación.

Este capítulo analiza en detalle por qué el cese al fuego bilateral de 101 días entre el Gobierno y el ELN no mejoró la confianza entre las partes. Para redactarlo, se hicieron entrevistas a exnegociadores del Gobierno, personas cercanas o que hacían parte del ELN y analistas que han estudiado el proceso.

También se recurrió a documentos de la mesa y comunicados y publicaciones de ambas partes, especialmente del ELN.

El capítulo empieza con una breve revisión teórica y práctica sobre medidas de construcción de confianza en procesos de negociaciones de paz, ceses al fuego bilaterales y la interacción entre ambos. En el segundo apartado, se examina el desarrollo de la negociación del cese al fuego de 101 días y sus diferentes objetivos. Posteriormente, se analiza cada factor que evitó la construcción de confianza y sus efectos. Se termina con algunas conclusiones sobre los ceses al fuego y la construcción de confianza, especialmente con respecto al ELN.

1. *Las medidas de construcción de confianza y los ceses al fuego en las negociaciones de paz*

Existe una literatura creciente –entre académicos, mediadores y otros profesionales del campo– sobre las medidas de construcción de confianza en las negociaciones de paz y los ceses al fuego y cómo se relacionan con las negociaciones de paz. Mucha de ella se enfoca en conflictos internacionales y negociaciones (o intentos de negociación) entre Estados. En cuanto a conflictos armados internos, la literatura es más acotada.

Medidas de construcción de confianza

Simon Mason y Matthias Siegfried (2013: 58) definen las medidas de construcción de confianza en una negociación como "una serie de acciones que se negocian, se acuerdan y se implementan entre las partes de un conflicto para construir confianza, sin enfocarse específicamente en las causas originadoras del conflicto"[1]. Ellos, al igual que Siân Herbert (2014), señalan que estas tienen tres objetivos generales: (1) prevenir el escalamiento del conflicto; (2) iniciar o profundizar las negociaciones de paz; y (3) consolidar procesos de paz y su terminación. En cuanto al primer objetivo, algunas de estas medidas se pueden implementar incluso cuando no hay un proceso de negociación en marcha o si no se prevé uno en el corto plazo. No es así el caso del segundo y el tercer objetivo, que intentan mejorar la confianza entre las partes mientras están sentadas en una mesa de diálogo o cuando van a empezar a implementar un acuerdo de paz ya firmado. Ambos momentos están llenos de desconfianza y mejorarla es esencial para que avancen las negociaciones o la implementación de un acuerdo.

---

[1] Todas las traducciones en este capítulo son de los autores.

Se pueden aplicar cuatro tipos de medidas de construcción de confianza en estos tres momentos. En primer lugar, se encuentran las medidas militares o de seguridad, las cuales se utilizan tanto en conflictos interestatales como intraestatales. El fin es evitar que el conflicto escale por malentendidos entre las partes sobre las señales o acciones de la contraparte. Ejemplos de estas medidas incluyen canales de comunicación directa, zonas desmilitarizadas e incluso la creación de equipos conjuntos de monitoreo y verificación de ceses al fuego (Mason y Siegfried 2013; Herbert 2014).

En segundo lugar, se encuentran las medidas políticas, las cuales buscan generar o mejorar confianza entre las partes para encontrar una solución negociada al conflicto (Mason y Siegfried 2013: 64). Al mismo tiempo, estas medidas pueden buscar aumentar la confianza entre las "bases de apoyo" (*constituencies*) de ambas partes. En estos casos van más allá de las dos partes que participan directamente en la negociación. En algunos casos, como de campañas mediáticas conjuntas, pueden intentar crear confianza en la sociedad en general (Mason y Siegfried 2013: 64; Herbert 2014: 3).

En tercer lugar, existen las medidas económicas y del medioambiente, que están relacionadas con el manejo conjunto de actividades de gestión de recursos naturales, desafíos medioambientales o iniciativas económicas de mutuo beneficio. Abrir rutas de intercambio económico o hacer acuerdos económicos, como la compraventa de animales, son ejemplos de estas medidas (Mason y Siegfried 2013: 66; Herbert 2014: 3).

Finalmente, en cuarto lugar, se pueden implementar medidas humanitarias, sociales y culturales. A menudo estas se utilizan antes de que empiecen las negociaciones de paz, especialmente las humanitarias (Mason y Siegfried 2013: 67). En estos contextos, sirven para mandar señales que indiquen a la contraparte que existe la voluntad de negociar. A veces requieren diálogos, incluso para su ejecución, como el intercambio de prisioneros, los cuales pueden servir para entablar negociaciones en el futuro (Mason y Siegfried 2013: 67).

Ceses al fuego

Los ceses al fuego también hacen parte de una literatura creciente entre académicos y profesionales del campo. Por qué y cuándo pactarlos, qué tipos existen, cómo medir su éxito y qué efectos tienen sobre las negociaciones de paz son varios de los temas cada vez más discutidos. Para Clayton et al. (2019: 1) existe una gama de medidas que se pueden definir como un cese al fuego, desde lo más informal y unilateral hasta los acuerdos más formales, bilaterales y multilaterales. Señalan que entre 1989 y 2018 se reportaron más de 1900 ceses al fuego en más de 100 conflictos intraestatales. Adoptan una definición sencilla de "todo arreglo por o entre las partes de un conflicto para parar la confrontación desde un momento específico" (Clayton et al. 2019: 1). Más recientemente, Clayton y Sticher (2021: 3) los definen como "arreglos que incluyen un anuncio de al menos una parte en conflicto de parar la violencia temporal o permanentemente desde un momento específico". Esta definición aumenta el espectro de acciones violentas que pueden ser incluidas en un cese al fuego, pues el término "violencia" es más amplio que "confrontación". El primero puede incluir acciones militares contra civiles, mientras que el segundo implica acciones militares entre los grupos beligerantes. Esta ampliación es importante porque hoy en día, en los conflictos intraestatales, los civiles representan la mayoría de las víctimas (Naciones Unidas 2022).

Clayton et al. (2021: 3) proponen otra definición de cese al fuego, al argumentar que son "arreglos durante un conflicto armado en los cuales al menos una parte del conflicto se compromete a cesar las hostilidades desde un momento específico". Esta definición trae un cambio importante en comparación con las anteriores: la introducción de la palabra "hostilidades", las cuales se refieren, a nivel general, a las "confrontaciones físicas y armadas entre las partes de un conflicto" (ICRC s.f.). Este término es más legal, pero es igual de general que la palabra "violencia" pues los ataques contra civiles, infraestructura y participantes directos, por ejemplo, hacen parte de las "hostilidades", así no siempre sean acciones militares legales según el derecho internacional humanitario. En este capítulo, adoptaremos esta tercera definición de un cese al fuego.

Asimismo, existen diferentes tipos de ceses al fuego, según los objetivos y nivel de formalidad de lo "arreglado". El primero es la cesación de hostilidades, que son arreglos informales que buscan parar las hostilidades por un tiempo. No cuentan con estipulaciones específicas para monitorear esta cesación de hostilidades. Son más comunes antes o al comienzo de las negociaciones para señalar buena voluntad de las partes, construir confianza y demostrar cohesión y control interno de las partes (Clayton et al. 2019: 2; Clayton y Sticher 2021: 4). Otro tipo de cese al fuego son los preliminares. Estos se diferencian de las cesaciones de hostilidades en dos sentidos. El primero es que suelen acordarse una vez las negociaciones hayan madurado hasta cierto punto, como cuando ya hay una agenda definida, pero, al mismo tiempo, lo que ocurre en el campo de batalla sigue obstaculizando los diálogos de paz (Clayton et al. 2019: 2). Ya no sirven para señalar buena voluntad, sino para proteger un proceso de negociación que ambas partes, en teoría, ven como positivo. Otra diferencia es que los ceses al fuego preliminares cuentan con acuerdos formales que incluyen mecanismos de monitoreo y verificación

(Clayton et al. 2019: 2). Su objetivo también es diferente, pues los prelimina-res buscan contribuir al avance de las negociaciones ya empezadas, por tres vías diferentes. Primero, ayudan a superar los odios y las iras basados en la violencia entre las partes. Segundo, al cumplir con un cese al fuego formal, las partes muestran que son capaces de cumplir en general con los compromisos adquiridos en la mesa. Tercero, la colaboración directa entre los actores en conflicto para negociar y cumplir un cese al fuego preliminar contribuye a la construcción de confianza entre ellos (Clayton y Sticher 2021: 5).

El tercer tipo es el definitivo, que hace parte de la terminación final de un conflicto armado una vez alcanzado un acuerdo de paz. En vez de buscar parar las hostilidades temporalmente, pretende acabarlas permanentemente. Normalmente está vinculado al desarme, desmovilización y reintegración (DDR) de uno o varios de los actores involucrados en las negociaciones y por ende es resultado de las negociaciones en vez de una parte del proceso en sí (Clayton y Sticher 2021: 6). Un ejemplo es el "Cese al Fuego y de Hostilida-des Bilateral y Definitivo y Dejación de las Armas" firmado por el Gobierno de Colombia y las Fuerzas Armadas Revolucionarias de Colombia-Ejército del Pueblo (FARC-EP) en 2016 al final de las negociaciones.

Quienes firman un cese al fuego pueden tener cuatro objetivos al hacerlo (Clayton et al. 2021: 349). El primero es la resolución del conflicto. Dos tipos de cese al fuego tienen este objetivo: los definitivos, los cuales buscan termi-nar la guerra permanentemente, y los preliminares, los cuales pretenden apo-yar los procesos de paz. Los segundos suelen ser cortos en tiempo o limitados a un espacio geográfico específico cuando su meta es construir confianza (Clayton et al. 2021: 349–52). El segundo objetivo es mantener el *statu quo* militar o político (Clayton et al. 2021: 352). Este fin es común cuando los costos de la violencia son prohibitivos para las partes, pero, al mismo tiempo, estas son incapaces de llegar a una solución negociada definitiva. Aunque a menudo son temporales, hay casos de aplicación temporal indefinida, como el del cese al fuego entre Corea del Norte y Corea del Sur (Clayton et al. 2021: 352). El tercero es para ganar una ventaja militar. En estos casos, los actores entran en un cese al fuego con el fin de mejorar su posición militar frente a su adversario (Clayton et al. 2021: 353). Este es un objetivo secreto pues ningún actor firmaría un cese al fuego si supiera que sería utilizado por su enemigo para fortalecerse. En estos contextos, los grupos beligerantes pue-den armarse mejor, reclutar a más miembros o mejorar su situación financiera (Clayton et al. 2021:353). El cuarto es para abordar preocupaciones huma-nitarias del corto plazo (Clayton et al. 2021: 354), como la distribución de asistencia humanitaria, campañas de vacunación o la entrega de medicinas u otras herramientas médicas (Clayton et al. 2021: 354).

Según la anterior discusión, la cesación de hostilidades y el cese al fuego preliminar tienen un componente claro de construcción de confianza entre las partes, entre sus bases y/o en la sociedad en general. Sin embargo, algunos autores advierten que los ceses al fuego pueden dañar la confianza por diferentes razones. A veces las partes en conflicto buscan aprovechar los ceses para fortalecerse militarmente o mejorar sus posiciones frente al enemigo, por ejemplo (Clayton et al. 2019: 3; Clayton et al. 2021: 349). Si una contraparte viola los términos de un cese al fuego, puede dejar de ser confiable o ya no ser capaz de cumplir con sus promesas o con cualquier compromiso adquirido o acuerdo firmado (Herbert 2014: 8). Al mismo tiempo, las malinterpretaciones de un mismo acuerdo por las partes pueden llevar a que una medida de construcción de confianza, incluyendo un cese al fuego, haga más daño que bien (Herbert 2014: 8). Dadas estas posibilidades, los mecanismos de monitoreo y verificación juegan un papel clave en resolver disputas y mitigar la disminución de confianza entre las partes (Mason y Siegfried 2013; Herbert 2014: 8).

Finalmente, es posible que un cese al fuego cuyo objetivo es contribuir al avance de las negociaciones de paz al aumentar la confianza entre las partes no lo logre por dos razones. En primer lugar, si la falta de confianza no es la causa de la falta de progreso en diálogos, generar más confianza no resolverá los problemas presentes en la mesa (Mason y Siegfried 2013: 72). En segundo lugar, si termina un cese al fuego y las partes reanudan sus acciones violentas, la confianza obtenida puede perderse, pues las hostilidades volverán a afectar el ambiente de la mesa (Clayton et al. 2021).

2. Consideraciones metodológicas

Este capítulo no pretende evaluar el cese al fuego bilateral de 101 días firmado entre el Gobierno de Colombia y el ELN en términos de su "éxito o fracaso" basado en lo acordado. Busca explicar por qué no generó confianza entre las partes. Se trata de entender las percepciones de los actores claves involucrados en las negociaciones principalmente. Por lo tanto, adoptamos la metodología sugerida por Clayton et al. (2021: 352) de hacer entrevistas semiestructuradas a las partes que negociaron el cese al fuego bilateral, otros actores claves como verificadores y analistas que han profundizado en el tema o conocieron el proceso de manera cercana. Por motivos legales, no fue posible entrevistar directamente al equipo negociador del ELN. Se decidió usar el rastreo de procesos para el análisis.

También se hizo una revisión de fuentes secundarias claves, incluyendo documentos de la mesa y elaborados por las dos partes negociadoras. Incluyen, en un par de casos, libros escritos por negociadores del Gobierno de Colombia. No se analizaron hechos específicos de posible violación del cese al fuego. Más bien, se trató de analizar cómo las partes del conflicto entendieron las posibles violaciones y a qué conclusiones llegaron sobre su contraparte a raíz de ellas.

3. *Las negociaciones del cese bilateral y sus objetivos*

La fase pública de las negociaciones entre el Gobierno de Colombia y el ELN empezó el 30 de marzo del 2016. La confianza entre las partes todavía estaba baja y empeoraría pronto. Habían negociado una hoja de ruta y una agenda por un poco más de tres años en privado, y algunos momentos dejaron un "mal sabor" en el ELN. En primer lugar, el ELN reclamó en varias oportunidades el hecho de que el Gobierno lo buscó después de iniciar los diálogos de paz con las FARC (entrevista 1, julio 2022). Este trato desigual en comparación con las FARC molestó al ELN, que siempre ha tenido cierto resentimiento por ser considerado como el "hermanito" de las FARC (Johnson 2016). En segundo lugar, el ELN acusó al Gobierno de dejar la mesa "abandonada" por largos periodos de tiempo durante la fase secreta de las negociaciones, lo que impidió que el proceso avanzara al ritmo requerido (Szalkowicz 2015).

Las partes no obstante pactaron una agenda y la presentaron en marzo de 2016. Una vez fue anunciada, el Gobierno declaró que no empezaría la primera ronda de negociaciones sobre ella hasta que el ELN liberara a todos los secuestrados que tenía en su poder. La guerrilla argumentó que esta exigencia era nueva, no fue acordada en la mesa y, por lo tanto, violaba la metodología y el espíritu de la negociación. Sin embargo, después de la insistencia del Gobierno y parte de la sociedad civil, el ELN terminó liberando a su último secuestrado en Chocó casi 10 meses después, lo cual llevó a la primera ronda de negociaciones formales en Quito en febrero del 2017 (International Crisis Group 2018: 21).

Una vez sentados en la mesa, el ELN empezó a promover la idea tanto en público como en privado de un cese al fuego bilateral de comienzo. El equipo del Gobierno, por su parte, se oponía a hacer un cese al fuego bilateral desde el comienzo de la negociación y prefería mantener su posición de negociar en medio del conflicto, buscando que este no afectara a la mesa (entrevistas 1, 3, 4, julio 2022). Además, el tema de cese al fuego bilateral definitivo había quedado en el punto 5 f de la agenda y el Gobierno consideraba que se debía discutir el asunto al llegar a ese punto (entrevistas 3, 4, 5, julio 2022). Sin embargo, cambió de opinión por la visita que planeaba el papa para septiembre del 2017. El entonces presidente Santos decidió que, dado que se le había pedido acompañamiento en el proceso de negociación con el ELN al Vaticano, era importante tener algo que mostrarle en su visita. Ese algo era un cese al fuego bilateral con el ELN (entrevistas 2, 3, 4, 5 y 6 julio 2022).

Por ende, a comienzos de julio del 2017, el presidente ordenó a dos personas que fueran a negociar un cese al fuego bilateral con el ELN, con la condición de que le respondían directamente a él y no al resto del equipo negociador (entrevista 3, julio 2022). Llegaron a Quito, la sede de negociaciones en ese momento, y se sentaron con dos personas del ELN, quienes también afirmaron que tenían la orden de llegar a un cese al fuego bilateral con el Gobierno (entrevista 3, julio 2022).

Tres factores contribuyeron a que se firmara el cese al fuego bilateral el 4 de septiembre. El primero fue la voluntad entre los negociadores ya que tenían "la misma orden" (entrevista 3, julio 2022). El segundo fue el hecho de que, al negociar de manera aislada de la mesa principal, los problemas y falta de confianza en esa mesa no afectaron el diálogo sobre el cese al fuego. Finalmente, el apoyo de un grupo pequeño de militares que habían participado en el proceso de paz con las FARC del lado del Gobierno ayudó a avanzar en algunas discusiones técnicas (entrevista 3, julio 2022). Además, dadas las restricciones de tiempo entre el comienzo de la negociación sobre el cese al fuego bilateral y la visita del papa, un poco más de dos meses después, no se buscó llegar a un acuerdo robusto, sino simplemente tener los mínimos necesarios para que se diera el cese al fuego (entrevistas 3, 6, julio 2022). Fue necesaria cierta ambigüedad para lograr el cese al fuego, pero dejó mucho margen a la interpretación de las partes sobre qué constituía una violación del mismo. Esto, a su vez, hizo aún más importante que existiera un mecanismo de monitoreo y verificación que permitiera a las partes discutir posibles violaciones e incluyera a unos terceros que pudieran verificar supuestas violaciones y ayudar a superar impases y diferencias.

A raíz de los protocolos firmados para el cese, y aprovechando el establecimiento de la misión especial de las Naciones Unidas para monitorear y verificar el cese al fuego bilateral definitivo con las FARC que aún operaba en Colombia, se creó el Mecanismo de Veeduría y Verificación (MV&V) para el cese al fuego con el ELN (entrevista 4, julio 2022). Este mecanismo contaba con la participación del Gobierno de Colombia, el ELN, la Misión de Verificación de la ONU en Colombia y la Conferencia Episcopal Colombiana (Misión de Verificación ONU 2017).

El cese al fuego bilateral, de hecho, tenía numerosos objetivos enumerados por las partes. Según la guerrilla, buscaba mejorar "el desarrollo de los diálogos" (ELN 2018b: 5). El ELN también pensaba que el cese permitiría empezar con el punto de participación de la sociedad, ya que buscarla en medio del conflicto era supremamente difícil (entrevistas 1, 5, julio 2022; ELN 2017a, 2018: 6). Igual, en su evaluación del cese al fuego, resaltó su importancia "para construir confianza mutua en la mesa" (ELN 2018b: 20).

Para el Gobierno, el cese al fuego estaba enmarcado en el punto 5 f de la agenda que se refería a acciones humanitarias y un cese al fuego definitivo. La idea entonces de este cese al fuego de 101 días era propiciar las condiciones para realizar ciertas acciones humanitarias, incluido un proyecto piloto de desminado, en el marco de ese punto de la agenda (entrevista 6, julio 2022). Además, como se dijo anteriormente, el objetivo principal era mostrarle al papa algún logro en las negociaciones cuando visitara al país (entrevistas 2, 3, 5 y 6, julio 2022). Asimismo, para un miembro del equipo negociador gubernamental, la meta era construir confianza entre la mesa y la sociedad colombiana en general (entrevista 2, julio 2022). Sin embargo, en su informe de evaluación de lo pactado, el Gobierno afirmó que el diseño del cese al fuego "tuvo como característica primordial la generación de confianza entre las partes" (Gobierno de Colombia 2018a: 2).

A pesar de sus variados objetivos, el cese al fuego bilateral dio la oportunidad de generar confianza mediante su implementación y verificación. Al obligar a las partes a cooperar, evitar acciones militares que afectaran a la contraparte (aunque fueron pocas en general por la dinámica del conflicto entre Fuerzas Armadas y ELN en aquel momento) y crear un mecanismo de superación de disputas (el MV&V), el acuerdo sobre cese al fuego generó espacios para que pudiera aumentar la confianza entre las delegaciones del Gobierno y del ELN. Es más, el equipo gubernamental señaló que uno de los objetivos del MV&V fue la construcción de confianza (Gobierno de Colombia 2018a: 2).

Los diversos objetivos de este cese al fuego dificultan su categorización según la literatura anteriormente expuesta. Por un lado, el cese al fuego incluyó explícitamente estipulaciones nombradas "cese de hostilidades", como el compromiso del ELN de no secuestrar a civiles. Por otro lado, permitió al ELN mostrar a su contraparte y al público colombiano que tenía cohesión interna y una línea de mando efectiva. En todo caso, este cese al fuego cabe mejor en la categoría de "cese al fuego preliminar". Contó con un acuerdo formal y escrito, y con un mecanismo de verificación. También tenía la meta de dinamizar las negociaciones. Para el Gobierno, permitía avanzar hacia otras medidas humanitarias (entrevista 6, julio 2022) y, para el ELN, permitía empezar a adelantar la participación de la sociedad, el primer punto de la agenda de negociación (entrevista 1, julio 2022).

4. *La implementación del cese al fuego bilateral y la falta de generación de confianza*

El cese al fuego bilateral empezó el 1 de octubre del 2017 y terminó el 9 de enero del 2018. En varios sentidos, se podía ver como exitoso en su meta de reducir la violencia entre las partes (entrevistas 7, 8, julio 2022). El Gobierno colombiano, por ejemplo, destacó que durante el cese al fuego no se presentaron acciones violentas del ELN contra las fuerzas de seguridad estatales ni enfrentamientos armados entre las dos partes y que "se evitaron afectaciones al medio ambiente y a la infraestructura estratégica del país" (Gobierno de Colombia 2018a: 2). Es importante señalar que en el conflicto entre el Estado y el ELN los enfrentamientos armados eran poco comunes (entrevista 7, julio 2022). Los ataques por parte del ELN a la infraestructura energética, como oleoductos petroleros, sí eran frecuentes. La guerrilla, por su lado, resaltó que "redujimos acciones armadas, rebajamos la intensidad misma del conflicto [...]. En ese sentido, hay evidencia de un cumplimiento relativo" (ELN 2018b: 5).

Las posibles violaciones en terreno parecían ser pocas en estricto sentido. Al comienzo del cese al fuego, el ELN asesinó a un líder indígena en el Chocó, pero lo admitió y pidió perdón públicamente (Jiménez 2017: 11; entrevista 4, julio 2022; ELN 2018b: 52). También había secuestrado a su hermano en días anteriores (Jiménez 2017: 11). No obstante, hubo numerosas acciones que eran más "grises", como se verá más adelante.

Durante y al finalizar el cese al fuego bilateral, la confianza entre las partes no mejoró. Es más, se podría argumentar que era baja antes, tuvo una leve tendencia a la mejora, se mantuvo baja durante el cese al fuego y siguió igual al final y en los meses después empeoró. Esto se explica por cuatro razones principales. En primer lugar, el lenguaje ambiguo llevó a interpretaciones amplias y divergentes entre las partes de lo que constituía una violación del cese al fuego. En segundo lugar, en algunos asuntos el ELN hizo interpretaciones que iban más allá de lo pactado, llegando así a conclusiones de incumplimiento por parte del Gobierno, las cuales minaron la posibilidad de construir confianza. En tercer lugar, más allá de las violaciones en sí, el ELN concluyó que el Estado usó el cese al fuego para fortalecer sus posiciones frente a la guerrilla. Finalmente, el MV&V no logró resolver la mayoría de las disputas sobre posibles violaciones, lo cual minó la confianza de las partes entre sí.

El lenguaje ambiguo

El lenguaje del cese al fuego fue intencional y necesariamente ambiguo para lograr su firma. Como dijo uno de los delegados del Gobierno en la submesa que negociaba el cese al fuego: "Pensamos en qué era lo mínimo necesario para lograr un cese que pudiera funcionar" (entrevista 3, julio 2022). Sin embargo, algunas frases que quedaron plasmadas en los protocolos dieron pie a reclamos por parte del ELN, por lo que su implementación empezó con disputas que afectaron la construcción de confianza.

En el Protocolo de Reglas y Compromisos para el Cese al Fuego Bilateral, Temporal y de Carácter Nacional, por ejemplo, las dos partes se comprometieron a "no afectar los derechos y libertades de la población civil" (Gobierno de Colombia y Ejército de Liberación Nacional (ELN) 2017),. Al mismo tiempo, la cobertura del cese al fuego fue en todo el territorio nacional. Por estas dos frases, el ELN presentó un grupo de hechos que el Gobierno no consideraba que eran violaciones del cese al fuego en sí. Uno de estos hechos fue la masacre de siete civiles cometida por la Policía en Tumaco (Nariño), en el suroccidente de Colombia, el 5 de octubre del 2017, pocos días después del comienzo del cese al fuego. En su evaluación, el ELN mencionó ese hecho como una acción "de la contraparte que nos plante[ó] preguntas respecto a la voluntad del Gobierno no sólo por evitar incidentes armados sino por aclarar las infracciones de derechos humanos y derecho humanitario ya cometidas" (ELN 2018b: 21). Asimismo, presentó dos homicidios que supuestamente fueron cometidos por fuerzas de seguridad estatales: uno de una periodista indígena en el departamento del Cauca (ELN 2017c) y otro de un poblador en Arauca, en la frontera con Venezuela. El ELN criticó al Gobierno por no aceptar una discusión sobre el segundo caso en el MV&V, llamando su actitud "absurda" (ELN 2018b: 53). Concluyó que el Gobierno redujo lo acordado al simple cese de hostilidades entre las partes y que buscaba imponer "interpretaciones unilaterales y la renegociación" del cese al fuego (ELN 2018b: 53).

Otro tema difícil en términos de lenguaje que generó disputas entre las partes era la idea de acciones "defensivas" que el ELN sí podía tomar durante el cese. Por ejemplo, el ELN secuestró a un mototaxista y lo liberó a los pocos días. Aunque el grupo se había comprometido a no secuestrar a civiles, argumentó que el secuestrado estaba haciendo operaciones de inteligencia para el Gobierno y por ende su retención fue legítima y defensiva –algo que los protocolos, según ellos, permitían–. Lo mismo hizo el ELN en el Sur de Bolívar con una persona, quien supuestamente admitió que estaba haciendo labores de inteligencia. Sostuvo que ambas acciones no eran violaciones por ser de carácter defensivo (ELN 2018b: 22).

Interpretaciones divergentes

A raíz del lenguaje ambiguo, se dieron interpretaciones del acuerdo que iban más allá de lo pactado, principalmente por parte de la guerrilla. Por ejemplo, el Gobierno quedó con el compromiso, clasificado como humanitario, de reforzar el sistema de alertas tempranas (SAT) de la Defensoría del Pueblo "para que la protección a los líderes sociales se fortalezca en todo lo concerniente al aviso de amenazas, su trámite, investigación y difusión pública de los resultados" (Gobierno de Colombia 2018a: 5)[2]. Anunció el 1 de diciembre la publicación de un decreto para ese fin, y el 18 de diciembre del 2018 lo promulgó (Gobierno de Colombia 2018b: 5). Luego afirmó que el "sistema mejoró, no solo en fuerza y relevancia, sino en agilidad" (Gobierno de Colombia 2018a: 5). Sin embargo, el ELN señaló que ese decreto había sido aprobado en cumplimiento del acuerdo de paz con las FARC y no mencionaba las negociaciones de paz en curso ni el cese al fuego bilateral. Más aún, planteó que el Gobierno no había cumplido con su compromiso, pues "la campaña de genocidio continuó", ya que se dieron unos 40 casos de asesinatos de líderes sociales durante el cese al fuego (ELN 2018b: 41). Aunque el acuerdo se refirió al fortalecimiento del SAT (Gobierno de Colombia 2017), el ELN sostuvo que la persistencia de los asesinatos a líderes sociales significaba que no se había cumplido. Esto, sin embargo, no hizo parte de lo pactado.

Esta interpretación se puede explicar a raíz de algunas ideas de cómo el ELN se entiende a sí mismo, su visión ideológica y su énfasis regional. Esta guerrilla se concibe como la protectora de la población local en contra de un Estado narco-paramilitar, respaldado por Estados Unidos, que lleva a cabo una guerra sucia contra las comunidades con el fin de imponer proyectos económicos neoliberales que benefician a corporaciones multinacionales (International Crisis Group 2018). En efecto, tiene una estrategia no escrita de "resistencia armada" contra ese Estado y el proyecto neoliberal. Frente a ello, su visión ideológica del asesinato de líderes sociales hace que afirme que el Estado está detrás de esta violencia. Finalmente, la horizontalidad jerárquica que define la forma de operar del ELN, con un énfasis regional y local en lo político, hace que dé aún más importancia a este asunto por afectar las regiones donde opera. Por lo tanto, buscó que algo referente al tema fuera incluido en el cese al fuego bilateral. El ELN creyó que su papel era el de defender a los líderes sociales, independientemente del lenguaje del cese (entrevista 7, julio 2022).

---

[2] El SAT de la Defensoría del Pueblo busca "monitorear y advertir sobre las situaciones de riesgo de la población civil por los efectos del conflicto armado interno y promover la acción de prevención humanitaria con el ánimo de proteger y garantizar los derechos fundamentales de las personas". Véase Defensoría del Pueblo, "Sistema de alertas tempranas-SAT": https://defensoria.gov.co/-/el-sistema-de-alertas-tempranas-sat-de-la-defensor%C3%ADa-un-instrumento-de-prevenci%C3%B3n-humanitaria-en-el-conflicto-armado-en-el-pa%C3%ADs.

El Gobierno también quedó con el compromiso de "[velar] en los próximos meses para que se le dé pronta y cumplida aplicación a la ley que recientemente desjudicializó varios tipos de protesta social" (Gobierno de Colombia 2018b: 4). El equipo negociador gubernamental argumentó que cumplió al defender la ley 1820 de 2016 frente a la Corte Constitucional (Gobierno de Colombia 2018a: 4). Si esta acción es válida como cumplimiento del compromiso es irrelevante, pero la interpretación del ELN sí pesa mucho. En primer lugar, la guerrilla se basó en un análisis del cese al fuego bilateral por parte de un segmento de la sociedad civil para argumentar que "durante el CFBTN hubo un recrudecimiento del tratamiento represivo y militar a la protesta social" (ELN 2018: 48). Al mismo tiempo, señaló que el nuevo Código de Policía aprobado en el 2016 permitía una respuesta legal punitiva contra la protesta social. Dicho esto, cesar todo tratamiento coercitivo –legal o ilegal– contra los manifestantes no fue acordado.

El ELN toma ciertas decisiones políticas con base en cómo ciertos segmentos de la sociedad con los cuales la guerrilla siente una afinidad ideológica interpretan la realidad política, así la afinidad no sea recíproca. Adicionalmente, en las negociaciones el ELN consideraba su rol como el de abrir las puertas para que la sociedad civil pudiera participar en diálogos con el Gobierno (International Crisis Group 2018). Entonces, cuando algunas organizaciones con las cuales esta guerrilla sentía afinidad plantearon hacer una "veeduría social", el ELN celebró la iniciativa (Mouly en este libro). Luego, cuando publicaron su análisis del cese al fuego, iban mucho más allá de lo acordado (Organizaciones sociales 2017) y el ELN se sintió justificado para tomar posiciones similares (entrevista 7, julio 2022). Por tanto, estas terminaron sirviendo de respaldo para afirmar que el Gobierno incumplió el cese al fuego bilateral.

La visión del aprovechamiento del cese al fuego

Los militares en la mesa insistieron en incluir en los protocolos del cese al fuego lo siguiente: "La Fuerza Pública continuará con el cumplimiento de la misión constitucional y legal en todo el territorio nacional" (entrevistas 4, 8, julio 2022). En opinión de un exnegociador gubernamental, este lenguaje fue innecesario y "un saludo a la bandera", aunque para otro fue fundamental (entrevistas 4, 2, julio 2022). El ELN, por su parte, interpretó esta frase del protocolo como la justificación para que las Fuerzas Armadas colombianas coparan territorios de la guerrilla (ELN 2017b). El ELN terminó argumentando que las fuerzas de seguridad estatales aprovecharon el cese al fuego bilateral para ocupar y operar en su territorio (International Crisis Group 2018: 22). Además, lo hizo desde muy temprano en su implementación. El 5 de octubre del 2017, el Frente de Guerra Occidental en Chocó publicó un comunicado detallando varios movimientos militares por los cuales sostenía que el Ejército estaba "aprovechando el CFBT para sacar ventaja militar" (ELN 2017e). La delegación del ELN repitió la misma acusación a comienzos de noviembre. Desde Arauca, el Frente de Guerra Oriental afirmó justo después del fin del cese al fuego bilateral: "El Ejército estatal sitió y tendió prácticamente un cerco a los nuestros, aprovechando de manera perversa el cese... en particular en Arauca los operativos fueron masivos" (ELN 2018a).

Es importante señalar que, aun cuando estas acusaciones no fueron hechas por la delegación del ELN en sí, provinieron de los Frentes de Guerra Occidental y Oriental, que son conocidos por sus posiciones radicales y de resistencia frente a las negociaciones de paz. El Frente de Guerra Occidental incluso afirmó públicamente que había votado en contra de los diálogos en el V Congreso a finales del 2014 (Valencia 2017). Adicionalmente, ambos frentes son las unidades más activas militarmente. En aquel momento, el Frente de Guerra Occidental del ELN (2017d) se enfrentaba con las Autodefensas Gaitanistas de Colombia (AGC), que, para la guerrilla, eran un grupo paramilitar vinculado al Estado, el cual también aprovechó el cese al fuego para reforzar sus posiciones en Chocó. También cabe considerar que, según uno de los mejores conocedores de esta guerrilla y exmiembro de ella, "El ELN está atrapado por sectores radicales como el Frente de Guerra Oriental y Occidental" (Velandia 2022: 33). Los mandos de estas estructuras tienen el suficiente poder de influir fuertemente en las decisiones frente a las negociaciones de paz (Velandia 2022: 33), especialmente alias Pablito, miembro del Comando Central (COCE) y quien lideraba el Frente de Guerra Oriental en ese momento (Aponte y Larratt-Smith en este libro). Por ello, la acusación formulada por estos dos frentes de que el Estado violó el cese al fuego y no se podía confiar en él llevaba un peso importante en el seno de la organización guerrillera, que su comisión negociadora no podía ignorar. Tanto fue así que, en su evaluación del cese al fuego, el ELN catalogó la continuidad de operaciones militares como "perfidia" (ELN 2018b: 29).

Curiosamente, una operación militar llevada a cabo en el Chocó se volvió un tema complejo para el ELN y su Frente de Guerra Occidental. En octubre de 2017, la Armada llevó a cabo una operación en Juradó (Chocó) para interceptar un cargamento de cocaína, según su versión de los hechos. El ELN, no obstante, sostuvo que la operación iba dirigida a un campamento suyo. Para el Gobierno, este planteamiento del ELN era inesperado porque equivalía a admitir que el grupo insurgente tenía vínculos con el tráfico de cocaína (entrevista 4, julio 2022). El ELN luego negó que fuera así y sostuvo que el reporte en el MV&V había sido tergiversado (ELN 2018b: 54). La disputa sobre la operación nunca fue resuelta.

El MV&V

Los problemas y desacuerdos presentados anteriormente por las interpretaciones del Gobierno y el ELN acerca del cese al fuego bilateral y las posibles violaciones tenían el MV&V como espacio de resolución. Sin embargo, en el MV&V no se lograron resolver varias controversias y el mecanismo no pudo evitar que la confianza resultara tan dañada como terminó. Las dificultades para resolver controversias en el MV&V fueron tales que a mediados de diciembre de 2017 el ELN abandonó el mecanismo, argumentando que lo hacía en "protesta por el colapso en que se encontraba este organismo tetrapartito (ONU, iglesia, Gobierno, ELN) a causa de las posiciones intransigentes que mantenían los delegados de Santos" (entrevista 7, julio 2022). Esto llevó a que el MV&V estuviera inactivo durante los últimos días del cese al fuego (entrevistas 3, 4, 7, julio 2022).

Esta falta de confianza ocurrió a pesar de los logros del MV&V. Por su trabajo, por ejemplo, se evitaron por lo menos cuatro enfrentamientos armados entre las partes (entrevista 8, julio 2022). Al mismo tiempo, en el MV&V se resaltó que durante el cese al fuego hubo muy pocas violaciones de los protocolos y compromisos vinculados con las hostilidades y ninguna de ellas fue grave (entrevistas 4, 8, julio 2022).

La incapacidad del MV&V para construir confianza entre las partes se debió, parcialmente, a que no abordó la mayoría de los casos de posibles violaciones. El Gobierno reportó que después de dos meses del cese al fuego, el MV&V había recibido 35 casos por verificar, de los cuales había evaluado y calificado cinco, y solo había evaluado otros dos. Agregó que en noviembre de 2017 no había abordado ningún caso "debido a la persistencia de las diferencias de interpretación en algunos aspectos del Protocolo de Reglas y Compromisos entre las partes en la instancia nacional del MVV" (Gobierno de Colombia 2018a: 2). Asimismo, el ELN afirmó en diciembre del 2017 que el MV&V solo había evaluado y calificado cinco de 40 casos reportados. Pocos días antes de que el ELN se retirara del MV&V, uno de los representantes del Gobierno fue reemplazado por otro quien encontró que se había acumulado una cantidad de reportes de posibles violaciones sin abordarse (entrevista 4, julio 2022). Un participante en el MV&V señaló que hubo 48 posibles incidentes en total, pero muchos de ellos no fueron evaluados (entrevista 8, julio 2022).

Existen diferentes posibles explicaciones de por qué no se evaluaron la mayoría de los casos. Un participante señaló que la mayoría de los casos no evaluados trataban de compromisos humanitarios con un lenguaje ambiguo, por lo cual era difícil realizar una evaluación (entrevista 8, julio 2022). Esto concuerda, hasta cierto punto, con la perspectiva de otro participante, quien dijo que el MV&V solo pudo abordar los casos más obvios, no los más complejos (entrevista 4, julio 2022). Otro obstáculo, señalado por ambas partes, fue la actitud de los militares en el MV&V (entrevistas 4, 8, julio 2022; International Crisis Group 2018: 22). Estos se opusieron a revisar varios incidentes vinculados con operaciones de las Fuerzas Armadas, lo cual hizo que el ELN concluyera que el Gobierno jugaba el papel de "juez y parte" (International Crisis Group 2018: 22; entrevista 4, julio 2022). Es probable que estos militares actuaban bajo presión de las Fuerzas Armadas, ya que habían sido tildados de "traidores" por sus colegas militares (entrevista 8, julio 2022). Además, es posible que el MV&V no pudo resolver disputas entre el Gobierno y el ELN por las interpretaciones tan diferentes de cada parte sobre los compromisos plasmados en los protocolos del cese al fuego.

No obstante las razones, la incapacidad del mecanismo para abordar todos los casos sometidos a su consideración incidió de forma significativa en la falta de construcción de confianza entre las partes. También es importante tener en cuenta que los delegados del ELN en el MV&V, después de retirarse del mecanismo, mantuvieron una buena actitud frente a la Misión de Verificación de la ONU, lo cual indica que la confianza dañada en este espacio fue entre la guerrilla y el Gobierno y no implicó a terceros (entrevista 8, julio 2022).

5. *El intento de un nuevo cese al fuego bilateral*

De forma interesante, las posiciones de cada parte frente a un cese al fuego bilateral se invirtieron con el tiempo: el ELN, quien originalmente promovía un cese al fuego bilateral, al final no quiso prolongarlo, mientras que el Gobierno, quien inicialmente se oponía, terminó pidiendo su extensión (entrevista 1, julio 2022). El cese al fuego bilateral acabó el 9 de enero, como era planeado. El ELN empezó, de inmediato, una serie de atentados en Arauca. El 27 de enero de 2018 puso una bomba en una estación de Policía en la ciudad de Barranquilla, matando a seis oficiales e hiriendo a más de 40. Frente a estos hechos, el entonces presidente Santos suspendió inmediatamente las negociaciones (International Crisis Group 2018).

Estos atentados aumentaron la falta de confianza entre las partes y minaron la confianza de los ciudadanos en la mesa de negociación (entrevistas 2, 7, julio 2022). Estas consecuencias figuran entre los riesgos asociados a la violencia después de los ceses bilaterales señalados por Clayton et al. (2021). La suspensión de la mesa duró hasta comienzos de abril, aunque hubo contactos informales entretanto. Santos decidió reabrirla después de que el ELN declaró un cese al fuego unilateral para las elecciones legislativas en marzo de 2018, como gesto de buena voluntad (entrevista 7, julio 2022). Las partes se reunieron en la mesa para hacer su evaluación del cese al fuego bilateral, con la confianza golpeada por sus interpretaciones radicalmente diferentes de lo acontecido.

A pesar de lo anterior, las partes intentaron diseñar un nuevo cese al fuego bilateral con la idea de que tenían que dejar el proceso con algo que aumentara el costo que tendría el siguiente Gobierno si quisiera acabar con la mesa al llegar al poder (entrevistas 3, 6, julio 2022). Aunque avanzaron, no lograron dejar los nuevos protocolos listos y, según uno de los negociadores del Gobierno, aún faltaba ponerse de acuerdo en temas importantes, como de monitoreo y verificación (entrevista 3, julio 2022). Otras versiones señalan que los militares en la mesa no quisieron avanzar en el tema después de que Iván Duque, un crítico abierto del proceso con el ELN, quedó electo como presidente de Colombia (entrevista 1, 6, julio 2022). De todas formas, el Gobierno encabezado por el presidente Santos intentó hasta el último momento lograr el nuevo cese bilateral, pidiendo a un grupo pequeño de negociadores que se quedaran en La Habana hasta la noche del 6 de agosto de 2018 (un día antes de la transferencia de poder) para intentarlo (entrevista 3, julio 2022). Sin embargo, algunas fuentes indicaron que el gobierno entrante de Duque, antes de posesionarse, contactó al ELN para decirles que no firmaran un cese al fuego con Santos (entrevistas 3, 6, julio 2022).

6. *Conclusiones*

El cese al fuego bilateral de 101 días entre el Gobierno de Colombia y el ELN tenía elementos de una cesación de hostilidades y un cese al fuego preliminar. Buscaba poner fin a las hostilidades en general y señalar cohesión y voluntad de paz. A su vez, contaba con un mecanismo de monitoreo y verificación y buscaba dinamizar el proceso de paz. Al mismo tiempo, aunque no fue su objetivo central, buscaba mejorar la baja confianza entre las partes. En este sentido, el cese al fuego bilateral se entiende mejor como un cese al fuego preliminar que también servía como medida de construcción de confianza.

Sin embargo, esa confianza no se logró. Esto ocurrió por diferentes razones. La primera fue el lenguaje ambiguo de los mismos protocolos, lo cual fue necesario para lograr "los mínimos" para tener un cese al fuego a la llegada del papa en septiembre del 2017. Esta ambigüedad fue fundamental dado el poco tiempo del que las partes disponían para alcanzar dicho acuerdo. Su voluntad y el hecho de que la negociación del cese estaba aislada de la mesa principal de negociaciones también contribuyeron a la consecución de este, pero luego esta ambigüedad fue una debilidad al momento de su implementación por las interpretaciones diferentes de las partes, lo cual es un riesgo señalado en la literatura.

La segunda razón tenía que ver con las interpretaciones "estiradas" de los protocolos. Aunque la implementación del cese tuvo muchos aspectos positivos, el ELN no lo percibió tanto así. Adoptó posiciones que iban más allá de lo estrictamente pactado en varios sentidos. Consideró el asesinato de líderes sociales, incluso cuando el Estado no era responsable, como una violación del cese al fuego, por lo que la persistencia del fenómeno contribuyó a su balance negativo del cese al fuego. No solamente se basó en su propio análisis para hacer estas interpretaciones, sino utilizó los argumentos de un sector de la sociedad civil con el que se sentía afín (así ese sector no se sintiera igual) para justificar su lectura.

La tercera razón fue la creencia del ELN de que el Estado aprovechó las circunstancias para mejorar su posición militar frente a la guerrilla y copar territorios donde operaba. Dicho esto, algunas acciones fueron confusas, como la del Chocó donde la Armada buscaba detener un cargamento de cocaína y luego el ELN dijo que la operación estaba dirigida contra un campamento suyo. El hecho de que los Frentes de Guerra Oriental y Occidental (poderosos dentro del ELN y generalmente opuestos a las negociaciones de paz) sostuvieron este argumento terminó en una acusación de "perfidia". No está claro si este fue el objetivo de los militares, lo cual podría ser el caso según la literatura, pero la percepción del ELN fue que sí.

La cuarta razón fue la incapacidad del MV&V (por diferentes razones) de abordar todos los casos de supuesta violación sometidos a su consideración. En este espacio era posible resolver las diferencias que surgieron por los tres motivos previamente señalados. Actitudes divergentes y, al parecer, irreconciliables llevaron a que el ELN se retirara del MV&V pocos días antes de la terminación del cese al fuego. Aunque los mecanismos de verificación suelen evitar que se dañe la confianza entre las partes según la literatura, su creación en sí no es una garantía de la construcción de confianza.

Las negociaciones terminaron en agosto de 2018 sin un nuevo cese al fuego bilateral. Durante los cuatro años del gobierno del presidente Duque, la mesa estuvo suspendida. Pero la llegada al poder de Gustavo Petro ha generado esperanzas y ánimos de que la paz con el ELN es posible. La voluntad del Gobierno por sí sola no es suficiente para asegurar un feliz término a las negociaciones de paz con el ELN y el camino no es fácil. Para lograrlo, es importante la construcción de confianza entre las partes, por lo que esperamos que se aprenda de esta experiencia con el fin de tener mejores resultados a futuro.

Anexo 1: Algunos elementos y compromisos del cese al fuego bilateral

El cese al fuego acordado incluía ocho protocolos:

1. Protocolo de Reglas y Compromisos para el Cese al Fuego Bilateral, Temporal y de Carácter Nacional (CFBTN).
2. Protocolo del Mandato del Mecanismo de Veeduría y Verificación (MV&V), para el CFBTN.
3. Protocolo sobre Rol Específico de la Mesa Pública de Conversaciones en el CFBTN.
4. Protocolo del Rol de la Iglesia Católica en el Mecanismo de Veeduría y Verificación Técnica durante el CFBTN.
5. Protocolo de Seguridad y Protección para los Integrantes del MV&V durante el CFBTN.
6. Protocolo sobre tratamiento de situaciones que afecten la seguridad de los lugares de presencia del ELN.
7. Protocolo sobre Comunicaciones del MV&V.
8. Protocolo de Pedagogía del Acuerdo de CFBTN.

Las partes más específicamente firmaron en el Protocolo de Reglas y Compromisos, lo siguiente:

El Gobierno Nacional y el ELN se comprometen a:

1. No realizar acciones ofensivas entre las estructuras del ELN y la Fuerza Pública.
2. No entrar en contacto armado entre las unidades de la Fuerza Pública y las estructuras del ELN.
3. No obstaculizar las labores de coordinación, supervisión y control, y el desplazamiento de los integrantes del MV&V, en particular en sus instancias locales.
4. No ejecutar actos de violencia, especialmente aquellos por razón de género.
5. No omitir información por los canales establecidos para evitar incidentes y garantizar la eficiencia técnica en las labores que los veedores locales adelanten en los sectores acordados.

6. No obstaculizar misiones médicas y humanitarias y la atención de enfermos graves y heridos.
7. No afectar los derechos y libertades de la población civil.

El Gobierno Nacional se compromete a:

1. No comprometer la seguridad y la integridad física de los integrantes del ELN que hagan parte del MV&V.
2. No restringir el flujo normal de víveres y medicamentos destinados a las estructuras del ELN.
3. No obstaculizar el desplazamiento de los integrantes del ELN que hacen parte del MV&V en cumplimiento de las actividades propias del MV&V.

El ELN se compromete a:

1. No permanecer armados o uniformados en centros poblados, ni interferir en los procesos electorales.
2. No transitar con unidades armadas o uniformadas por vías primarias y secundarias.
3. No obstaculizar los movimientos y demás acciones al MV&V.

Al mismo tiempo, el cese incluía "compromisos humanitarios" que ambos lados se comprometieron a cumplir durante "la vigencia del cese bilateral".

El Gobierno se comprometió a lo siguiente: "Se fortalecerá el llamado sistema de alertas tempranas para que la protección a los líderes sociales se fortalezca[. . .]; adelantará un programa de carácter humanitario entre la población carcelaria de militantes del ELN" (Gobierno de Colombia 2018a). Además, consignó: "El Gobierno velará en los próximos meses para que se le dé pronta y cumplida aplicación a la ley que recientemente desjudicializó varios tipos de protesta social" (Gobierno de Colombia 2018a).

El ELN, por su parte, adoptó los compromisos

de suspender cualquier secuestro contra ciudadanos nacionales o extranjeros; Suspender todo atentado contra la infraestructura del país, incluido naturalmente los oleoductos; – Suspensión de enrolamiento de menores con edades inferiores a las mínimas autorizadas por el Derecho Internacional Humanitario; – Abstención de instalar artefactos antipersonales que de cualquier manera puedan poner en peligro la integridad de la población civil (Gobierno de Colombia 2018a).

Referencias

Clayton, Govinda, Laurie Nathan y Claudia Wiehler. 2021. "Ceasefire Success: A Conceptual Framework". *International Peacekeeping* 28 (3): 341–365.

Clayton, Govinda, Simon J. A. Mason, Valerie Sticher y Claudia Wiehler. 2019. "Ceasefires in Intra-state Peace Processes". *CSS Analyses in Security Policy* (252): 1–4.

Clayton, Govinda y Valerie Sticher. 2021. "The Logic of Ceasefires in Civil War". En *International Studies Quarterly* 65 (3): 633–646.

Ejército de Liberación Nacional (ELN). 2017a. Comunicado "Un pobre balance del primer mes del cese bilateral", 7 de noviembre. Disponible en: https://cedema.org/digital_items/7798 (última consulta: 19 de julio de 2022).

Ejército de Liberación Nacional (ELN). 2017b. "Bell, ¿Es una campana de alerta?", 25 de diciembre. Disponible en: https://cedema.org/digital_items/7845. (Última consulta: 26 de julio de 2022).

Ejército de Liberación Nacional (ELN). 2017c. Comunicado "Bienvenida la veeduría de las comunidades", 11 de octubre. Disponible en: https://cedema.org/digital_items/7774 (última consulta: 19 de julio de 2022).

Ejército de Liberación Nacional (ELN). 2017d. Comunicado del Frente de Guerra Occidental Omar Gómez "Pronunciamiento guerrillero desde el Chocó", 17 de noviembre. Disponible en: https://cedema.org/digital_items/7810 (última consulta: 19 de julio de 2022).

Ejército de Liberación Nacional. 2017e. Comunicado de la Dirección del Frente de Guerra Occidental Omar Gómez "En el Chocó, cese al fuego en peligro", 5 de octubre. Disponible en: https://cedema.org/digital_items/7768 (última consulta: 19 de julio de 2022).

Ejército de Liberación Nacional (ELN). 2018a. Comunicado del Frente de Guerra Oriental "Accionar del Frente Oriental el 10 de enero", 22 de enero. Disponible en: https://cedema.org/digital_items/7873 (última consulta: 26 de julio de 2022).

Ejército de Liberación Nacional (ELN). 2018b. Comunicado "Evaluación del cese al fuego bilateral, temporal y nacional (CFBTN)", 8 de febrero. Disponible en: https://rebelion.org/docs/238730.pdf (última consulta: 26 de julio de 2022).

Gobierno de Colombia. 2017. "Decreto número 2124 de 2017", 18 de diciembre. Disponible en: https://www.funcionpublica.gov.co/eva/gestornormativo/norma.php?i=161367#:~:text=OBJETO.,infracciones%20al%20Derecho%20Internacional%20Humanitario.(última consulta: 19 de julio de 2022).

Gobierno de Colombia. 2018a. "Cese al fuego bilateral, temporal, nacional (CFBTN): informe de evaluación", 3 de abril.

Gobierno de Colombia. 2018b. "Decreto 753 de 2018". Disponible en: https://www.funcionpublica.gov.co/eva/gestornormativo/norma_pdf.php?i=86284 (última consulta: 28 de julio de 2022).

Gobierno de Colombia y Ejército de Liberación Nacional (ELN). 2017. "Protocolo de Reglas y Compromisos para el Cese al Fuego Bilateral, Temporal y de Carácter Nacional". (última consulta: 19 de julio de 2022).

Herbert, Siân. 2014. "Lessons from confidence building measures". En *GSDRC Helpdesk Research Report* 1121: 1–10.

International Crisis Group. 2018. "La paz que falta: el nuevo gobierno de Colombia y la última de sus guerrillas". Disponible en: https://icg-prod.s3.amazonaws.com/068-the-missing-peace-spanish.pdf (última consulta: 28 de julio de 2022).

Jiménez, Juan Carlos. 2017. "Un complejo balance: el ELN en 2017". *Ideas Verdes: Análisis Político* (3). Disponible en: https://co.boell.org/sites/default/files/20180214_ideasverdes_no3_completo_para_web.pdf (última consulta: 22 de julio de 2022).

Johnson, Kyle. 2016. "ELN: tan cerca y tan lejos de la paz". En *Razón Pública*. https://razonpublica.com/eln-tan-cerca-y-tan-lejos-de-la-paz/ (última consulta: 27 de julio de 2022).

Misión de verificación de la ONU en Colombia. 2017. "Presentación del mecanismo de veeduría y verificación al cese al fuego bilateral, temporal y nacional (CFBTN) entre el Gobierno de Colombia y el Ejército de Liberación Nacional (ELN)", 17 de octubre. Disponible en: https://colombia.unmissions.org/presentaci%C3%B3n-del-mecanismo-de-veedur%C3%ADa-y-verificaci%C3%B3n-al-cese-al-fuego-bilateral-temporal-y-nacional (última consulta: 27 de julio de 2022).

Mason, Simon J. A. y Matthias Siegfried. 2013. "Confidence Building Measures (CBMs) in Peace Processes". *Managing Peace Processes: Process related questions. A handbook for AU practitioners* 1. African Union and the Centre for Humanitarian Dialogue: 57–77.

Organizaciones sociales, de derechos humanos, étnicas, campesinas y populares. 2017. "Qué cese el fuego contra la población civil: 1er informe de situación de derechos humanos 50 días de cese al fuego bilateral y temporal de carácter nacional Gobierno y Ejército de Liberación Nacional ELN". https://www.colectivodeabogados.org/wp-content/uploads/2017/12/cese_informe.pdf (última consulta: 26 de julio de 2022).

Szalkowicz, Gerardo. 2015. Antonio García, líder del ELN: "Ojalá fuera mañana el momento de firmar la paz". *Kaosenlared*, 19 de enero. Disponible en: https://kaosenlared.net/antonio-garcia-lider-del-eln-ojala-fueramanana-el-momento-de-firmar-la-paz/.

Valencia, León. 28 de enero del 2017. "Era un adolescente ahora es el comandante del ELN", *Semana*. https://www.semana.com/opinion/articulo/leon-valencia-sobre-comandante-fabian-del-eln/513576/ (última consulta: 19 de julio de 2022).

Velandia, Carlos. 2022. *El ELN desde mi ventana: Una contribución a la memoria y a la verdad del conflicto armado*. Bogotá: ABC Paz.

7 La caja negra de la paz con el ELN. ¿Por qué fracasaron los diálogos de Quito-La Habana?

ANDRÉS F. APONTE Y CHARLES LARRATT-SMITH

Desmovilizadas las Fuerzas Armadas Revolucionarias de Colombia (FARC), el Ejército de Liberación Nacional (ELN) quedó como el último de los mohicanos en el longevo conflicto armado colombiano. Su reacomodamiento y expansión territorial en zonas de antiguo dominio de las FARC y en Venezuela, sus interacciones armadas con otros actores, el impacto humanitario y las dificultades que arrojan estas disputas para la implementación del acuerdo final de paz de 2016 resaltan la necesidad de reabrir las negociaciones de paz para dar por terminada la guerra con los grupos insurgentes.

Más allá de estos elementos, las pasadas experiencias de negociación revelan la escasez de apuestas concretas y acordes al formato organizacional del ELN. Un dato diciente del desconocimiento sobre su naturaleza es que el Estado colombiano entabló cinco fallidos esfuerzos hasta la fecha de escribir, siendo el último el de la administración de Juan Manuel Santos (2012–2019)[1]. Si bien en esta ocasión se avanzó como nunca antes, la llegada al poder de Iván Duque (2018–2022) y la instalación inconsulta de un artefacto explosivo por parte del Frente de Guerra Oriental (FGO) en la Escuela de Cadetes de la Policía en Bogotá (2019) llevaron a su abrupto fin.

Diversos sectores sociales, organizaciones de base, y analistas y promotores de una salida negociada, antes de interrogarse por los elementos necesarios

---

[1] Podemos señalar los diálogos Caracas-Tlaxcala (1992), los diálogos de Maguncia durante el gobierno de Ernesto Samper (1994–1998), los diálogos durante la administración de Andrés Pastrana (1998–2002), las conversaciones durante el gobierno de Álvaro Uribe (2002–2008) y, finalmente, los diálogos de Quito-La Habana durante la presidencia de Juan Manuel Santos (2012–2019).

para un diálogo exitoso, tienden a señalar que la imposibilidad de hacer la paz con el ELN radica en la falta de voluntad política del Estado y las élites colombianas. En contraparte, sectores políticos, diversas administraciones y algunos medios de prensa señalan que la negociación no es posible por una ausencia de unidad y voluntad del grupo guerrillero. La ruptura de los diálogos Quito-La Habana (2012–2019) y su aparente incapacidad para negociar nos conducen al eterno interrogante: ¿Por qué es tan difícil negociar con el ELN?

Este capítulo contribuye a la literatura existente que apunta a esta pregunta, pero también intenta descifrar un enigma más concreto: ¿Por qué fracasaron los diálogos de Quito-La Habana? Ahora bien, abordar este interrogante y poner la lupa sobre el ELN no exime la responsabilidad del Estado y de los diversos gobiernos que no han logrado negociar exitosamente con esta guerrilla[2]. En efecto, en nuestro análisis de la evolución ontológica de las condiciones políticas y materiales examinamos esta dimensión. No obstante, ponemos nuestra lupa en el ELN porque cuestionamos la narrativa de amplios sectores sociales y algunos hacedores de opinión según la cual la imposibilidad de negociar con esta guerrilla se debe exclusivamente al Estado, bien sea por falta de interés o incapacidad, mientras que ciertos aspectos del grupo que se encuentra del otro lado del tablero han sido poco analizados. De ahí la pertinencia del foco propuesto.

Nuestra propuesta para resolver este rompecabezas es la introducción del concepto de saboteadores (*spoilers* en inglés) que parte de señalar el rol y agencia que tienen ciertos grupos y líderes para socavar, limitar o cuestionar tanto los procesos de paz como la implementación de lo pactado para darle fin a un conflicto violento. Para esto proponemos un análisis estructural y temporal, que pone el foco en dos dimensiones que crearon las condiciones para que unos saboteadores torpedearan los más recientes diálogos: (i) la estructura organizacional del ELN y (ii) la evolución ontológica de las condiciones políticas y materiales durante estos años. Tal como lo señalamos arriba, nuestro análisis se centra en el ELN, sin desconocer que existen saboteadores también del lado gubernamental y más allá de las partes en conflicto.

Nuestros hallazgos se sustentan en una metodología mixta, que trianguló y combinó la realización de entrevistas a pobladores, líderes, investigadores

---

[2] Los principales problemas del Estado, en particular del gobierno de Santos, han sido el desconocimiento de la naturaleza organizacional del ELN, sus reivindicaciones y trayectoria militar. Además, las dinámicas propias de las últimas negociaciones de paz muestran los desbarajustes que puede haber en una de las partes. En los diálogos de Quito-La Habana hubo una alta rotación de los miembros del equipo negociador del Gobierno y poco apoyo técnico.

locales y miembros de organismos de cooperación internacional en zonas con presencia del ELN, con un análisis de los comunicados de la organización guerrillera, una revisión de prensa nacional y local, y un análisis estadístico de los datos relevantes de las tendencias y lógicas violentas en los territorios donde esta guerrilla tiene presencia[3].

El capítulo se compone de cinco secciones. En la primera, elaboramos un marco teórico para explicar cómo operan los saboteadores en tiempos de conflicto y paz. En la segunda revisamos cómo la estructura organizacional del ELN facilita su acción y complica las negociaciones con sus adversarios, partiendo de las premisas de los trabajos que abordan las organizaciones políticas federales. En la tercera parte, analizamos la evolución ontológica de los diálogos de Quito-La Habana, poniendo el foco en los efectos de la desmovilización de las FARC, el debilitamiento del régimen de Nicolás Maduro en Venezuela, y el distanciamiento ideológico que acompañó la transición de la administración Santos a Duque. En la cuarta, describimos el liderazgo variado y el accionar bélico de cuatro frentes de guerra regionales, el FGO, el Frente de Guerra Nororiental (FGNO), el Frente de Guerra Occidental (FGOC) y el Frente de Guerra Suroccidental (FGSO), en el transcurso de los diálogos y después de su colapso[4]. Finalmente, cerramos este capítulo con una serie de conclusiones y recomendaciones en materia de política pública.

1. *La teoría: el juego del federalismo y la emergencia de los saboteadores*

Los estudios de los sistemas federales y los trabajos sobre negociaciones de paz dan pistas sobre la emergencia y la capacidad de acción que tienen los saboteadores en ciertos entornos organizativos. Caracterizar a los saboteadores y sus posibilidades de actuar resultan de gran utilidad para mostrar cuál es la interpretación que tenemos acerca del formato organizacional del ELN, y cómo esta impronta da rienda suelta a los saboteadores en su interior, en lo que denominamos un "federalismo asimétrico". Estas dos piezas componen

---

[3] Estas entrevistas hacen parte del archivo personal de los investigadores. Otras se realizaron en distintos trabajos de campo entre octubre de 2021 y julio 2022 en áreas de Arauca, Chocó, el Catatumbo, Cauca y Bogotá.

[4] El FGO tiene presencia en Arauca, Boyacá, Casanare, el sur de Norte de Santander y en los estados venezolanos de Apure y Táchira. El FGNO tiene presencia en el Catatumbo y el área metropolitana de Cúcuta (Norte de Santander), el medio y sur de Cesar, y en los estados venezolanos de Zulia y Táchira. El FGOC tiene presencia en el Chocó, el occidente de Antioquia, Risaralda y en el municipio de Buenaventura (Valle del Cauca). El FGSO tiene presencia en Cauca y Nariño.

el rompecabezas y articulan el lente comprensivo del capítulo para abrir y dilucidar la caja negra de la paz con el ELN.

En todo sistema político, la formulación de una política pública ocurre en escenarios donde diversos actores compiten tanto para imponer sus visiones como para impedir el ascenso de aquellas que las cuestionan (Hammond y Miller 1987). Por eso, como señala Immergut (1990: 396), "las decisiones políticas requieren diversos puntos de acuerdo que al final componen una cadena de decisiones hechas en distintos escenarios". Por ello, la supervivencia o muerte de una política está dada por "el número y lugar del veto a lo largo de ella", pues ciertos puntos de vetos institucionales crean las condiciones para que ciertos actores o grupos torpedeen el ascenso de una política que les es desfavorable (Immergut 1990: 396). En esto puede tener mucho juego el denominado "distanciamiento ideológico", porque la posibilidad de obstrucción aumenta cuando la separación en sus posiciones es tan pronunciada que impide un acuerdo común (Ha 2008).

El tipo de actores con poder de veto y sus posibilidades varían de escenario a escenario, y depende de la constelación de partidos existentes y del sistema político (Tsebelis 1995). Un sistema federal ofrece ciertos "beneficios" para que se acomoden una amplia variedad de actores sociales y regionales, a la vez que reduce las demandas secesionistas. Sin embargo, puede agravar las desigualdades subnacionales y darle emergencia a más jugadores con capacidad de veto, haciendo más difícil cualquier cambio en comparación con Estados unitarios (Riker 1964; Amoretti y Bermeo 2004).

Así como una política económica, social o cultural requiere de consensos y se enfrenta a vetos, suele suceder lo mismo con una negociación e implementación de un acuerdo de paz, pues las acciones que contienen están sometidas a ejercicios de deliberación a pesar del imperativo moral del cual están revestidas (Cunningham 2006). A estos actores con capacidad de veto, en contextos transicionales, se los denomina como saboteadores (*spoilers*). Los saboteadores son esos líderes y/o grupos que, incluso en situaciones en que las partes que firman un acuerdo han dado señales de compromiso con lo pactado, tratan de sabotear y/o desarticular la coalición pro paz por medios que llegan a incluir la violencia, pues desafía o erosiona su poder, visión de mundo e intereses (Stedman 1997; Nilsson y Söderberg Kovacs 2011).

Hay dos tipos de saboteadores. Aquellos que están directamente involucrados en las negociaciones (internos) y los ajenos a ellas (externos) (Elman, Haklai y Spruyt 2014). Entre estos dos, los grados de oposición y motivos varían notablemente. Hay saboteadores "blandos", saboteadores "codiciosos" y saboteadores "totales". Los blandos tienen preferencias que son susceptibles de ser negociadas. Los codiciosos tienen demandas que fluctúan en función de los costos y beneficios, haciendo que la negociación con ellos se dé a partir de las ventanas de oportunidad que va abriendo la paz. Los totales actúan bajo una lógica de suma cero, de todo o nada y de abierta oposición (Stedman 1997). La capacidad que tenga la alianza pro paz de negociar y establecer un consenso más o menos fuerte explica las oportunidades y capacidades (que suelen ser más amplias en las democracias) que tiene cada tipo de saboteador (Greenhill y Major 2007; Zartman 2000).

Aterrizando al caso colombiano, cabe señalar el papel pionero a nivel mundial que tiene el país en el desarrollo y puesta en marcha de procesos transicionales. Esto se materializa en una larga experiencia y un acumulado institucional en materia de negociaciones (Karl 2018). No obstante, Colombia muestra una atipicidad: si bien es una de las democracias más antiguas de América Latina, esta ha estado marcada por importantes ciclos de guerra y paz acompañados por saboteadores que han frenado la resolución pacífica de las tensiones (Nasi 2006). Quizás los casos que mejor ilustran esta dinámica son los diversos esfuerzos realizados para poner fin a la guerra con los grupos insurgentes, pues distintos actores económicos e institucionales del nivel nacional y regional han aprovechado, con varios grados de éxitos, los diferentes puntos de veto para posicionarse como opositores (Planta y Goerzig 2011)[5]. Esta condición se ha visto agravada por la amplia gama de actores armados, los distanciamientos ideológicos entre los gobernantes y los limitados períodos presidenciales que restringen los horizontes temporales para la paz y crean puntos de vetos (Cunningham 2006).

Un elemento que agrava lo señalado es que el Estado colombiano no siempre logra sustituir los órdenes armados erosionados, lo que abre ventanas de oportunidad para que otros grupos activos o disidencias ocupen los espacios. Respecto a este último punto, cabe tener presente que toda negociación de paz es una prueba de fuego que mide la cohesión interna de un grupo armado, y en el caso colombiano la fragmentación organizacional (con facciones que se niegan a desmovilizarse) ha sido una constante (Daly 2016; García 1996).

2. El federalismo asimétrico del ELN

La literatura sobre saboteadores en negociaciones contribuye a abrir la caja negra de la paz con el ELN. Si bien numerosos estudios destacan las variaciones

---

[5] Estos actores incluyen a miembros activos o retirados de las fuerzas de seguridad estatales, expresidentes, partidos políticos, élites rurales, grupos empresariales y líderes de opinión.

internas en los grupos armados, son escasos los trabajos que remarcan cómo los rasgos organizacionales de un grupo beligerante inciden en la aparición de saboteadores en las negociaciones (Kydd y Walter 2002; Watanabe 2018). La tendencia a considerar todo grupo armado como un actor unitario cuyos integrantes comparten los mismos intereses y posturas estratégicas es una limitante, porque omite que toda estructura organizacional es un armazón que aglutina diversas posiciones que se expresan en coyunturas críticas relacionadas con la paz y la guerra (CICR 2018). No en vano, en el caso colombiano, actores bastantes estructurados y centralizados como las Fuerzas Armadas o las FARC experimentaron divisiones internas en tiempos de paz (Dufort 2017; Pécaut 2008).

Estas divisiones se hacen más profundas en un grupo con un sistema organizacional como el del ELN, que se caracteriza por un federalismo asimétrico, pues sus instancias nacionales enfrentan limitaciones para coordinar y cohesionar a sus estructuras territoriales. Estas variaciones se dan porque cada frente está marcado por condiciones sociohistóricas particulares, lo que hace que esté más vinculado con sus realidades territoriales que con las directrices nacionales (Brock 2008; Mcgarry 2007).

Rastrear el proceso del giro del ELN hacia un federalismo asimétrico es crucial para entender, desde los años ochenta, su trayectoria organizacional. El rastreo de procesos (*process tracing* en inglés) resulta útil para examinar procesos causales como los conflictos armados y las trayectorias de los actores que los protagonizan, ya que nos permite señalar que el federalismo asimétrico del ELN no deriva de una política "constitucional" ni de una condición particular, sino que es más resultado de un diseño organizacional, que tuvo como efecto no premeditado un desequilibrio de poder entre sus unidades subnacionales por una centralización inconclusa. En otras palabras, la impronta federada es resultado de las transformaciones realizadas bajo la dirección de Manuel Pérez (alias "El Cura") y Nicolás Rodríguez Bautista (alias "Gabino") en los años ochenta, quienes plantearon un mando colegiado para evitar la concentración del poder en una sola persona después del traumático liderazgo de Fabio Vásquez Castaño (1964–1973) (Peñate 1998; CICR 2018). Bajo esta apuesta recompusieron el proyecto a través de una estrategia de adhesión y cooptación de emprendimientos armados inconexos entre sí, que se desarrollaron de forma endógena y con sus propios acumulados (Aponte y González 2021). Esto dio origen a una dependencia en la trayectoria en la cual cada estructura organizativa ha reproducido el esquema directivo que posee la organización nacional, pero ha gozado de niveles de autonomía relativa por la forma de articulación y constitución territorial (Aguilera 2006).

Cuando hablamos de instancias nacionales, hacemos referencia a las de liderazgo y coordinación: el Comando Central (COCE) y la Dirección Nacional. El COCE es la más alta y está conformado por los cinco máximos líderes de la guerrilla, quienes son escogidos por la Dirección Nacional. Dentro de sus tareas está la conducción global y permanente de la organización y funciona como un cuerpo ejecutivo. Si bien obtiene su legitimidad y mandato de la Dirección Nacional, no la representa. Está sujeto a ella y puede ser cuestionado en cualquier momento por los miembros de la misma (Hernández 2006).

La Dirección Nacional es la máxima instancia de participación de las diversas estructuras que componen al ELN. Está compuesta por 15 miembros, casi todos anónimos, quienes debaten y deliberan las políticas y las estrategias que definen las líneas de acción internas y externas. En tal sentido, es en ella donde reposa el poder real de la organización y es la arena donde se reflejan tanto los acumulados de poder como los debates y fricciones entre las distintas visiones e intereses de los diversos frentes de guerra (entrevista con exmiembro de la Dirección Nacional y del COCE del ELN, Bogotá, 16 de junio 2022).

Los frentes de guerra son el principal armazón político-militar. Cada uno aglutina y representa un conjunto de diversas estructuras (compañías, columnas y comisiones) que tienen presencia en una región determinada (Echandía 2015). Desde la reestructuración organizacional de los años ochenta, cada estructura urbana y rural ha pertenecido a un determinado frente de guerra que refleja las preferencias y formas de concebir el mundo y la revolución de acuerdo a una realidad territorial particular, que se expresa en un ejercicio de democracia directa (de abajo hacia arriba) en la elección del tipo y perfil de sus líderes (Harnecker 1988a, 1988b; Gruber y Pospisil 2015).

Tanto los representantes de la Dirección Nacional como los comandantes de los frentes y todas las estructuras que los componen eligen a sus líderes, ejemplificando un ejercicio democrático "puro y duro": las bases son las que designan a los comandantes territoriales y estos a su vez a los nacionales, repercutiendo en que los comandantes de los frentes y los miembros de la Dirección Nacional respondan más al sentir de la base guerrillera que a la organización nacional. Así, los diversos lineamientos nacionales, como los congresos, se desarrollan de acuerdo con las visiones de cada comandante regional. Un punto que ahonda esta situación es que las políticas nacionales son resultado de un consenso construido al calor deliberativo, y por eso son susceptibles de ser cuestionadas al fragor de la lucha armada o en coyunturas críticas como las negociaciones de paz. Esos cuestionamientos abren ventanas de oportunidad a los saboteadores, en especial a los sectores "perdedores" o quienes no quedan incluidos dentro del consenso mayoritario (entrevista con exmiembro de la Dirección Nacional y del COCE del ELN, Bogotá, 16 de junio 2022).

De tal forma, el sistema federado y la idea democrática habilitan y justifican la discrecionalidad, el freno y oposición a las políticas provenientes de las instancias nacionales, porque los comandantes territoriales que se apartan de ellas sientan su posición al percibirse tanto excluidos como no tenidos en cuenta en las mayorías ganadoras (entrevista con ex delegada gubernamental, Bogotá, 19 de agosto 2022).

Quizás la estructura que mejor expresa esta capacidad de veto y discrecionalidad es el FGO. Este frente surgió luego de los reveses militares de los años setenta y, en parte, gracias a él la organización nacional sobrevivió por la rápida y profunda consolidación del Frente Domingo Laín (FDL) en el piedemonte araucano (Cubides 2005)[6]. A lo largo de los años ochenta configuró un anclaje social profundo, cooptando las organizaciones campesinas, y desde estas se insertó en las redes políticas, accediendo a las regalías de la industria petrolera araucana (Carroll 2011).

Con el desarrollo de un "clientelismo armado" la organización nacional se integró en torno a este liderazgo catapultando su proceso de expansión territorial nacional (Peñate 1998). Esta dinámica no significó que el FDL tuviera mayor poder ni representación en las instancias nacionales de liderazgo, hecho que explica la profundización del federalismo asimétrico del ELN y por qué distintas estructuras subrepresentadas adoptan posturas discrecionales o de veto, de acuerdo a las coyunturas y los temas. El FDL (y luego el FGO) ha desarrollado de forma sistemática acciones armadas inconsultas. Se vinculó con las redes y vida política del Sarare a pesar de la política abstencionista nacional; se ha separado de los lineamientos de cohesión y centralización; se ha opuesto abiertamente a diversos intentos de negociación, y ha sido tal su animadversión hacia la Dirección Nacional y el COCE que sus líderes desconocieron a uno de sus fundadores, alias Daniel, cuando fue designado miembro de la Dirección Nacional (Velandia 2020: 4; Aponte y Vargas 2011; *Semana* 1993). Se ha señalado que se llegó a tales niveles de fricción que el Laín, el grupo "más importante, más rico y de mayor peso político" amenazó con escindirse y el entonces máximo jefe de la guerrilla, Manuel Pérez, propuso su renuncia por su férrea oposición a someterse a las

---

[6] El FDL fue el mayor protagonista dentro del FGNO hasta la creación del FGO en 1996, una unidad regional orientada por Laín que incluía todos los frentes guerrilleros en Arauca, Boyacá, Casanare y el sur de Norte de Santander (Echandía 2013, 2015).

directrices nacionales (*Semana* 1993; entrevista con exmiembro de la Dirección Nacional y del COCE del ELN, Bogotá, 16 de junio 2022).

A pesar de que se tiende a señalar que el relevo de Gabino, una vez muerto Manuel Pérez (1998), generó mayor cohesión interna, esto no alteró el federalismo asimétrico (El Tiempo 1998). De hecho, se profundizó con los retrocesos territoriales de inicios del milenio, cuando la mayoría de frentes de guerra se replegaron hacia las periferias de sus áreas de influencia por la expansión paramilitar y el accionar de las Fuerzas Armadas (Aponte y González 2021). En este contexto se impulsaron unos nuevos intentos de diálogos con el gobierno de Álvaro Uribe Vélez (2002–2010), quedando, nuevamente, retratadas las divisiones internas en torno a la paz y la incapacidad del COCE de unificar las diversas voluntades (*El Tiempo* 2008). Esta división persistió para la siguiente década y se acentuó porque el FGO se consolidó como el hegemón de la organización al ser el único frente de guerra que no retrocedió territorialmente y sobre él la organización sustentó las recientes batallas regionales en tiempos del posacuerdo (Echandía 2015).

En resumidas cuentas, la asimetría federal del ELN refleja tanto los problemas de acción colectiva que padece el grupo, así como el veto y la distorsión a la que son sometidas las directrices militares, tácticas, ideológicas y estratégicas, que se construyen bajo intensos debates. En este juego tiene un gran peso la manera de articulación de los frentes al proyecto nacional, los cuales han limitado a las instancias nacionales de coordinación y homogenización. Así el COCE y la Dirección Nacional no pueden mitigar los problemas que se derivan de la deliberación y el centralismo democrático, pues las estructuras que componen al proyecto nacional imponen puntos de veto y se elevan como saboteadores, pues su poder y legitimidad derivan de la base.

3. *La evolución ontológica de los diálogos Quito-La Habana*

Los diálogos de Quito-La Habana estuvieron precedidos por una atmósfera favorable. El nuevo discurso de la administración Santos (2010–2018), que reconoció la existencia de un conflicto armado y del status político de los grupos insurgentes, propició un proceso de paz con las FARC (2012–2016) y aireó al interior del ELN la necesidad de volver a dialogar para insertarse en el juego democrático. Su quinto congreso (2015) estableció un consenso interno sobre la necesidad de negociar la paz. Sin embargo, este careció de solidez, pues la deliberación entre los sectores pro paz y los guerreristas fue honda y álgida (ELN 2015). Tras varias rondas confidenciales y exploratorias, se dio inicio a unas negociaciones formales de 2017 a 2019.

Para el gobierno Santos, los diálogos representaban la posibilidad de conseguir la paz completa y para el ELN no dejar pasar la oportunidad y oxigenarse políticamente. Los acercamientos se dieron en medio de la confrontación armada, con un ELN expandiéndose en las antiguas zonas de dominio de las FARC y profundizando su presencia en territorio venezolano (Mouly y Hernández 2020; Guerra 2020). Así, la mayor parte del proceso de paz transcurrió en medio de la guerra: de un lado, el Gobierno buscando asestar golpes para limar a los sectores más duros, por el otro, el ELN respondiendo con ataques en centros urbanos y atentados a la infraestructura, dejando en evidencia que las dos partes buscaban lograr en el terreno militar lo que no lograban en lo político (Aponte y González 2021).

Los diálogos estuvieron atravesados por dificultades y limitaciones de lado y lado. El segundo gobierno de Juan Manuel Santos enfrentaba un desgaste natural, la oposición política había ganado terreno (en particular, el triunfo del "No" en el plebiscito de 2016), el proceso con las FARC era más relevante y prioritario, y, como corolario, quedó patentado cierto desconocimiento de la naturaleza y reivindicaciones del ELN y los esquemas de negociación no fueron los más adecuados (Guarín, Celis y Velandia 2018). En la otra orilla, el consenso en torno a la paz fue frágil: quienes abogaban por ella ganaron el debate por un estrecho margen y el FGOC utilizó los diálogos para posicionarse al interior de la organización con el secuestro de Odín Sánchez (entrevista con ex delegada gubernamental, Bogotá, 19 de agosto 2022).

En Quito se desarrollaron cuatro ciclos y un cese al fuego bilateral (octubre 2017–enero 2018). Luego del traslado a La Habana (2018), se dio la construcción de unos protocolos para un nuevo cese al fuego bilateral y se avanzó en el diseño de la participación de la sociedad (Ramírez 2018; Guerra 2020). El cese al fuego bilateral no tuvo como finalidad construir confianza entre las dos partes, sino promocionar la paz al interior del ELN, calmar las aguas entre quienes se oponían y robustecer el mandato por la paz aprobado en 2015 (entrevista con delegado gubernamental, Bogotá, 22 de julio 2022).

Los avances se fueron diluyendo por problemas internos de la mesa, por el ambiente político nacional y un nuevo ciclo violento (Aponte y González 2021). Por ejemplo, en este periodo el ELN expandió su presencia sobre zonas de antiguo dominio de las FARC y en territorio venezolano. Si bien su inserción en Venezuela data de los años ochenta, su presencia se consolidó en este siglo con la actitud permisiva del régimen chavista y la política contrainsurgente del gobierno de Álvaro Uribe Vélez, que obligó a las guerrillas colombianas a buscar refugio en espacios fronterizos con Ecuador, Panamá, y Venezuela (Aponte, Larratt-Smith y Trejos 2021). El fallecimiento de Hugo Chávez (2013) y el gobierno de Nicolás Maduro marcaron un punto de inflexión. La crisis económica y humanitaria en Venezuela (2014), así como el parcial retiro del Estado venezolano, enmarcaron una erosión en la gobernabilidad del vecino país (cf. gráfica 7.1). Esto erigió al ELN como un ente regulador a lo largo de la frontera y por la cuenca del Orinoco hasta el oriente venezolano (Kurmanaev 2021; Insight Crime 2022).

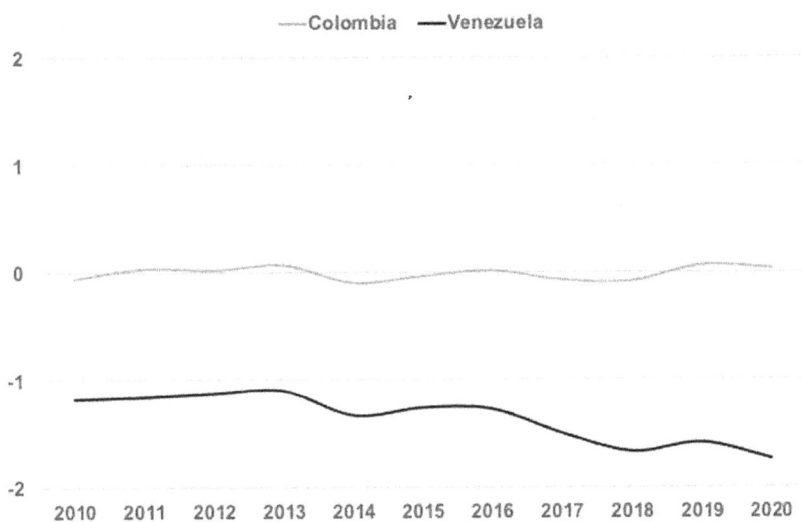

Gráfica 7.1. Efectividad del Gobierno (2010–2020)[7]. Fuente: elaborada con base en Coppedge et al. (2021)

Así durante las negociaciones de paz, en el espacio binacional el ELN gobernaba y ordenaba con el objeto de asegurar que no surgieran amenazas armadas al proyecto bolivariano y evitar que se insertaran otros grupos armados colombianos (Kurmanaev 2020). De esta manera extrajo amplios recursos y consolidó un nuevo bastión, a través del FGO, en el estado de Apure donde se presume están sus líderes más prominentes, Eliécer Herlinto Chamorro Acosta (alias Antonio García) y Gustavo Aníbal Giraldo Quinchia (alias Pablito), quienes encabezan el proceso expansivo en suelo colombiano, con la promoción de una nueva generación de mandos medios binacionales (Aponte, Larratt-Smith y Trejos 2021).

[7] Este indicador combina en un solo grupo las respuestas sobre la calidad de la prestación de servicios públicos, la burocracia, la competencia de los funcionarios públicos, la independencia de la función pública de las presiones políticas y la credibilidad del compromiso del Gobierno con las políticas. El enfoque principal de este índice está en los insumos necesarios para que el Gobierno pueda producir e implementar buenas políticas y entregar bienes públicos (Coppedge et al. 2021).

La estocada final a los diálogos fue la llegada al poder de Iván Duque. Su gobierno representó un fuerte distanciamiento ideológico con el gobierno anterior en temas de seguridad y paz, como se aprecia en la gráfica 7.2. Aunque ambos habían sido acólitos de Uribe antes de ser elegidos presidentes, el primero estableció una mayor autonomía, al desarrollar sus propias propuestas para acabar con el conflicto armado. En cambio, Duque pretendió gobernar bajo el sello y visión de su mentor político, plasmando esta postura en la implementación del acuerdo de paz con las FARC y los diálogos con el ELN: desconoció la existencia del conflicto armado y el carácter insurgente del ELN, y estableció unos condicionamientos para no darle continuidad al proceso, según un comunicado (ELN 2018b). Dentro de las condiciones estaba la liberación de todos los secuestrados y claudicar esta práctica como forma de consecución de recursos, darle fin al reclutamiento de personas menores de edad, el cese de todo tipo de acciones armadas criminales, y la expulsión de Venezuela como país garante (ELN 2018a).

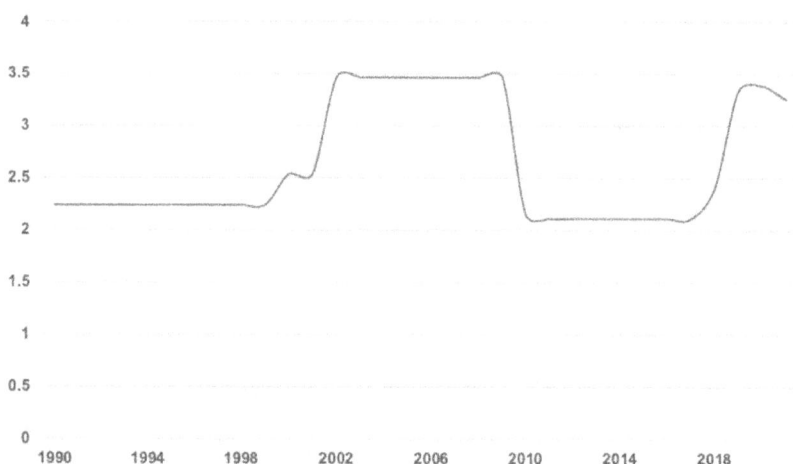

Gráfica 7.2. Compromiso ideológico del Gobierno colombiano (1990–2021)[8]. Fuente: elaborada con base en Coppedge et al. (2021)

---

[8] Este indicador mide "hasta qué punto el Gobierno actual promueve una ideología específica o un modelo social (un conjunto de creencias codificadas oficialmente que se utilizan para justificar un conjunto particular de relaciones sociales, políticas y económicas, por ejemplo, el socialismo, el nacionalismo, el tradicionalismo religioso, etc.) para justificar el régimen vigente? Respuestas: 0: En absoluto. 1: En pequeña medida. 2: Hasta cierto punto, pero no es el componente más importante. 3: En gran medida, pero no exclusivamente. 4: Casi exclusivamente" (Coppedge et al. 2021).

Luego de varios meses de estancamiento y nuevos operativos militares en todos los territorios de presencia del ELN, la mesa fue dinamitada por una acción inconsulta del FGO que, haciendo uso del *debate en caliente* y su fortalecida posición al interior del ELN, colocó un carro bomba el 17 de enero de 2019 en la Escuela de Cadetes de Policía General Francisco de Paula Santander en Bogotá, un ataque suicida que dejó como saldo 23 personas muertas y casi un centenar de heridos (Aponte y González 2021)[9].

El veto impuesto por el FGO y su capacidad de destruir el consenso en torno a la paz se apoyaron en el curso que fue tomando la implementación del acuerdo de paz con las FARC, en particular desde la victoria del No en el plebiscito (ELN 2015, 2016c, 2016d). Numerosos comunicados emitidos tomaron como sustento las declaraciones del partido de las FARC –por ejemplo, "[d]el lado del Gobierno y el Estado colombiano no hemos recibido las mejores señales de cumplimiento" (Comunes 2018)– y recalcaron la violencia dirigida contra los desmovilizados y líderes sociales (ELN 2016a, 2016b, 2017a, 2017b; véase también gráfica 7.3). Esta violencia llevó a los líderes del ELN a endurecer su postura y, de manera más general, impulsó el rearme de muchos desmovilizados por todo el país (Felbab-Brown 2018; Ramírez 2019)[10].

[9] El término *debate en caliente*, utilizado al interior del grupo, hace referencia a la capacidad y agencia que tienen ciertas estructuras de destruir o sabotear los consensos internos, a través de acciones armadas u otro tipo de hechos, para sentar sus posiciones dentro del debate interno de la organización.

[10] En los 621 días desde el primer asesinato de un líder social durante el posacuerdo entre el 24 de noviembre 2016 y el 7 de agosto 2018 en que Duque tomó posesión de su cargo, hubo 379 asesinatos de líderes sociales en Colombia. En el mismo periodo durante el gobierno de Duque, se registraron 463 asesinatos de líderes sociales –un incremento de 22 % (Hernández, Bonilla y Álvarez 2022).

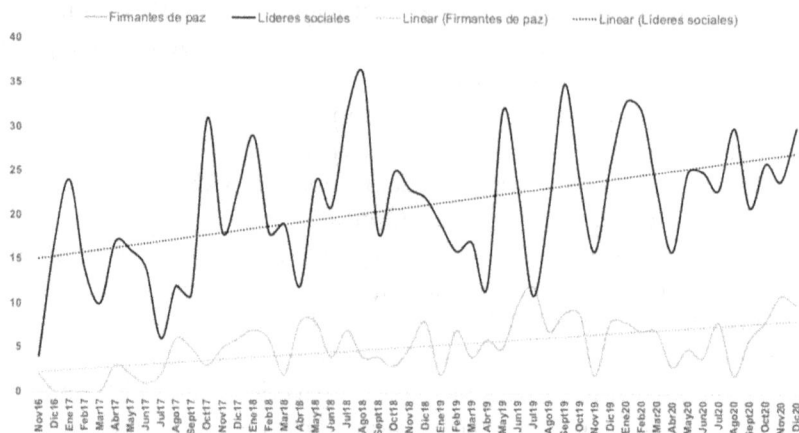

Gráfica 7.3. Firmantes de paz y líderes sociales asesinados (noviembre 2016–diciembre 2020). Fuente: elaborada con base en Corpotepas (2022) y Hernández, Bonilla y Álvarez (2022)

Estas percepciones y justificaciones se ahondaron con la posición de Iván Duque que osciló "entre un discurso fuerte que buscaba la modificación del Acuerdo Final y el cumplimiento a su manera de algunos aspectos del mismo" (Ramírez 2019). Mientras el gobierno de Santos satisfizo el 86 % de los compromisos del acuerdo exigidos para 2017, este cumplimiento se fue reduciendo en los años posteriores: 61 % (2018), 42 % (2019) y 50 % (2020) (Isacson 2021).

4. *La variación socioespacial de los frentes de guerra*

La falta de información, por diversas razones, para conocer la posición interna que tenía cada uno de los integrantes y principales cuadros de los frentes de guerra en los diálogos Quito-La Habana se puede compensar e inferir a partir de las dinámicas y lógicas violentas territoriales de cada estructura antes, durante y después de la mesa (véase gráfica 7.4).

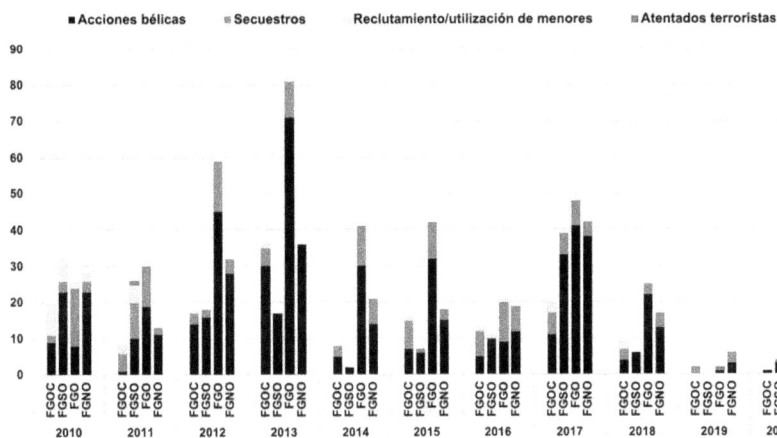

Gráfica 7.4. El accionar de los frentes de guerra (2010–2020). Fuente: elaborada a partir de la base de datos del Centro Nacional de la Memoria Histórica (2022)

El análisis cuantitativo de las tendencias violentas permite medir la postura, el compromiso y el grado de alineamiento de cada frente de guerra respecto a la paz y a los diálogos Quito-La Habana. El impulso, uso o abstención de prácticas armadas que impactaron el "normal" desarrollo de las conversaciones (acciones bélicas, secuestros, reclutamiento y/o utilización de menores de edad y atentados terroristas) son unos buenos indicadores[11]. Estos índices y patrones bélicos que guían nuestro análisis fueron sometidos a un rastreo de procesos detallado de las fuentes relevantes disponibles. Una tendencia y hallazgo fue que el accionar armado e impacto humanitario del ELN resultaron más de sus interacciones con otros grupos beligerantes no estatales a nivel regional que de su lucha contra el Estado. Además, las acciones bélicas desarrolladas en el contexto de las negociaciones de paz tuvieron dos lógicas: demostrar fuerza y ganar ventaja en la mesa (el denominado *modification spoiling* en inglés) y torpedear la propuesta de paz y asegurar una continuación de la guerra (*termination spoiling* en inglés) (Reiter 2016).

En sintonía con lo expuesto a lo largo de este capítulo, los saboteadores no se quedaron de manos cruzadas, siendo el FGO, al igual que en años

---

[11] Dentro de las acciones bélicas contemplamos todo tipo de episodios relacionados con el despliegue de violencia y la confrontación armada entre grupos beligerantes. En este orden se incluyen hechos tales como ametrallamientos, emboscadas, hostigamientos, ataques a instalaciones de las Fuerzas Armadas, bombardeos (ataque aéreo), combate y/o contacto armado, combatiente muerto en circunstancia no determinada, entre otros.

anteriores, quien encabezó el sabotaje tanto al consenso interno como a los diálogos de paz. No en vano, durante los años analizados (2010–2020) lideró el accionar de todos los frentes. La guerra con las extintas FARC en el Sarare (2005–2010) ya había finalizado. Este es un dato diciente y que nos da mayores luces sobre los propósitos y lógicas bajo las cuales el FGO desplegó sus repertorios violentos. Su acción más notoria fue el atentado terrorista contra la escuela de policía que provocó la suspensión definitiva de la mesa en el gobierno de Duque, confirmando así su tendencia histórica de saboteador total.

En este orden de ideas, para comprobar lo señalado, en esta sección comparamos y analizamos las trayectorias militares y violentas de los distintos frentes de guerra bajo tres categorías: los saboteadores totales (FGO), los saboteadores codiciosos (FGOC) y los saboteadores limitados que serían más propensos a la paz (FGNO, FGSO). Si bien excluimos de este análisis a otros frentes por su tendencia minoritaria y su accionar armado limitado, estas cuatro estructuras son las expresiones regionales más grandes e importantes de la organización nacional, pero se distinguen entre sí por sus características particulares y por la autonomía que les da el sistema federal asimétrico[12]. La tabla 7.1 a continuación sintetiza la narrativa construida a partir del tipo de relaciones con otros actores armados, los balances de poder y el tipo de anclaje social de cada frente.

Tabla 7.1. Perfiles de los frentes de guerra

Frente de guerra	Tipo de saboteador	Presencia de las FARC (antes de 2016)	Balance de poder (después de 2016)	Anclaje social
FGO	Total	Minoritaria	Dominante	Profundo
FGNO	Limitado	Hegemónica	Hegemonía compartida	Parcial
FGSO	Limitado	Hegemónica	Desfavorable	Restringido
FGOC	Codicioso	Hegemónica	Desfavorable	Escindido

Fuente: Elaboración propia con base en el relato y entrevistas

Acorde a nuestro marco teórico, mostramos cómo las condiciones regionales y locales influyen en la capacidad de los saboteadores a nivel subnacional y en las oportunidades que tienen para sabotear un proceso de paz. En estas

---

[12] Tales son los casos del Frente Darío Ramírez Castro (FDRC) y el Frente de Guerra Norte (FGN).

posibilidades tienen mucho que ver el carácter político-militar y las tendencias democráticas internas, pues los frentes de guerra tienden a reflejar los clivajes históricos y a responder a las demandas sociales regionales con grados de éxito variados dependiendo de su anclaje social (sus relaciones con la población civil) y la presencia de otros actores rivales en la misma región (el balance del poder regional).

Un leviatán armado: el Frente de Guerra Oriental

Como señalamos atrás, el FDL (y luego el FGO) se forjó al fragor de las luchas colonizadoras y la confrontación de los sarareños con el Estado colombiano en los años setenta y ochenta. Este capital social y político lo catapultó con el petróleo y las redes políticas liberales hasta convertirse en el actor hegemónico (Garay, Salcedo-Albarán y Duarte 2017). Prueba de su fortaleza militar y anclaje social es que fue la única estructura que libró tres guerras (contra el Bloque Vencedores de Arauca de las Autodefensas Unidas de Colombia (AUC), contra el Estado colombiano y contra las FARC) en menos de una década (2002–2010) y de todas salió victoriosa y desde 2010 ha profundizado su presencia en territorio venezolano hasta desarrollar un bastión en Apure (VerdadAbierta.com 2015; Larratt-Smith 2020b).

Estos elementos profundizaron la brecha de poder entre el FGO y las otras estructuras en la primera década del milenio, al punto que Arauca y Apure se erigieron como el nuevo "sur de Bolívar". Sin embargo, la guerra fratricida con las FARC (2005–2010) impactó al anclaje social cultivado en el piedemonte y, como corolario, la mesa de negociaciones. Su accionar armado generó un cierto desgaste entre los pobladores y sus bases (Larratt-Smith 2020a)[13].

En esta trayectoria Pablito tiene un rol importante: reemplazó al comandante capturado Armel Augusto Robles Cermeño (alias El Chino) y acentuó el ala militar del FGO (*El Espectador* 2014). Más que el "Mono Jojoy" o el "Negro Acacio" del ELN, es el "Keyser Söze" del actual ciclo violento, ya que muy poco se sabe de él a pesar de su importancia dentro de la organización nacional. Se integró al FDL cuando se estaba formando en Saravena y ascendió rápidamente por su compromiso ideológico y notoria pericia militar (*El Tiempo* 2015; *Semana* 2019). Según Medina Gallego (2019), tiene un temperamento "recio y no vacila en tomar decisiones inmediatas sobre la vida o la muerte de todo aquel que considere su enemigo", rasgos que han influido en

---

[13] Un buen ejemplo de este sentimiento fue la elección de Yecid Lozano Fernández (2015) como alcalde de Saravena, bastión histórico del FDL, bajo la tolda del Centro Democrático.

el desarrollo y consolidación del FGO en Arauca y en la organización nacional y, a la vez, le han servido para posicionarse como el principal saboteador total (Medina Gallego 2019).

Se comenta que se integró al COCE en el quinto congreso (2015), pero otros señalan que rechazó el nombramiento por sus reservas frente a esta instancia, hasta que por fin en 2021 se hizo oficial su ascenso como tercer comandante, después de Antonio García e Israel Ramírez Pineda (alias Pablo Beltrán) (Insight Crime 2021; VerdadAbierta.com 2015). Más allá del ascenso, es patente que tiene el poder para torpedear o promover la paz por su control sobre la estructura más fuerte del ELN (*El Tiempo* 2015)[14]. Antes y durante de los diálogos de paz el FGO exhibió la mayor iniciativa militar, pues, si bien redujo sus acciones bélicas en 2016, continuó con otras prácticas que impactaron los acercamientos (secuestro y reclutamiento y/o utilización de personas menores de edad), siendo el suceso más representativo el paro armado de 2016 para conmemorar 36 años de fundación del FDL y "que prácticamente paralizó medio país" (*Semana* 2019).

En tres años de conversaciones, Pablito tuvo una posición cautelosa sobre la paz, al tiempo que siguió dando órdenes para desarrollar acciones contra las fuerzas de seguridad estatales (Insight Crime 2021). Si bien el FGO no se apartó de la mesa, puso trabas a su progreso porque, más que negociar, asumió una postura exploratoria. Según una delegada gubernamental en la mesa,

> Ellos no estaban de acuerdo en negociar sino en explorar. Cuando estaba la propuesta de cómo darle forma a la participación de la sociedad, lo que pasaba era que eso tomaría mucho tiempo, porque proponían reformas estructurales que solo se comprobarían en años o décadas. Ellos vinieron a la mesa a mirar posibilidades y no a negociar (entrevista con ex delegada gubernamental, Bogotá, 19 de agosto 2022).

Después de lanzar una ofensiva militar a finales de 2017 (en medio del cese al fuego acordado), el FGO decretó otro paro armado en febrero de 2018. En el transcurso de ese año electoral, realizó 117 atentados contra el oleoducto y secuestró a más de 18 civiles (*Semana* 2019; Felbab-Brown 2018). La llegada de Iván Duque al poder fue una de las últimas estocadas a los diálogos, por el distanciamiento ideológico entre el nuevo Gobierno y el COCE, en particular con Pablito y el FGO. A pesar de que el ELN reconoció

---

[14] Mucha evidencia apunta a la influencia que Pablito mantenía sobre el FGO en estos años. Como el único comandante que siguió practicando la ejecución de sus propios hombres a través de consejos de guerra, Pablito ajustició y ordenó la ejecución de tres comandantes del FDL a mediados de 2020 por corrupción y mal manejo de recursos organizacionales (*El Tiempo* 2015; *Semana* 2020).

el atentado a la Escuela General Santander, la confesión pública de Pablo Beltrán, jefe de la delegación del ELN, mostró la discrecionalidad del atentado y
la brecha que había entre los negociadores y los frentes de guerra en Colombia (*Semana* 2019). El autor material, identificado como José Aldemar Rojas
Rodríguez (alias El Mocho), había sido cabecilla 'explosivista' e instructor del
Frente Adonay Ardila y del FDL (BBC 2019).

Para entender por qué Pablito y el FGO desbarataron los diálogos de
paz, hay que tener en mente varios elementos. Primero, Pablito es producto
tanto del entorno sarareño como del FDL: los dos se formaron al fragor de
las luchas campesinas que enfrentaron tanto los incumplimientos como la
respuesta represiva del Estado, que casi siempre tuvo como prioridad la protección de la industria petrolera –dinámica que se ha sostenido en el piedemonte hasta el presente (Larratt-Smith 2020a). Un habitante expresó esta
desconfianza al interior del ELN y en los pobladores del Sarare, con quienes
el ELN exige dialogar:

> La paz en el Arauca pasa por Pablito. Siempre ha tenido una posición belicista.
> Todo lo que pasó con el fracaso de las negociaciones de las FARC, como en
> el ETCR que se concentraron 500 en Filipinas y el Gobierno le hizo conejo.
> Ese fracaso le da todas las razones y discurso para decirle que el Gobierno no
> cumple. El Gobierno perdió un momento histórico cuando se reunieron orga-
> nizaciones cívico-populares con las de las FARC. Las organizaciones de centro
> oriente estuvieron en ese proceso, se avanzó en una agenda para que la sociedad
> civil organizada participara en ese proceso, pero el Gobierno dijo que esas eran
> las barras bravas y las menospreció (entrevista con investigador local, Saravena,
> 31 de enero 2022).

Segundo, por su trayectoria belicosa y violenta, es poco probable que
Pablito tenga importantes dosis de impunidad en una eventual negociación.
Este obstáculo subjetivo concierne no solo al máximo comandante del FGO,
sino a otros integrantes del frente[15]. Al riesgo que un proceso de justicia
transicional supone, se suma un tercer elemento: no todos están dispuestos a
renunciar al control que ejercen sobre economías lícitas e ilícitas en el espacio
binacional, lo que hace "suponer que una buena parte de sus integrantes no se
desmovilizarían tras unos eventuales acuerdos" (Echandía 2015: 4).

Los elementos resaltados del FGO y las dinámicas territoriales de los
otros frentes de guerra descritas a continuación explican por qué y cómo
las otras estructuras e instancias nacionales "parecen" obligadas a aceptar su

---

[15] Entre varios otros delitos, Pablito está señalado por ser el autor material del asesinato
del obispo de Arauca, monseñor Jesús Emilio Jaramillo Monsalve (1989) (*El Espectador* 2014).

accionar, sin importar las consecuencias tanto para los civiles como para la paz. Su hegemonía territorial antes, durante y después de la desmovilización de las FARC hizo que no se trenzara en conflictos regionales hasta que se desató la guerra con una disidencia de las FARC en 2022 (entrevista con investigador local, Saravena, 31 de enero 2022). Además, la recomposición y fortalecimiento del ELN nacional ha sido posible con los recursos y tropas que Pablito ha mandado a otros frentes de guerra bajo una redistribución federal que beneficia la impronta nacional, pero también refuerza el federalismo asimétrico (*El Tiempo* 2015; *VerdadAbierta.com* 2015; *Semana* 2019; Medina Gallego 2019).

Los saboteadores codiciosos y limitados

Las variaciones temporales y espaciales en los puntos de partida de los frentes de guerra incidieron en su forma de articulación tanto a la organización nacional como en los grados y formas de anclajes sociales desarrollados –hechos que repercutieron en su posicionamiento frente a la mesa de negociación y su postura frente a la paz–. En el caso del FGOC nos encontramos con un saboteador codicioso que vio en este escenario la posibilidad de reacomodarse tanto al interior como al exterior de la organización a través de ciertos repertorios violentos y el secuestro. En contraste, clasificamos al FGNO y al FGSO como saboteadores limitados. En el primer caso, las dinámicas territoriales y su anclaje social parcial en sus zonas de influencia lo alinearon con la paz por el impacto humanitario que generó su confrontación con el Ejército Popular de Liberación (EPL). En el FGSO el mecanismo fue distinto: una intervención directa de la Dirección Nacional, a través de un comandante nacional, ayudó a alinear a esta estructura con los diálogos de paz.

A inicios del milenio todos estos frentes estaban en precarias condiciones militares, económicas y políticas, y en su mayoría replegados en las periferias de sus zonas de influencia por el proceso nacional de expansión paramilitar y las campañas estatales contrainsurgentes (Aponte y Vargas 2011). Este estado incidió concretamente en su trayectoria organizacional y militar, pues los grados de autonomía y discrecionalidad se profundizaron en las dimensiones económicas, políticas y estratégicas. Esta desconexión y mayor autonomía profundizó su vinculación discrecional con la economía cocalera, incidiendo en que cada frente de guerra desarrollara interacciones armadas o alianzas pragmáticas con otros grupos armados. Los acuerdos de repartición territorial con las FARC luego de varias disputas regionales merecen particular atención, ya que el ELN ha protagonizado sus más recientes batallas en estos territorios, como producto de un desbarajuste por la erosión de los órdenes armados establecidos por las FARC y las pretensiones de los otros grupos armados de controlar ciertas economías locales y las poblaciones vinculadas a ellas.

El "arribista" del Pacífico: el Frente de Guerra Occidental

El FGOC se tornó en un saboteador codicioso debido a que su músculo militar y financiero, desarrollado de la mano de la coca, el oro y la madera, no se veía reflejado ni al interior de la organización ni en la mesa de diálogos (Aponte y González 2021). A diferencia de los otros frentes, su escaso enraizamiento social y su belicosidad frente al COCE y la Dirección Nacional explican las dificultades para contener su sabotaje y su accionar militar.

Esta estructura surgió en la segunda mitad de los años ochenta como resultado de intentos de la Dirección Nacional y de otros frentes que buscaron aprovechar las condiciones estratégicas del área. Esta lógica, de esfuerzos dispersos, y el discurso del ELN impidieron una conexión con las demandas de las organizaciones étnico-territoriales y explican el papel secundario y el anclaje social bastante limitado de este frente. Pues, a diferencia de las FARC, que se apalancaron en el trabajo político previo del Partido Comunista Colombiano (PCC), el FGOC no logró ser un factor ni de orden ni de gobernabilidad (García 1996).

Luego de años de estar marginado, el FGOC accedió a una ola de recursos a raíz de los acuerdos de repartición territorial con las FARC (2012–2016), lo que incidió en dos aspectos. Primero, le permitió ampliar su tropa y poder de fuego. Segundo, le dio la oportunidad de copar los espacios que iba dejando la extinta guerrilla. Así se topó con las pretensiones de las Autodefensas Gaitanistas de Colombia (AGC), que venían avanzando del norte del país, y se desató una disputa armada en 2015, un poco antes del inicio de los diálogos de paz. Los dos grupos buscaron controlar territorios en el Baudó, la costa pacífica, el Atrato y San Juan (entrevista con integrante de una organización de cooperación internacional para el sur del Chocó, zonas del San Juan y Baudó, 21 de febrero 2022). Si bien el FGOC parecía ser el grupo dominante durante los primeros años, su forma de relacionamiento con los pobladores y sus repertorios violentos cambiaron la balanza, sobre todo por el alto impacto humanitario de su accionar y su desconocimiento de las autoridades étnico-territoriales y sus jurisdicciones (entrevista con personero de Puerto Meluk, Medio Baudó, 30 de marzo 2022).

Este protagonismo militar regional lo reposicionó al interior y exterior de la organización nacional. Su crecimiento militar y territorial, con graves impactos humanitarios, y su amplia vinculación con la economía cocalera le dieron los acumulados necesarios para pedir mejor y mayor representación. Sus acciones bélicas, el recurso a secuestros con fines políticos y económicos y el recluta-miento sistemático de menores para librar su guerra con las AGC muestran su intención de incidir en las negociaciones (*El País* 2017; Ávila 2017; *El Tiempo* 2018). Sus comandantes Andrés Felipe Vanegas Londoño (alias Uriel), Ogli Ángel Padilla (alias Fabián) y Luis Aníbal García (alias El Viejo) hasta se dieron el lujo de no recibir a Pablo Beltrán e hicieron oídos sordos a los clamores de las organizaciones étnico-territoriales para desescalar la guerra, mitigar el impacto humanitario generado por los enfrentamientos con las AGC y meterse de lleno en el proceso de paz (entrevista con ex delegada gubernamental, Bogotá, 19 de agosto 2022).

¿Una guerrilla criminalizada y proclive a la paz? Los Frentes de Guerra Nororiental y Suroccidental

A diferencia del FGO y el FGOC, los FGNO y FGSO tuvieron una capaci-dad restringida de sabotaje y se posicionaron como saboteadores limitados. Los mecanismos y procesos subsecuentes fueron distintos. Las bases sociales del FGNO fueron las que demandaron que este frente se alineara con la mesa. En cambio, la postura pro paz del FGSO fue producto de una intervención directa de la Dirección Nacional. Esto deja en evidencia cómo las variaciones territoria-les de esta guerrilla y sus distintos niveles de enraizamiento inciden de forma concreta en sus posturas e intereses.

El FGNO emergió a mediados de los años setenta de la matriz funda-cional luego de la debacle de Anorí y el "febrerazo"[16]. Su inserción y conso-lidación se dio a partir de la infiltración de los procesos colonizadores y de antiguos trabajadores petroleros que se asentaron a lo largo y alrededor de la infraestructura petrolera (Vega y Aguilera 1995). Con este trabajo político se convirtió en el actor dominante hasta la llegada de las FARC, quienes, de la mano de la coca, promovieron formas de poblamiento y apuestas organizati-vas en los años ochenta (Aponte 2012).

Después de la desmovilización de las FARC, hubo un breve periodo de pax mafiosa entre el FGNO y el EPL. Sin embargo, se desató un conflicto

---

[16] Este primero fue una operación militar del Ejército de Colombia contra el ELN en 1973 en zona rural de la población de Anorí, Antioquia. Luego de dicha operación se calcula que el grupo perdió a más de la mitad de sus combatientes (180 aproxi-madamente). El segundo se refiere a la desarticulación de la Coordinadora Urbana en la capital del país en febrero de 1977. Fueron capturados, gracias a la inteligencia estatal, la gran mayoría de los cuadros urbanos, lo que terminó por profundizar los impactos de Anorí en la organización armada.

violento en 2018 por la pérdida de vigencia de los acuerdos de repartición territorial que se extendían a la coca y otras economías ilícitas (Ortega 2021). La pretensión de los dos actores de monopolizar el negocio y la imposibilidad de las comandancias de llegar a puntos de entendimiento produjeron enfrentamientos violentos (entrevista con director de fundación de derechos humanos, Tibú, 17 de noviembre 2021). Estos arrojaron intensos combates, desplazamientos, confinamientos y asesinatos selectivos hasta que en 2019 el EPL se retiró derrotado hacia la frontera y el alto Catatumbo (entrevista con funcionaria de la Defensoría del Pueblo, Tibú, 16 de noviembre 2021). Esta victoria parcial se dio gracias al apoyo del FGO (hombres y armas) (Medina 2019) y lo posicionó como el actor dominante, pero la aparición de la disidencia del frente 33 de las FARC hizo visible que su proceso de expansión fue a costa del EPL y no le permitió ejercer control sobre las antiguas zonas de dominio de las FARC, colocándolo en una situación de hegemonía compartida.

A diferencia de otras zonas del país, estas dinámicas territoriales presionaron al FGNO a subirse al bus de la paz y desescalar la confrontación armada. La Comisión por la Vida y luego la instalación de la Mesa Humanitaria y de Construcción de Paz del Catatumbo posibilitaron una serie de acuerdos con los comandantes luego de una reunión con la delegación del ELN (*VerdadAbierta.com* 2018). Estos arreglos hicieron que este frente adoptara una posición pro paz con una representante en la delegación a pesar de la mayor conexión que estaba estableciendo con el FGO con el apoyo recibido en su guerra contra el EPL (entrevista con ex delegada gubernamental, Bogotá, 19 de agosto 2022). Un conocedor de las dinámicas subregionales lo explicó así:

> Algo que da a entender que el FGNO estaba montando en ese bus de la paz fue que hubo un viaje de la Comisión por la Vida y la Paz por el Catatumbo y habló con los negociadores del ELN para que le bajaran la intensidad a la guerra con el EPL. Eso parece que tuvo ciertos efectos. Eso muestra que hubo un contacto directo entre Catatumbo y La Habana (entrevista con investigador y experto en dinámicas subregionales del Catatumbo, Bogotá, 19 de julio 2022).

El FGSO escenifica otra tendencia, al surgir a inicios del ochenta en el macizo caucano, producto del desplazamiento desde el Huila de una comisión que articuló al trabajo previo del Partido Comunista Marxista Leninista (PCML) y la Asociación Nacional de Usuarios Campesinos (ANUC) (Hernández 2006). El trabajo político organizativo le permitió ir creciendo, debido a que gestionó conflictos sociales y construyó un orden que ofertó bienes y servicios (Amaya 2021). No obstante, se mantuvo a la sombra de las FARC, quienes, al igual que en el Catatumbo, profundizaron su influencia y trabajo organizativo de la mano de los cultivos ilícitos.

Con la desmovilización de las FARC, este frente intentó copar áreas clave para el negocio de la coca, controlar los corredores de movilidad y las rutas del narcotráfico. Si bien tuvo vía libre para asentarse, al poco tiempo (2019) se encontró con la resistencia de las disidencias. Tanto en la zona norte como en la parte costanera tuvo que retroceder, dejando en evidencia que no logró implantarse del todo (entrevista con analista del Sistema de Alertas Tempranas de la macrorregión suroccidental, Bogotá, 22 de junio 2022). Su trabajo político –destinado a infiltrar los movimientos indígenas y campesinos, al igual que regular la minería artesanal y criminal, y los cultivos de coca– no fue del todo acogido[17].

En el Suroccidente, a diferencia del Catatumbo o Chocó, fueron la organización nacional y un cuadro que alinearon al FGSO con los diálogos de paz. Quizás el papel más crucial lo desempeñó Jacobo David Acuña (alias Samuelito), quien, antes de su muerte a mediados de 2018, como comandante del FDRC, estuvo en Cauca y le imprimió su sello a la estructura (ELN 2018b). Su formación como insurgente fue de la mano de la línea histórica del Magdalena Medio, caracterizada por ser la más inclinada a buscar una solución negociada (FGUN 2018).

En esta dirección se entiende que en estos años la comandancia del FGSO reconociera errores históricos en su relacionamiento con los pobladores, particularmente con las comunidades indígenas, y se alineara con la comandancia nacional y las apuestas de paz (ELN 2017b; entrevista con delegado gubernamental, Bogotá, 22 de julio de 2022). Esto se vio reflejado con representación en la delegación del ELN y su participación en la mesa: sus representantes se caracterizaron por ser de los más abiertos a hablar.

5. *Conclusiones*

Más allá de los debates sobre la voluntad de las partes, este capítulo muestra que la paz con el ELN no está a la vuelta de la esquina como muchos señalaron con la llegada al poder de Gustavo Petro. Resalta que la dificultad de negociar con este grupo insurgente no se debe ni al mero desinterés estatal ni a la supuesta fragmentación de este grupo. En efecto, el diagnóstico que hacemos muestra una realidad compleja y cambiante. De forma interesante, un informe

---

[17] Por otro lado, en el periodo 2019–2022 tanto el FGSO como el FGOC han experimentado un retroceso militar y territorial. En el Cauca la disputa con las disidencias de las FARC (frente Carlos Patiño) en zonas de Argelia le ha sido desfavorable y ha tenido un importante impacto humanitario que trasciende a municipios costeros (*El Espectador* 2021, 2022).

confidencial de la Jurisdicción Especial para la Paz (JEP) señaló que el proceso de paz que inició en 2022 cuenta con unos posibles saboteadores, que corresponden a los identificados en este capítulo (*El Tiempo* 2022). El análisis efectuado aquí apunta a la necesidad de prestar atención a la falta de representación del FGOC en la mesa de diálogos. Pone en duda el carácter representativo de la delegación del ELN y muestra que todos los integrantes del grupo no están alineados con la paz –un fenómeno que podría inclusive exacerbarse por los cuestionamientos de las nuevas generaciones guerrilleras respecto a la representatividad del mando central (cf. *VerdadAbierta.com* 2023).

Como principal hallazgo, resaltamos la incidencia que tiene el federalismo asimétrico del ELN, que se manifiesta en la intromisión de su leviatán (FGO) actuando como un saboteador total. La impronta organizacional ha encerrado al ELN en el dilema del prisionero, que se traduce en una inmovilidad para hablar de paz y explica la idea de resistencia armada: la guerra y la persistencia en armas garantizan la cohesión al detrimento de la paz. La literatura especializada sobre los sistemas federales y los saboteadores en las negociaciones de paz ofreció varios elementos claves para entender a los grupos armados como sistemas y organizaciones políticas y ayudar a comparar esta experiencia con otras de latitudes lejanas del mundo.

Por otro lado, exponemos cómo los procesos de paz están sujetos no solo a los problemas y tensiones que se derivan de las negociaciones y debates entre los implicados. También están ligados a la historia, la naturaleza, los procesos y caracteres endógenos de quienes hacen parte de la mesa. En efecto, esta propuesta está abriendo una nueva agenda investigativa que se interroga sobre el papel de las variaciones internas en las organizaciones armadas en cuanto a su voluntad de paz. Mostramos que el comportamiento interno de un grupo armado no dista mucho de lo que dice enfrentar y querer transformar: como en todo sistema político, organización o grupo, los grupos armados tienen problemas de representatividad y de democracia interna.

Para cerrar, pensar en una paz regionalizada con el ELN nos obliga a reconocer que la geografía de la guerra cambió: más que problemas estructurales de cómo se fue formando el Estado colombiano en las zonas de operación de la guerrilla, que era la problemática concreta a la que respondían las FARC (tierras y curules), las reivindicaciones y reclamos versan sobre la forma de institucionalización y consolidación del Estado de acuerdo a rasgos demográficos, espaciales y temporales bastante regionalizados. Por eso, una paz con el ELN debería establecer nuevas reglas de juego (instituciones que garanticen los derechos de los colombianos en el territorio) entre el Estado y las sociedades locales donde esta guerrilla tiene presencia. Asimismo, se debería dar "alas" a la participación ciudadana y movilización social. Finalmente, para consolidar la institucionalidad se debe construir sobre lo construido, que demandaría reconocer los acumulados, experiencias y formas de apropiación territorial endógenas.

Referencias

Aguilera, Mario. 2006. "El ELN: entre las armas y la política." En Nuestra Guerra Sin Nombre. Editado por Francisco Gutiérrez et. al., 209–266. Bogotá: Universidad Nacional-IEPRI.

Amaya, Daniel. 2021. "El frente de guerra Suroccidental: entre el arraigo social y la reconfiguración militar." En *¿Por qué es tan difícil negociar con el ELN? Las consecuencias de un federalismo insurgente, 1964–2020,* editado por Andrés Aponte y Fernán González, 417–476. Bogotá: CINEP-DIAKONIA.

Amoretti, Ugo M. y Nancy Bermeo. 2004. *Federalism and territorial cleavages.* Baltimore: Johns Hopkins University Press.

Aponte, Andrés F. 2012. "Cúcuta y el Catatumbo: entre la integración y la marginalización. Disputas territoriales, arreglos institucionales e imposición de un orden social de la guerra." En *Conflicto y territorio en el Oriente colombiano,* editado por Fernán González, 302–362. Bogotá: Odecofi-CINEP.

Aponte, Andrés F. y Fernán González, eds. 2021. ¿Por qué es tan difícil negociar con el ELN? Un Federalismo insurgente, 1964–2020. Bogotá: CINEP-DIAKONIA.

Aponte, David, Charles Larratt-Smith y Luis Fernando Trejos. 2021. "¿Qué implica la renuncia de Gabino?". *Razón Pública,* 5 de julio. https://razonpublica.com/impl ica-la-renuncia-gabino-la-comandancia-del-eln/.

Aponte, David, y Andrés Vargas. 2011. No estamos condenados a la guerra. Hacia una estrategia de cierre del conflicto con el ELN. Bogotá: CERAC.

Ávila, Ariel. 2017. "Así funciona el frente del ELN que tiene secuestrado a Odín Sánchez." El País, 22 de enero.

British Broadcasting Company (BBC). 2019. "Atentado en Bogotá: quién era José Aldemar Rojas Rodríguez 'El Mocho', el acusado de ser el autor el atentado en la Escuela de Policía General Santander", 18 de enero.

Brock, Kathy L. 2008. "The Politics of Asymmetrical Federalism: Reconsidering the Role and Responsibilities of Ottawa." *Canadian Public Policy* 34 (2), junio: 143–161.

Carroll, Leah. 2011. *Violent Democratization: Social Movements, Elites, and Politics in Colombia's Rural War Zones, 1984–2008.* Notre Dame: University of Notre Dame Press.

Comité Internacional de la Cruz Roja (CICR). 2018. El origen de las restricciones en la guerra, 18 de junio.

Comunes. 2018. "Llamamiento: «La paz está por encima de intereses particulares»," 2 de mayo.

Coppedge, Michael et al. 'V – Dem Codebook v11.1'. 2021.

Corporación Territorio, Paz y Seguridad (Corpotepas). 2022. Sistema de Monitoreo para la prevención y Acción Humanitaria (SIMPA). Base de datos de homicidio de ex combatientes FARC.

Cubides, Fernando. 2005. *Burocracias armadas: el problema de la organización en el entramado de las violencias colombianas*. Bogotá: Norma.

Cunningham, David. 2006. "Veto Players and Civil War Duration." *American Journal of Political Science* 50: 875–892.

Daly, Sarah. 2016. *Organized Violence after Civil War: The geography of recruitment in Latin America*. Nueva York: Cambridge University Press.

Dufort, Philippe. 2017. "A typology of military factions in the Colombian officer corps: origins and evolution of Colombian counter-insurgency." *Canadian Journal of Latin American and Caribbean Studies* 42 (3): 320–349.

Echandía, Camilo. 2013. *Auge y declive del Ejército de Liberación Nacional (ELN). Análisis de la evolución militar y territorial de cara a la negociación*. Bogotá: Fundación Ideas para la Paz.

———. 2015. *El ABC del ELN. Evolución del frente de guerra oriental (territorialidad, iniciativa armada y relación con la población y las economías ilegales)*. Bogotá: Fundación Ideas para la Paz.

Ejército de Liberación Nacional (ELN). 2015. "A un año de la prometida paz." Cedema, 10 de agosto.

———. 2016a. "Gobiernos que no cumplen … la historia colombiana." Cedema, 6 de junio.

———. 2016b. "Carta abierta a las FARC." Cedema, 29 de agosto.

———. 2016c. "Un plebiscito entre dos aguas." Cedema, 1 de agosto.

———. 2016d. "La paz requiere de claras reglas del juego." Cedema, 22 de agosto.

———. 2017a. "¿La paz de los sepulcros?" Cedema, 30 de enero.

———. 2017b. "Fortalecer la paz en la campaña electoral." Cedema, 6 de marzo.

———. 2018a. "La legalidad se construye en torno a la paz." Cedema, 29 de octubre.

———. 2018b. "Paz sí, genocidio no." Cedema, 9 de julio.

El Espectador. 2014. "Arauca: el eterno retorno de la insurgencia". *El Espectador*, 8 de julio.

———. 2021. "Combates entre disidencias de las Farc y Eln dejan 155 personas desplazadas en Argelia, Cauca". *El Espectador*, 1 de marzo.

———. 2022. "Habitantes de Guapi, en Cauca, completan una semana confinados". *El Espectador*, 28 de febrero.

Elman, Miriam Fendius, Oded Haklai y Hendrik Spruyt, eds. 2014. *Democracy and Conflict Resolution: The Dilemmas of Israel's Peacemaking*. Syracuse: Syracuse University Press.

El País. 2017. "El secuestro que tiene bloqueado el proceso de paz con el ELN", 11 de enero.

———. 1998. "Domingo Laín, unidad por encima de las divergencias". *El Tiempo*, 6 de julio. https://www.eltiempo.com/archivo/documento/MAM-743458

———. 2008. "El Eln está dividido": 'Francisco Galán'". *El Tiempo*, 9 de abril.

———. 2015. "'Pablito', el duro del Eln que es un enigma para la paz". *El Tiempo*, 17 de octubre.

———. 2018. "Rescatan a ocho menores de edad reclutados por el Eln en Chocó". *El Tiempo*, 11 de octubre.

———. 2022. "Informe confidencial advierte sobre frentes del Eln que podrían sabotear la paz", *El Tiempo*, 22 de diciembre.

Felbab-Brown, Vanda. 2018. *Death by bad implementation? The Duque administration and Colombia's peace deal(s)*. Washington DC: Brookings Institute.

Frente de Guerra Urbano Nacional (FGUN). 2018. "(Rojo y Negro) Comandante "Samuelito" orgullosamente Eleno [AUDIO]", 26 de diciembre.

Garay Salamanca, Luis Jorge, Eduardo Salcedo-Albarán y Natalia Duarte. 2017. *Elenopolítica: Reconfiguración Cooptada del Estado en Arauca, Colombia*. Bogotá: Vortex.

García, Clara Inés. 1996. *Urabá: Región, actores y conflicto, 1960–1990*. Bogotá: Centro de Estudios de la Realidad Colombiana/Instituto de Estudios Regionales.

González, Fernán. 2021. "¿Por qué es tan difícil negociar con el ELN? Una mirada regionalmente diferenciada". Documento Ocasional N. 84. Bogotá: CINEP.

Greenhill, Kelly M. y Solomon Major. 2007. "The Perils of Profiling: Civil War Spoilers and the Collapse of Intrastate Peace Accords." *International Security* 31 (3): 7–40. https://doi.org/10.1162/isec.2007.31.3.7

Gruber, Barbara y Jan Pospisil. 2015. "'Ser Eleno': Insurgent identity formation in the ELN." *Small War & Insurgencies* 26 (2): 226–247.

Guarín, Sergio, Luis Eduardo Celis, y Carlos Velandia. 2018. *Reflexiones y perspectivas de los diálogos de paz con el ELN*. Bogotá: Fundación Ideas para la Paz.

Guerra, Sebastián. 2020. *Oportunidad y obstáculo. La imposible convergencia entre los procesos de negociación con las Farc y el ELN durante el gobierno de Juan Manuel Santos*. Mimeo.

Hammond, Thomas H., and Gary J. Miller. 1987. "The Core of the Constitution." *American Political Science Review* 81 (4): 1155–1174. doi:10.2307/1962583.

Harnecker, Martha. 1988a. *Entrevista a dirigentes de la Unión Camilista Ejército de Liberación Nacional*. Quito: Quimera.

———. 1988b. *ELN: Unidad que Multiplica. Entrevista a dirigentes máximos de la Unión Camilista Ejército de Liberación Nacional sobre la historia del ELN, y una reflexión sobre la situación de las guerrillas en ese momento*. La Habana: Biblioteca Popular.

Hernández, Miltón. 2006. *Rojo y negro: Aproximación a la historia del E.L.N.* Bogotá: Centro de Documentación de Movimientos Armados.

Hernández, Juan Miguel, Jacob Vicente Bonilla y José A. Álvarez. 2022. "Nombres, fechas y lugares de los líderes asesinados desde la firma de la paz." *El País*, 14 de mayo.

Immergut, Ellen. 1990. "Institutions, Veto Points, and Policy Results: A Comparative Analysis of Health Care." *Journal of Public Policy* 10 (4): 391–416. doi:10.1017/S0143814X00006061

Insight Crime. 2021. "Gustavo Aníbal Giraldo, alias 'Pablito'." 11 de noviembre.

———. 2022. "¿Por qué el ELN está detrás de la ruta del río Orinoco en Venezuela?". 8 de febrero.

Isacson, Adam. 2021. *A Long Way to Go: Implementing Colombia's peace accord after five years*. Washington DC: Washington Office on Latin America.

Karl, Robert. 2018. *La Paz Olvidada: Políticos, Letrados, Campesinos y el Surgimiento de las FARC en la formación de la Colombia contemporánea*. Bogotá: Nomos.

Kurmanaev, Anatoly. 2020. "El campo de Venezuela colapsa y Caracas resurge." *New York Times*, 15 de enero.

———. 2021. "Grupos terroristas se instalan en Venezuela mientras crece la anarquía." *New York Times*, 1 de junio.

Kydd, Andrew y Barbara F. Walter. 2022. "Sabotaging the Peace: The Politics of Extremist Violence." *International Organization* 56 (2): 263–96.

Larratt-Smith, Charles. 2020a. "Agrarian Social Structures, Insurgent Embeddedness, and State Expansion: Evidence from Colombia". Tesis doctoral, Universidad de Toronto.

———. 2020b "Navigating Formal and Informal Processes: Civic Organizations, Armed Nonstate Actors, and Nested Governance in Colombia." *Latin American Politics and Society* 62 (2): 75–98. doi: 10.1017/lap.2019.61.

Mcgarry, John. 2007. "Asymmetry in Federations, Federacies and Unitary States." *Ethnopolitics* 6 (1): 105–116. doi: 10.1080/17449050701232983

Medina Gallego, Carlos. 2019. ""Pablito": el hombre de guerra del ELN". *Razón Pública*, 4 de febrero. https://razonpublica.com/pablito-el-hombre-de-guerra-del-eln/

Mouly, Cécile y Esperanza Hernández. 2020. *Logros, desafíos y lecciones del proceso de paz entre el Gobierno colombiano y el Ejército de Liberación Nacional, 2010–2019*. Bogotá: CAPAZ.

Nasi, Carlo. 2006. "Spoilers in Colombia: Actors and strategies." En *Challenges to Peacebuilding: Managing spoilers during conflict resolution*, editado por Edward Newman y Oliver Richmond, 219–241. Nueva York: United Nations University Press.

Nilsson, Desirée y Mimmi Söderberg Kovacs. 2011. "Revisiting an Elusive Concept: A Review of the Debate on Spoilers in Peace Processes". *International Studies Review* 13 (4): 606–626. doi: 10.1111/j.1468-2486.2011.01080.x

Ortega, Henry. 2021. "Un ELN entre lo societal y militar: dinámicas y lógicas territoriales del conflicto en el Catatumbo." En *¿Por qué es tan difícil negociar con el ELN? Las consecuencias de un federalismo insurgente, 1964–2020*, editado por Andrés Aponte y Fernán González, 331–416. Bogotá: CINEP-DIAKONIA.

Pécaut, Daniel. 2008 "Las FARC: fuentes de su longevidad y de la conservación de su cohesión." *Análisis político* 63 (mayo-agosto): 22–29.

Peñate, Enrique. 1998. *El sendero estratégico del ELN: del idealismo guevarista al clientelismo armado*. Mimeo.

Planta, Katrin, y Carolin Goerzig. 2011. "Undermining reconciliation: Colombian peace spoilers in- and outside the negotiation process." En *Reconciliation after Terrorism: Strategy, possibility or absurdity?*, editado por Judith Renner y Alexander Spencer, 151–166. Londres: Routledge.

Ramírez, Socorro. 2018. "Colombia: lecciones de los diálogos por la paz con el Eln." *El Espectador*, 12 de septiembre.

Ramírez, Clara. 2019. "Acuerdo de Paz en el primer año del Gobierno Duque." *Revista Cien Días*, junio-agosto.

Reiter, Andrew G. 2016. *Fighting Over Peace: Spoilers, Peace Agreements, and the Strategic Use of Violence*. Londres: Palgrave Macmillan.

Riker, William. 1964. *Federalism: Origin, Operation, Significance*. Boston: Little, Brown and Company.

Semana. 1993. "¿Se desmoviliza el cura?". *Semana*, 31 de mayo.

———. 2019. "Pablito el sanguinario". *Semana*, 26 de enero.

Stedman, Stephen John. 1997. "Spoiler Problems in Peace Processes." *International Security* 22 (2): 5–53. https://doi.org/10.2307/2539366.

Tsebelis, George. 1995. "Decision Making in Political Systems: Veto Players in Presidentialism, Parliamentarism, Multicameralism and Multipartyism." *British Journal of Political Science* 25 (3): 289–325. http://www.jstor.org/stable/194257.

Vega, Renan, y Mario Aguilera. 1995. *Obreros, colonos y motilones: una historia social de la Concesión Barco, 1930–1960*. Bogotá: FEDEPETROL.

Velandia, Carlos. 2020. *El comandante Daniel-Pablo Mateus. El comandante que yo conocí*. Mimeo.

VerdadAbierta.com. 2015. " 'Pablito': el fiel de la balanza en el Eln." 9 de enero, 2015.

———. 2018. "El Catatumbo resiste a la guerra con su comisión por la vida." 23 de diciembre.

———. 2023. "A la delegación del Eln en México le hacen falta negros, indígenas y mujeres", 12 de febrero.

Watanabe, Aya. 2018. "The President-Led Peace Process and Institutional Veto Players: The Mindanao Conflict in the Philippines." *Asian Journal of Comparative Politics* 3 (2): 167–85. https://doi.org/10.1177/2057891117725210.

Zartman, I William. 2000. "Ripeness: The Hurting Stalemate and Beyond." En *International Conflict Resolution after the Cold War*, editado por Paul Stern y Daniel Druckman. Washington: National Academy Press.

8. ¿Maduro para su solución? Análisis comparado del contexto de las negociaciones con el ELN durante los gobiernos Santos y Duque

Pedro Valenzuela

A finales de 2016, tras cinco décadas de confrontación y cuatro años de negociaciones, se firmó el Acuerdo Final para la Terminación del Conflicto y la Construcción de una Paz Estable y Duradera. Si bien el acuerdo puso fin al conflicto armado con las Fuerzas Armadas Revolucionarias de Colombia-Ejército del Pueblo (FARC-EP), el Ejército de Liberación Nacional (ELN) –segunda organización guerrillera en importancia y tan longeva como las FARC-EP– no fue parte del proceso. Pese a los diálogos o acercamientos adelantados por casi todos los gobiernos desde la década del noventa, la paz con este grupo insurgente ha sido huidiza. La falta de resultados definitivos ha generado la opinión generalizada de que su radicalismo, inflexibilidad y creciente "criminalización" condenan al fracaso cualquier proceso de negociación con esta organización.

El propósito de este capítulo es analizar las tendencias –cambios y continuidades– en factores identificados en trabajos académicos como esenciales para facilitar la búsqueda de soluciones pacíficas a conflictos armados. Aunque no es su objetivo central, concluirá presentando algunas reflexiones sobre la interpretación de estas tendencias que pueden bloquear procesos a futuro, y sobre la posibilidad que se abre con el cambio de gobierno en el país.

1. Aproximación teórica

Factores conducentes a la salida negociada

Por su naturaleza y dinámica, la solución negociada de conflictos armados internos es esquiva y colmada de obstáculos. Generalmente, se trata de conflictos arraigados, resultantes de profundas contradicciones sociales, económicas y políticas, de décadas de duración, con patrones de violencia y destrucción que erigen barreras psicológicas con frecuencia infranqueables.

Un extenso cuerpo de trabajos académicos ha identificado factores que pueden llevar a las partes de un conflicto violento a buscar alternativas pacíficas de solución. Los estudios pioneros de Zartman (1985, 1986) sugieren que las partes toman esa decisión cuando el conflicto ha alcanzado un estado de "madurez" producido por la conjunción de dos factores: un "estancamiento perjudicial" –la victoria militar es inalcanzable y la continuación del conflicto resultaría demasiado onerosa– y la percepción de que la negociación permitiría conseguir, al menos parcialmente, algunos de los objetivos de las partes (Zartman 2000). La percepción de intransigencia o falta de voluntad del adversario podría truncar esta última condición. Como señala Zartman (citado en Mitchell 1996: 3), la meseta alcanzada tras la escalada de la violencia debe "percibirse por ambas partes no como un lugar de descanso, sino … como un terreno plano, desagradable, que se alarga hacia el futuro, que no ofrece posibilidades para una escalada decisiva o para una salida airosa".

La teoría de la "disposición" enriquece algunos aspectos de la teoría de la madurez con el fin de entender los antecedentes de la decisión de participar en negociaciones exploratorias o definitivas para solucionar un conflicto "inextricable" o "irresoluble". Dos variables psicológicas estimularían la disposición de las partes a buscar la salida negociada: la "motivación" para ponerle fin al conflicto, y el "optimismo" con respecto al éxito de las negociaciones – el equivalente a la percepción de una salida, en el modelo de la madurez–. A su vez, la motivación puede ser resultado de una situación desfavorable, de los costos y riesgos asociados a la continuación del conflicto y/o de la presión de terceros. Por su parte, el optimismo puede ser producto de la creencia de que la contraparte está igualmente motivada a resolver el conflicto y dispuesta a hacer concesiones (Pruitt 2005; 2015).

Puesto que la disposición es una característica individual de las partes en conflicto (Pruitt 2015), no es necesario enfocarse en "estados mentales compartidos" –como en la teoría de la madurez–, sino en las percepciones de cada bando por separado. Esto abre diferentes posibilidades para el análisis, por cuanto permite determinar la existencia de un "estancamiento perjudicial unilateral" (Pruitt 2005). Por otro lado, las partes pueden diferir con respecto a la principal fuente y el nivel de motivación y optimismo. Finalmente, al interior de cada parte, altos niveles de motivación para ponerle fin al conflicto pueden "compensar" bajos niveles de optimismo sobre la posibilidad de encontrar fórmulas de avenencia, o viceversa (Pruitt 2015).

La "teoría del duelo" (Stimec y Poitras 2010) introduce el concepto de "transición" –el proceso de aceptar que algo ha llegado a su fin– como un complemento a la teoría de la disposición. La transición sería un tercer estado psicológico que funcionaría junto a la motivación y el optimismo en el modelo de la disposición. Así, entraría a compensar por bajos niveles en estas dos variables, y estas, a su vez, podrían compensar por una débil transición.

Obstáculos psicológicos a la solución negociada

Muchos factores conspiran contra la decisión de buscar una salida negociada, incluso si un actor se encuentra en una situación militar desfavorable. En primer lugar, no siempre les resulta fácil a las partes evaluar su situación de ventaja o desventaja. Segundo, diferentes actores calculan costos y beneficios de distintas maneras. Por ejemplo, un actor puede estar más motivado por el apoyo político generado por su lucha que por su situación militar. Por último, los actores varían en su capacidad de resistencia a los costos y las pérdidas (Mitchell 1983).

La escalada del conflicto tiende a fortalecer la creencia en la justeza de los objetivos del grupo (Pruitt y Rubin 1986) y radicaliza las posiciones o facilita el ascenso de líderes más dogmáticos, lo que con frecuencia lleva al silenciamiento de las disidencias internas o a su automarginación (Jordan 2000; Kriesberg 1998). Por otro lado, la violencia prolongada mina la confianza en el adversario y en la solución pacífica del conflicto (Nordquist 1995). Comúnmente, se consolidan estereotipos de la contraparte como agresiva, empeñada en causar daño y responsable de la polarización y la violencia crecientes. La percepción del conflicto como una situación de "suma cero" endurece las posiciones y refuerza la renuencia a hacer las concesiones más mínimas (Pruitt y Rubin 1986). El daño sufrido genera el deseo de castigar y no solo derrotar al adversario. La "percepción selectiva" confirma las expectativas sobre la contraparte, ignorando sus acciones conciliatorias o interpretándolas como una estrategia para obligar a bajar la guardia (Kriesberg 1998; Jordan 2000). Un efecto con consecuencias devastadoras es la tendencia a "deshumanizar" al adversario, excluyéndolo efectivamente del "universo moral de obligación" (Fein 1979) y desinhibiendo la violencia en su contra.

Lejos de estimular la salida negociada, los costos incurridos pueden convertirse en razones para no abandonar el conflicto y desechar cualquier alternativa a la victoria. A mayor sufrimiento, más necesidad de justificar los sacrificios como inversiones hacia el triunfo final. Los esfuerzos iniciales, orientados al logro de recompensas, son reemplazados por la justificación de los costos y el objetivo de causar daño al adversario (Mitchell 1996), lo que lleva a una inversión mayor de tiempo, energía y recursos, pese al desfavorable curso de acción (Kriesberg 1998; Jordan 2000).

La decisión de renunciar a objetivos o tranzarse por las segundas o terceras preferencias es una experiencia dolorosa. El proceso de duelo comienza con la negación de la realidad, seguida del reconocimiento de la pérdida, la renuencia a aceptarla y esfuerzos desesperados por recuperar lo perdido y reconstruir el pasado. La depresión resultante del reconocimiento de que las cosas ya no serán lo que eran precede a la fase final de aceptación, donde se comienza a tomar medidas para reorganizar la situación. Las partes que han hecho el duelo completo estarían dispuestas a resolver el conflicto de manera permanente (Stimec y Poitras 2010).

Como lo evidencia el fin de muchos conflictos violentos prolongados, eventualmente es posible librarse de los estados mentales que bloquean la salida negociada. En línea con la teoría de la "conmoción" (*shock*), eventos repentinos, inesperados y de breve duración pueden perturbar o alterar el *statu quo* y desencadenar un replanteamiento de la política actual (Gordell 2021). Las partes pueden experimentar la conmoción de manera simultánea o en diferentes momentos. En contraste con la metáfora de la "meseta" implícita en el modelo del estancamiento perjudicial, la imagen apropiada sería la de un "precipicio" al que inexorablemente se dirigen los contendientes en el corto plazo (Mitchell 1996).

No obstante, las partes no aprenden únicamente a punta de golpes. Acontecimientos positivos pueden ser igualmente impactantes y tener el mismo efecto. La "oportunidad tentadora" se presenta si los líderes descubren una alternativa atractiva, valorando más los beneficios que los costos existentes o anticipados, como resultado de nuevas ideas y principios, canales de comunicación y terceros pacificadores (Mitchell 1996).

La madurez interna

Un factor tradicionalmente ignorado en los análisis sobre la madurez del conflicto es el grado de "madurez interna", es decir, de condiciones intrínsecas que afectan la disposición de las partes a buscar una solución pacífica (Mitchell 1996, 1991). Un elemento clave es el nivel de cohesión o división en la cúpula y la base de los actores. En un conflicto en desarrollo, la toma de decisiones cotidianas es un proceso relativamente rutinario en el que las partes no se detienen a sopesar cada día los pros y los contras de la continuación del conflicto violento. Sin embargo, cuando, obligados por alguna circunstancia, consideran su terminación, este proceso cambia radicalmente, puesto que implica una reconsideración global de la política seguida hasta el momento (Mitchell 1983, 1991).

Este cambio a menudo produce profundas fisuras al interior de las partes. El impacto diferenciado de las opciones de guerra o paz sobre diversas facciones de un actor puede provocar apreciaciones dispares sobre la eficacia o la conveniencia de distintas estrategias. Las valoraciones sobre el nivel de apoyo de las bases, de la capacidad de los dirigentes para convencer al grueso de la organización de adherir a una opción determinada, y de la potencial repercusión de las decisiones sobre la posición de poder de los dirigentes y las facciones disidentes pueden afectar la decisión de buscar o rechazar alternativas de avenencia (Mitchell 1981, 1991).

La búsqueda de una solución negociada es normalmente precedida de procesos internos de conciliación de intereses o de competencia por hacer prevalecer determinadas preferencias. La imposibilidad de generar un consenso interno puede inducir a los actores a continuar la lucha con tal de preservar la unidad de la organización, o causar una división irremediable entre facciones (Valenzuela 2014, 2018).

2. Evaluación de las tendencias del conflicto durante los gobiernos Santos y Duque

La situación militar

La trayectoria militar del ELN ofrece una demostración palpable del carácter cambiante de las fortunas de la guerra. Tras un periodo inicial de lento desarrollo, escasa capacidad militar y contundentes golpes recibidos desde su fundación hasta finales de la década del setenta, logró, en un periodo de solo unos años, aumentar significativamente el número de integrantes y las zonas de operación[1].

Durante la década del ochenta, se expandió hacia zonas de riqueza minera y de explotación petrolera y creó nuevos frentes de guerra (pasando de dos en 1983 a cinco en 1989) con sus respectivas estructuras urbanas (Echandía 2015). Para finales de la década del noventa tenía cerca de 40 frentes rurales

---

[1] Esta época se caracterizó por profundas divisiones internas, "ajusticiamientos", consejos de guerra a cientos de sus militantes, la contundente derrota a raíz de la Operación Anorí en 1973 contra el frente que operaba en Antioquia y el desmantelamiento de su red urbana (Medina 2010).

y siete más operando en escenarios urbanos, y el promedio de combatientes por frente había aumentado de 75 a 85. Los frentes de guerra más activos estaban ubicados en el norte del país y, con algunas excepciones, su capacidad de combate superaba la de las Fuerzas Armadas (Echandía 2013).

Durante algo más de una década (1988–2001), el ELN mantuvo un nivel promedio cercano a 300 acciones anuales, registrando en 2000 y 2001 el mayor número de acciones armadas de su historia. Sin embargo, la acción de grupos paramilitares desde mediados de la década del noventa y la ofensiva de las Fuerzas Armadas durante los gobiernos Pastrana y Uribe debilitaron o desarticularon sus estructuras en los departamentos de la Costa Caribe, el Magdalena Medio, el Valle del Cauca, Urabá y Norte de Santander. Aunadas a sus divisiones internas, estas acciones redujeron significativamente el número de integrantes y de zonas de presencia[2] (Echandía 2015).

En los seis años siguientes, experimentó un retroceso sostenido, tras el fracaso del esfuerzo por presionar el despeje de cuatro municipios en el Sur de Bolívar y los descalabros militares en Barrancabermeja y los Farallones de Cali. La presencia municipal del ELN se redujo significativamente –de 169 en 2002 a 85 en 2006 (Echandía 2013). Los combates por iniciativa de las fuerzas militares superaron los niveles de actividad armada de los grupos irregulares en 21 departamentos entre 2002 y 2005 (Echandía y Bechara 2006), y en 28 departamentos entre 2004 y 2007 (Echandía 2008). La confrontación con el ELN se circunscribió a 58 municipios entre 2008 y 2010, a 43 entre 2011 y 2012 y a 40 en 2013. Sin embargo, hubo un repunte en el accionar militar del grupo insurgente en el periodo 2011–2012, principalmente por cuenta de acciones de "bajo esfuerzo militar", aunque no alcanzó los niveles de la década del noventa (Prieto et al. 2014).

Situación durante los diálogos con el gobierno Santos

Para comienzos de los diálogos exploratorios en 2012, el ELN contaba con alrededor de 1330 integrantes, 26 frentes rurales, un frente urbano y 13 compañías móviles (Echandía 2013). Aunque estas cifras reflejan una significativa reducción en el número de integrantes y estructuras militares desde comienzos de siglo[3], evidencian también un repunte a partir de 2009 y 2010, como

---

[2] A partir de 2003, la fortuna de la guerra se volvió con mayor fuerza contra los grupos insurgentes, a raíz de cambios iniciados en 1999: profesionalización del ejército, inteligencia mejorada, adopción de una estrategia militar más proactiva y ofensiva, la creación de brigadas móviles con tropas aerotransportadas y capacidad para combates nocturnos, entre otros (Echandía y Bechara 2006; Pizarro 2004).

[3] En el cambio de siglo, el ELN contaba con alrededor de 4700 integrantes, 38 frentes rurales y 7 frentes más que operaban en escenarios urbanos (Echandía 2013).

resultado de la desmovilización de los grupos paramilitares, el fin de la confrontación de tres años con las FARC y la captación de recursos adicionales para la financiación de la guerra –minería ilegal y vínculos con la economía del narcotráfico en algunas regiones (International Crisis Group 2014).

En 2012, año en que el presidente Santos anunció públicamente la apertura del proceso de paz con las FARC e invitó al ELN a sumarse, realizó, en orden decreciente, 71 acciones armadas en Arauca, Norte de Santander, Nariño, Chocó y Cauca (Ríos 2022). Desde entonces, hasta el comienzo de los diálogos exploratorios a mediados de 2014, el ELN triplicó el número de combates y aumentó en más de tres veces las acciones ofensivas. Aunque con altibajos, logró sostener un nivel elevado de acciones armadas, alcanzando un pico en 2016, año en que se anunció oficialmente el inicio de las negociaciones con esta organización (Correal et al. 2021).

Las acciones ofensivas sufrieron una caída drástica en 2017, cuando se realizaron las primeras cuatro rondas de negociaciones y entró en vigor, dos días antes de la visita del papa Francisco a Colombia, un cese al fuego bilateral pactado al cierre del tercer ciclo de negociación. Como puede apreciarse en la gráfica 8.1, con el fin del cese al fuego el 9 de enero de 2018 y sin que se lograra una prolongación del mismo, las acciones ofensivas y los combates aumentaron significativamente.

Gráfica 8.1. ELN: acciones ofensivas y combates 2010–2018. Fuente: elaborada con base en Correal et al. (2021)

El contexto durante el gobierno Duque

La tendencia de los últimos años muestra una creciente presencia territorial del ELN. Si en 2018 se encontraba en 15 departamentos, para 2019 se había expandido a seis más, y para el primer semestre de 2020 tenía presencia en 23 de ellos. El número de municipios con registro de acciones del ELN aumentó significativamente de 150 en 2018 a 204 en 2019, y a 207 en el primer semestre de 2020 (González et al. 2021) y, en los primeros nueve meses de 2021, realizó acciones ofensivas en 12 departamentos y sostuvo combates en siete de ellos (PARES 2021).

Sin embargo, esto no implica un fortalecimiento inequívoco y homogéneo de todas sus estructuras. En algunos territorios su presencia es apenas emergente y esporádica. El número de municipios con registro de acciones recurrentes entre 2018 y 2020 permaneció estable (136), mientras que en 34 se registró algún evento o acción puntual en dos de los tres años, y en 89 solo se registró alguna acción en uno de ellos. En buena parte de los municipios afectados se trata de acciones por movilidad o repliegue en pasos fronterizos sin disputa territorial, por algunas actividades ilícitas o para conectar distintas zonas, lo que podría indicar que sus incursiones en zonas abandonadas por las FARC ya alcanzaron un límite (Jiménez y Cabezas 2020).

En segundo lugar, mientras que en algunas zonas su presencia no es constante y se reduce a pequeños grupos con una capacidad militar limitada, el control de las zonas de importancia estratégica y económica donde opera principalmente –departamentos fronterizos o con salida al mar, como Antioquia, Cauca, Chocó, Norte de Santander y Nariño– es disputado por otros grupos armados y la fuerza pública. Entre 2018 y 2019, el ELN y grupos narcoparamilitares y residuales estuvieron presentes de manera simultánea en 11 departamentos y 46 municipios. En el mismo periodo, en 131 municipios y 20 departamentos, especialmente Antioquia, Chocó y Norte de Santander, hubo presencia compartida de grupos narcoparamilitares y el ELN. Y en 70 municipios y 13 departamentos, especialmente Cauca, Norte de Santander y Nariño, hubo presencia concurrente del ELN y grupos residuales (Jiménez y Cabezas 2020; PARES 2021).

Esto evidencia un muy desigual proceso de consolidación en distintas zonas de operación. Al tiempo que se ha fortalecido en partes de Antioquia, Bolívar y Chocó, ha perdido terreno en otras zonas de los mismos departamentos frente a diversos actores irregulares y la fuerza pública (PARES 2021). En el occidente del país, ha sufrido reveses en su intento de expansión territorial. En el Chocó, el Clan del Golfo lo obligó a replegarse a sus zonas históricas en el sur del departamento (Cajiao 2022).

Su situación está más consolidada en el Catatumbo, donde es el actor dominante y ha expandido su presencia a todos los municipios de la subregión, aunque coexiste con la disidencia del Frente 33 de las antiguas FARC y disputa con el EPL el control territorial y los cultivos de coca; y con el Clan del Golfo, el control de los pasos fronterizos entre Tibú y Cúcuta, al igual que la zona metropolitana de Cúcuta y Puerto Santander (Cajiao 2022). La situación del Frente de Guerra Oriental es la más favorable y consolidada. Ante la ausencia de confrontaciones abiertas o enfrentamientos por disputas territoriales o rentas ilegales hasta 2021, ha logrado estabilizarse en Arauca y expandir sus operaciones a municipios de Boyacá, Casanare y Vichada y a los estados venezolanos de Apure y el Zulia (PARES 2021; Jiménez y Cabezas 2020). Sin embargo, el pacto de no agresión que mantuvo con las disidencias del Frente 10 hasta finales de 2021 parece haber llegado a su fin (Cajiao 2022).

En el suroccidente del país, el ELN se ha consolidado en zonas de Nariño antiguamente controladas por las FARC, tanto en el Pacífico como en la cordillera, aunque se ha debilitado en otras zonas del departamento (PARES 2021). En el Cauca ha librado intensas confrontaciones con estructuras disidentes de las antiguas FARC que han impedido su expansión hacia el norte y el centro-sur (Cajiao 2022).

Dada su escasa capacidad militar en el sur de Bolívar, Bajo Cauca y Nordeste Antioqueño, se ha visto obligado a mantener una presencia limitada y coexistir con el Clan del Golfo (Cajiao 2022). En el Cesar y La Guajira, su pie de fuerza no le permite enfrentar a la fuerza pública (Jiménez y Cabezas 2020). Como se aprecia en la gráfica 8.2, durante los últimos tres años hubo un descenso significativo en el número de acciones ofensivas del ELN y uno más moderado en el número de combates con participación de esta organización.

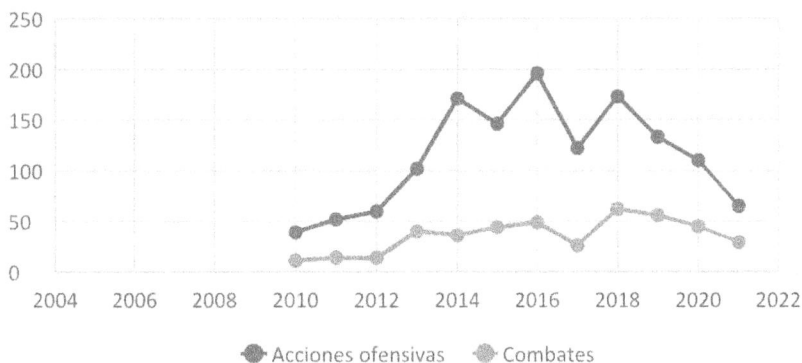

Gráfica 8.2. ELN: acciones ofensivas y combates 2010–2021. Fuente: elaborada con base en Correal et al. (2021, 2022)

El cambio en la confrontación, en buena medida por el accionar de la fuerza pública que en 2020 lo obligó a replegarse a zonas de difícil acceso y optar por acciones de bajo esfuerzo militar, redundó en un menor número de combates (Cajiao 2022). Buena parte de sus acciones son realizadas por milicianos, y en el terreno actúa en grupos con muy pocos integrantes, evitando confrontaciones directas con la fuerza pública (Jiménez y Cabezas 2020).

Como se aprecia en la gráfica 8.3, la reducción en el número de desmovilizaciones y capturas de militantes del ELN evidencia la decreciente efectividad de las operaciones adelantadas por la fuerza pública. Mientras que en 2019 se desmovilizaron individualmente 321 miembros del ELN, esta cifra se redujo a 251 en 2020 y a 126 en los primeros ocho meses de 2021. El proceso ascendente en el número de capturas experimentado desde 2012, alcanzando un pico importante en 2020, sufrió una caída significativa en los primeros ocho meses de 2021.

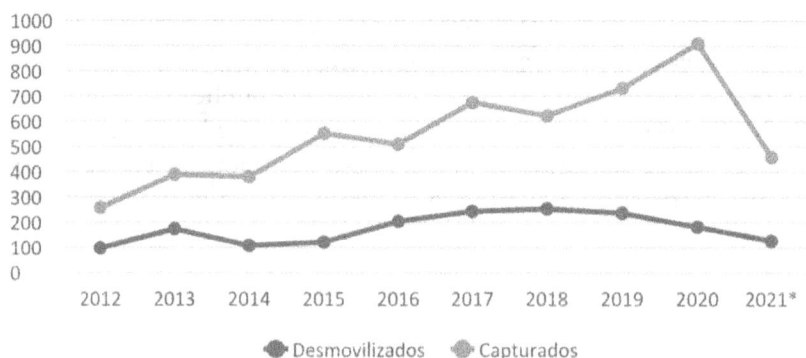

Gráfica 8.3. Desmovilizaciones individuales y capturas del ELN 2011–2021. Fuente: elaborada con base en PARES (2021)

Finalmente, como se evidencia en la gráfica 8.4, con excepción del 2017, el número de muertes de miembros del ELN en desarrollo de operaciones de la fuerza pública se ha reducido consistentemente desde 2015 (PARES 2021).

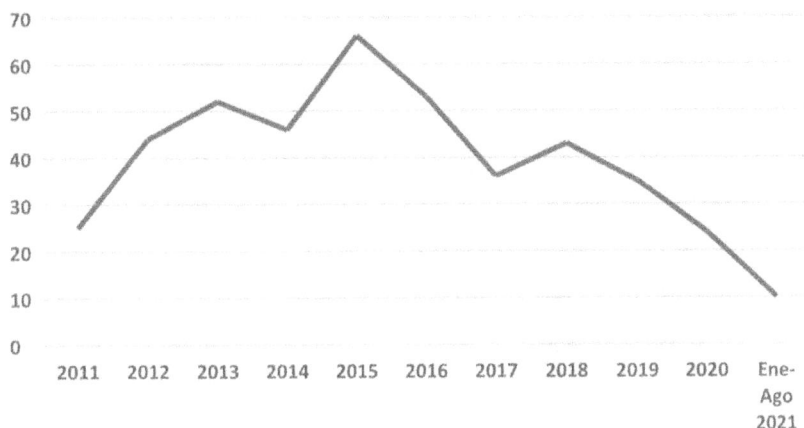

Gráfica 8.4. Muertes del ELN en operaciones de la fuerza pública 2011–2021. Fuente: elaborada con base en PARES (2021)

Pese a la reducción en su accionar armado a nivel nacional a partir de 2020, el ELN tiene una significativa participación del 23 % en las actividades contra la fuerza pública. Como es de esperar, en 2021 el 70 % de esas acciones se realizaron en las zonas de mayor consolidación territorial y fortaleza militar: 43 % en Norte de Santander y 27 % en Arauca. Por otro lado, participó en 35 % de los enfrentamientos entre grupos armados, principalmente en el centro-sur del Cauca, Chocó y Norte de Santander (Cajiao 2022).

El promedio de combates mensuales con participación del ELN aumentó en el segundo semestre de 2021. La mayoría fueron enfrentamientos contra grupos pos-FARC, seguidos de la fuerza pública y el Clan del Golfo, especialmente en Bolívar, Chocó y Norte de Santander. Pese a este aumento, sin embargo, el número de combates a noviembre de 2021 (42) era el más bajo desde 2018 (Correal et. al. 2022). Una parte significativa de los ataques del ELN en 2022 ha ocurrido en departamentos de frontera, como ha sido la norma desde 2015, cuando casi el 90 % de sus acciones armadas ocurrieron en estos departamentos (Echandía y Cabrera 2022).

Por la naturaleza clandestina de la organización, las cifras sobre el número de militantes no pasan de ser aproximaciones. La ambigüedad en la distinción entre combatientes y "partidarios" dificulta aún más los cálculos. Aunque es posible diferenciar entre quienes están 'integrados' en la organización y quienes no lo están, en algunas circunstancias partidarios o ayudantes ocasionales podrán empuñar las armas (Ellis 2021). Pese a estas dificultades, diferentes estimativos identifican una tendencia al alza en los últimos años, con cifras que oscilan entre 2500 y 3000 combatientes y un número similar de milicianos (Jiménez y Cabezas 2020). La gráfica 8.5 capta esta tendencia.

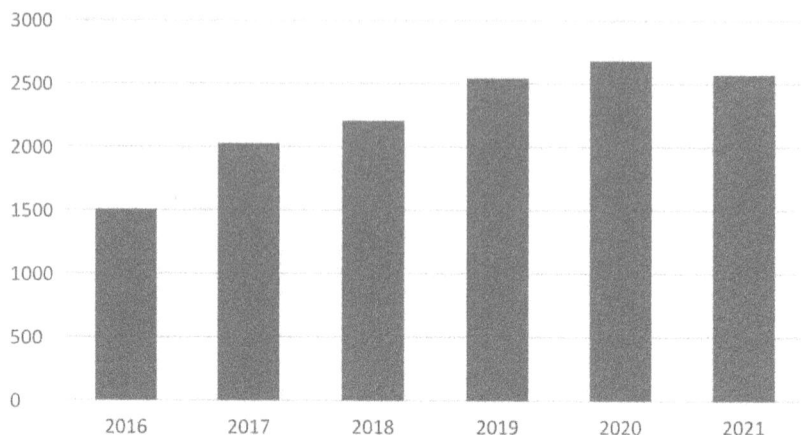

Gráfica 8.5. ELN: combatientes en armas 2016–2021. Fuente: elaborado con base en Cajiao (2022)

Otros factores interpartes

El ELN cuenta con una retaguardia cada vez más extendida y consolidada en territorio venezolano. Cuando se vio forzado a reubicar su principal centro de poder a Arauca tras la Operación Anorí, estableció en el estado de Apure un santuario para evadir la acción de la fuerza pública colombiana y realizar actividades y operaciones logísticas sin mayores perturbaciones (MacDermott 2019).

Su presencia en Venezuela creció a partir del año 2000, como consecuencia de la acción de grupos paramilitares y de la fuerza pública durante los gobiernos Pastrana y Uribe y del ascenso al poder de Hugo Chávez en 1999 (InSight Crime 2020a). La desmovilización de las FARC en 2017 le permitió ampliar su presencia a lo largo de la frontera y en territorio venezolano. Se ha estimado que, para finales de 2020, además de buena parte de líderes claves, cerca de 1000 miembros operaban en Venezuela, agrupados en tres frentes de guerra y 43 columnas (Ellis 2021). El ELN se ha consolidado en los estados de Zulia, Táchira, Apure y Anzoátegui, y ha extendido su presencia a los estados de Amazonas, Bolívar, Barinas, Trujillo, Portuguesa, Lara, Falcón y Guárico (InSight Crime 2020b).

Por su expansión en el país vecino –se ha reportado su presencia en 12 de los 24 estados venezolanos, y acciones de combatientes uniformados en cinco de ellos (InSight Crime 2020a)–, su involucramiento en actividades económicas, su construcción de redes sociales y políticas y su capacidad para reclutar ciudadanos de ese país, el ELN ha sido descrito como una auténtica "fuerza colombo-venezolana" (MacDermott 2019) que "domina el territorio de Venezuela de una forma supuestamente más amplia que en Colombia" (Ellis 2021: 25).

En opinión de algunos analistas, pese a ocasionales desencuentros, esta expansión cuenta con la aquiescencia e incluso la colaboración de políticos y militares venezolanos y de la Guardia Nacional Bolivariana, quienes se lucrarían de las actividades ilegales del ELN (Ellis 2021; InSight Crime 2020b). Se ha asegurado que miembros de esta Guardia y de la Fuerza Armada Nacional Bolivariana han realizado operaciones conjuntas con guerrilleros del ELN (Human Rights Watch 2022).

Venezuela se ha convertido en una importante fuente de ingresos para la organización. Su expansión le ha permitido controlar territorio y minas ilegales y yacimientos de oro, coltán y diamantes en Zulia, Táchira, Apure, Amazonas y Bolívar (Aponte 2021; McDermott 2019; InSight Crime 2020a). Controla, además, un corredor en el sur del país hasta la frontera con Guyana y sistemas fluviales que conectan la frontera con el interior del país (Ellis 2021). Por otro lado, se ha involucrado en actividades de narcotráfico, controlando áreas de cultivos de coca, la producción de cocaína, rutas de distribución (InSight Crime 2020b) y pistas clandestinas (InSight Crime 2020a). También se ha involucrado en el robo de ganado y la extorsión de rancheros del lado colombiano de la frontera, especialmente en Arauca, para pasarlos de contrabando a Venezuela (Ellis 2021).

En territorio colombiano, el ELN tiene una diversificada fuente de rentas. Además del secuestro y la extorsión, prácticas inveteradas de las guerrillas colombianas[4], las actividades mineras constituyen una importante fuente de ingresos. Su relación con la minería del oro es de vieja data en la Serranía de San Lucas, al sur del departamento de Bolívar, el bajo Cauca y el Nordeste antioqueños, y, desde los años noventa, en el sur del Chocó, Cauca y Nariño (Defensoría del Pueblo 2018; WOLA 2020). Controla, además, insumos, personal y servicios ligados a la actividad minera y se beneficia de exacciones por el oro extraído y su salida de la zona, por la entrada y salida de maquinaria para la extracción de distintos minerales y por el tráfico de coltán extraído del Guaviare (Jiménez y Cabezas 2020).

Pese a su renuencia inicial a involucrarse en el tráfico de drogas, al punto de haberlo prohibido en su segundo Congreso en 1989, para mediados de la década del 2000, la participación de algunos frentes era evidente, y en 2006,

---

[4] Al ELN se le atribuyeron 8618 secuestros entre 1980 y 2002 (Grupo de Memoria Histórica 2013). Fuentes más recientes lo consideran responsable de 9538 secuestros entre 1990 y 2018 (Comisión de la Verdad 2022).

en su cuarto Congreso, aprobó las exacciones a los productores de cocaína (WOLA 2020). El ELN cobra por permitir los cultivos de coca, la entrada de insumos y la compra y venta de base de coca, especialmente en Nariño, Cauca y Antioquia (Defensoría del Pueblo 2018). En algunas zonas, controla cultivos; en otras, maneja laboratorios para el procesamiento de la pasta base de coca; en aún otras, controla los corredores de movilidad de la droga y cobra gramaje por su paso (Jiménez y Cabezas 2020; Defensoría del Pueblo 2018; WOLA 2020)[5].

Su relación con la industria del petróleo viene de tiempo atrás. Durante los años noventa, los frentes de guerra más activos obtuvieron sus finanzas principalmente de la actividad petrolera y minera, y la extorsión en regiones productoras de petróleo sigue siendo una importante fuente de ingresos (Defensoría del Pueblo 2018). Controla también el contrabando de gasolina en la frontera con Venezuela (Catatumbo y Arauca) y provee servicios de seguridad a las lanchas rápidas que abastecen a los comerciantes informales de combustible del lado colombiano, a quienes también cobran por su comercialización (Jiménez y Cabezas 2020).

Otros ingresos provienen de los recursos de los gobiernos locales (WOLA 2020), del contrabando de personas, vehículos, alimentos y medicinas a través de la frontera venezolana (Ellis 2021) y de exacciones a empresas madereras (Defensoría del Pueblo 2018)[6].

Factores internos

Como hemos señalado reiteradamente (Valenzuela 2014, 2018), la decisión de buscar una salida política produce con frecuencia profundas divisiones al interior de los actores, como consecuencia de los cálculos sobre las diferentes opciones y su impacto sobre el grupo o la situación personal al interior de la organización. No es insólito que facciones "radicales" acusen a sectores más "moderados", inclinados a buscar la salida negociada, de comprometer o traicionar la pureza y las banderas de la causa.

Elucidar como observador externo la situación al interior de un actor en un conflicto armado no es tarea sencilla o libre de riesgos. Una apreciación exacta es privilegio de los miembros de la organización, especialmente de quienes tienen acceso a la toma de decisiones. Por ello, en esta sección nos

---

[5] El Frente de Guerra Oriental todavía prohíbe el cultivo de coca, quizás para evitar el fortalecimiento de las disidencias de las FARC (WOLA 2020).

[6] Por otro lado, es difícil determinar sus fuentes legales de ingresos. En febrero de 2019, por ejemplo, la Fiscalía y el Ejército le ocuparon una cancha de fútbol, una ferretería, tiendas de comidas rápidas, supermercados, dos casas y cinco lotes (Macías 2019).

limitaremos a presentar algunas "hipótesis", medianamente plausibles, con base en conjeturas informadas, a partir de declaraciones de sus líderes y de juicios de quienes tienen un conocimiento relativo de la organización.

Repetidamente se afirma que la estructura del ELN, especialmente la ausencia de características propias de las "insurgencias robustas" –un partido político estructurado, en control de un brazo armado altamente disciplinado, y la centralización de la autoridad (Kalyvas y Balcells 2010)– conspira contra la posibilidad de encontrar una salida negociada con este grupo. En la década del ochenta, el ELN renunció al caudillismo y el personalismo característicos de los líderes originales, optando por una forma de organización altamente descentralizada o "federal" que les confiere a los frentes un alto grado de autonomía (Vargas 2012; Medina 2010, 2013). Esta horizontalidad se vio reforzada por las consecuencias del repliegue obligado desde finales de los noventa: incomunicación entre el centro y las estructuras regionales, y dispersión e inserción de los frentes de manera autónoma en las economías locales. Al tiempo que esto permitió su recomposición, erosionó la cohesión interna y el poder de las instancias centrales, ante las dificultades para articular estructuras diversas con un grado importante de autonomía (Aponte 2021). Posteriores esfuerzos por lograr una mayor centralización encontraron una férrea oposición interna.

El ELN cuenta con instancias nacionales de autoridad encargadas de definir los lineamientos políticos y militares que deben guiar sus acciones. En su estructura organizacional existen diferentes espacios –congresos, cumbres, plenos, asambleas y conferencias– de toma de decisiones de obligatorio cumplimiento (Mouly y Hernández 2020). El principio organizacional de "centralización política y descentralización en la ejecución" implica que "cada nivel de la estructura decide lo que le compete y mantiene la armonía con los demás niveles, supeditándose a las definiciones políticas" (PARES 2013).

Sin embargo, como se ha evidenciado repetidamente, frentes influenciados por lógicas territoriales reinterpretan las directrices del nivel nacional según su contexto y experiencias, lo que ha llevado a una obediencia selectiva o a un desacato abierto (Aponte 2021)[7]. La falta de correspondencia entre la composición del nivel central y la distribución de poder al interior de la organización –bien por determinaciones desde arriba o por decisión de algunas

---

[7] La propuesta de centralizar en el COCE el manejo del dinero para redistribuirlo equitativamente entre todos los frentes ha sido fuente de serias discrepancias y desacatos (*El Tiempo* 1995). También lo ha sido el involucramiento de algunas estructuras en la economía del narcotráfico, pese a la prohibición del COCE, reafirmada en el cuarto congreso, y la política de paz (Aponte 2021).

estructuras de marginarse para preservar su autonomía y poder– explica la debilidad de esta instancia para imponer sus decisiones (Aponte 2021).

Como hemos indicado, el impacto diferenciado de la confrontación armada genera diversas estructuras de preferencias al interior de un actor. Las facciones menos afectadas o en proceso de expansión pueden inclinarse por mantener la política de confrontación en lugar de considerar la salida negociada. El debilitamiento de una línea tradicional favorable a las negociaciones a raíz de las dificultades del proceso con las FARC, el distanciamiento de los líderes con las bases por la imposibilidad de regresar a Colombia (Charles 2019; PARES 2019), las condiciones impuestas por el gobierno Duque para reanudar los diálogos (Garzón et al. 2021; Mouly y Hernández 2020) y el fortalecimiento de una segunda generación de dirigentes con un discurso radical en la lucha contra la fuerza pública y otros actores armados (Medina 2019) se erigieron como obstáculos a la negociación durante el último cuatrenio.

En particular, se destaca el papel del Frente de Guerra Oriental como "hegemón del proyecto nacional" por su importante papel en la resistencia durante la arremetida de finales de los noventa y su contribución al proceso de reconstrucción y expansión territorial de otros frentes (Aponte 2021). Esto le ha permitido consolidar su posición de poder, en coordinación con otras estructuras, al punto que se estima que en la actualidad un alto porcentaje de militantes están bajo el mando militar (Medina 2019; Llorente y Garzón 2020).

En este sentido, habría tres facciones claramente identificables. Una línea "pragmática" –representada por "Gabino" y "Pablo Beltrán" – que ha moderado sus pretensiones y propugna por ponerle fin al conflicto armado. Un segundo grupo, de "línea dura", de gran poder económico y militar, representado en el Frente de Guerra Oriental. Y una tercera tendencia de "mercaderes", compuesta por sectores vinculados con economías ilícitas (Charles 2019). Este contexto no sería propicio para unas eventuales negociaciones, por cuanto la correlación de fuerzas al interior de la organización favorece a sectores tradicionalmente escépticos o abiertamente opuestos a esta opción (el Frente de Guerra Oriental y líderes medios que gravitan a su alrededor[8]),

---

[8] Durante los diálogos en Caracas y Tlaxcala, el Frente Domingo Laín reivindicó la vigencia de la lucha armada. Su oposición a la política del COCE lo llevó a plantear escindirse del ELN. Junto con otros frentes, se opuso también a la búsqueda de una salida negociada durante las negociaciones entre el gobierno Pastrana y las FARC (Aponte 2021).

que han torpedeado esfuerzos recientes[9] y que tendrían pocos incentivos para negociar. De esta manera, los cambios en la cúpula de una organización, tradicionalmente asociados con la búsqueda de salidas negociadas, tendrían en el ELN el efecto contrario[10].

3. *Implicaciones*

Con base en las tendencias identificadas, es posible concluir con algún grado de certeza que factores tradicionalmente asociados con la madurez del conflicto y la generación de una "disposición" a buscar la salida negociada han estado, en buena medida, ausentes. Hoy, como en años anteriores, la situación militar del ELN no indica inequívocamente que sus opciones se han reducido a pactar o desaparecer. Sus acciones, propias de una guerra de guerrillas, le permiten afectar territorios y comunidades y regular relaciones sociales. Cuenta, además, con una retaguardia relativamente segura, con recursos considerables para continuar las acciones armadas y con un número de militantes estable o tendiente al alza.

Su "derrota estratégica" parece insuficiente para obligarlo a buscar la salida negociada. En primer lugar, porque no se trata de un desarrollo reciente. La incapacidad de los grupos insurgentes colombianos para derrotar al Estado y hacerse con el poder ha sido evidente desde tiempo atrás. En segundo lugar, situaciones más desfavorables que la actual no lo forzaron a deponer las armas en el pasado. Por sí sola, una situación militar desventajosa no es el único –o el más importante– factor en la decisión de considerar la salida negociada. Con frecuencia, la debilidad militar motiva a los actores a persistir en la confrontación, en el entendido de que negociar en esas condiciones les impedirá conseguir, al menos parcialmente, algunos de sus objetivos.

Por otro lado, la esperanza que algunos han cifrado en una fraccionalización extrema de la organización es incierta. Como han señalado algunos analistas, por su estructura descentralizada y su tradición deliberante, las crisis internas han marcado la historia del ELN, y, sin embargo, pese a algunas

---

[9] Diversos analistas consideran que el atentado con carro-bomba contra la Escuela de Cadetes de Policía en enero de 2019 no fue ordenado o autorizado por el COCE (360 Radio 2019).

[10] Algunos observadores describen al nuevo primer comandante ("Antonio García") como intransigente e inflexible, representante de una línea muy dura, con la que es prácticamente imposible negociar (Infobae 2021). Se argumenta que "representa el ala bélica y menos dialogante y sin mayor cálculo político" y que "ha descuidado el reglamento ético que caracterizaba a los miembros de esa guerrilla" (PARES 2019).

rupturas, ha logrado manejarlas y mantener la unidad de la organización (Garzón et al. 2021).

4. Una nueva ventana de oportunidad

El hecho de que el ELN no se encuentre *ad portas* de una "catástrofe inminente" o de un "estancamiento de desesperación" no debe ser causa de desánimo o derrotismo. Como señalamos en el marco introductorio, la disposición a negociar no es generada exclusivamente por condiciones onerosas para las partes. Si bien persisten las tendencias señaladas como obstáculos a la salida negociada en los dos gobiernos anteriores, el desenlace de la contienda electoral del pasado 19 de junio ha creado una potencial ventana de oportunidad.

Los cambios en la dirigencia de las partes frecuentemente se asocian con la madurez interna. Los nuevos líderes normalmente gozan de mayor libertad para desasociarse de las políticas de sus antecesores (Mitchell 1983) y para marginar o excluir personas comprometidas con las políticas vigentes (Pruitt 2005). El cambio en la cúpula del actor gubernamental se considera especialmente importante, porque puede llevar al reconocimiento de la organización rebelde y porque la dependencia de las perspectivas políticas del Gobierno de un resultado satisfactorio aumenta su compromiso con la salida negociada (Lieberfeld 2016).

En el caso que nos ocupa, aunque los dos candidatos finalistas a ocupar la Presidencia de la República ofrecieron reanudar los diálogos con el ELN, sus propuestas diferían significativamente. El candidato perdedor esperaba que, mediante un "otrosí", esta organización adhiriera como firmante al acuerdo alcanzado con las FARC, para evitar crear "nuevas mesas de negociación que impliquen interminables conversaciones"[11]. Esta posición no solo contraría los aportes de décadas de investigación para la paz sobre negociaciones para poner fin a conflictos profundamente arraigados con grupos que no han sufrido una derrota militar, sino que insiste en una fórmula reiteradamente rechazada por el ELN: la conversión de su proceso de paz en un simple "apéndice" del proceso con las FARC.

En contraste, el candidato ganador se comprometió explícitamente a cumplir los acuerdos de paz con las FARC y a retomar "las negociaciones con el ELN para finiquitar la existencia de la insurgencia armada en Colombia a partir del

---

[11] Rodolfo Hernández. Programa de gobierno del candidato presidencial. 2022. Disponible en: https://acmineria.com.co/acm/wp-content/uploads/2022/05/Rodol foHernandez-ProgramaDeGobierno.pdf.

diálogo político"[12]. Este compromiso no es fruto de una decisión apresurada o motivada por la coyuntura, sino la ratificación de la tradicional postura del presidente Petro y su movimiento político.

El cambio de gobierno implica cambios de percepción que allanan el camino hacia el proceso de negociación. El interés del ELN en el control de recursos no se interpreta necesariamente como evidencia de la mutación de esta organización hacia una rebelión motivada por la codicia[13], y su autoritarismo creciente en la relación con las comunidades no se toma como una muestra fehaciente de su desideologización y pérdida de objetivos políticos. Esta contradicción con sus principios y su discurso se entiende desde una perspectiva más pragmática, en línea con estudios que reconocen que actores ideológicamente motivados también ejercen violencia contra la población civil[14].

La transición de un gobierno que repetidamente obstaculizó la paz a uno resuelto a buscar la salida negociada podría alterar el "ethos conflictivo" (Mac Ginty 2022), reducir el escepticismo al interior del ELN, fortalecer los sectores más proclives a la negociación y posibilitar consensos a favor de la salida negociada. No obstante, resulta prematuro evaluar sobre bases sólidas el impacto real del cambio de gobierno en la contraparte. ¿Lograrán la disposición del Gobierno y sus primeras medidas en esa dirección[15] inclinar

---

[12] Colombia: Potencia mundial de la vida. Programa de gobierno 2022–2026, punto 5, disponible en: https://drive.google.com/file/d/1nEH9SKih-B4DO2rhjTZAK iBZit3FChmF/view.

[13] Como sugiere la teoría económica, la apropiación de recursos puede motivar la rebelión o simplemente hacerla posible. La depredación de recursos, afirma Collier (2000: 4), "puede ser tan sólo una necesidad lamentable en la ruta hacia la justicia percibida o el poder".

[14] Esta violencia puede ser resultado del colapso de la autoridad y el control y el temor de que la población transfiera su lealtad a un oponente, especialmente cuando su adhesión es instrumental y no ideológica (Kalyvas 2001, 2004). También puede obedecer a las diversas racionalidades, lógicas y objetivos con los que los rebeldes operan en un territorio determinado (Ortiz 2001) y al escenario que el territorio representa para los insurgentes: fuente de ingresos o de apoyo político o zona de operaciones militares, de tránsito o de retirada (Escobar 1995). El mismo "Che" Guevara justificaba el "terror planificado" contra la base campesina para lograr su neutralidad inicial y reconocía que, en una fase del conflicto, ambas partes ejercerían terror contra los campesinos, "aunque con calidades diferentes". Véase *El diario del Che en Bolivia*, resumen de los meses de abril y mayo, disponible en: http://biblio3.url.edu. gt/Libros/2013/eldiaChe.pdf.

[15] Entre las más destacables para el eventual proceso de paz están la suspensión de las órdenes de captura y extradición contra los negociadores del ELN que se encuentran en La Habana, el proyecto que busca reformar las facultades para negociar con los

la balanza interna de la organización en favor de la negociación? ¿Aceptarán los sectores más renuentes que las "revoluciones" no se negocian?[16] ¿El tener al frente a un gobierno de "izquierda" los llevará a moderar o a radicalizar sus aspiraciones? ¿Conservará el Gobierno el apoyo de sectores tan diversos a medida que el proceso exija trascender las concesiones de carácter estrictamente procedimental? ¿Encontrará finalmente el ELN más atractiva la posibilidad de fortalecer su proyección social y política en un ambiente de paz y cambios que la de verse condenado, en la afortunada frase de Valencia (1993), a una "rebelión permanente o delincuencia política endémica"?[17]

Referencias

Aponte, Andrés. 2021. "Descifrando al ELN: un federalismo insurgente, génesis y desarrollo de sus constreñimientos organizacionales, 1964–2020". En *¿Por qué es tan difícil negociar con el ELN? Las consecuencias de un federalismo insurgente, 1964–2020*, editado por Andrés Aponte y Fernán González, 55–195. Bogotá: Centro de Investigación y Educación Popular/Programa por la Paz.

Cajiao, Andrés. 2022. "Ni paz ni guerra: escenarios híbridos de inseguridad y violencia en el gobierno Duque". Fundación Ideas para la Paz, informe 36, mayo.

Charles, Mathew. 2019. "Colombia's Longest Insurgency and the Last Chance for Peace?" *Nacla*, 23 de diciembre.

Collier, Paul. 2000. "Economic Causes of Civil Conflict and their Implications for Policy". The World Bank, 15 de junio.

Comisión de la Verdad. 2022. Hay futuro si hay verdad: Informe Final de la Comisión para el Esclarecimiento de la Verdad, la Convivencia y la No Repetición. Bogotá: Comisión de la Verdad.

grupos insurgentes y la invitación al presidente Maduro a servir como garante en el proceso con esta organización.

[16] En entrevista publicada el 21 de marzo en el Suplemento de la revista *Insurrección*, "Antonio García" desestimaba las posibilidades de cambio promovidas por los gobiernos de izquierda en Latinoamérica: "Son procesos que siguen quedando atrapados en las trampas de las instituciones del estado capitalista, donde impera la democracia representativa y sigue negando las verdaderas dinámicas de una democracia directa y participativa".

[17] Este capítulo se centró en identificar tendencias identificadas en la literatura como relevantes para generar la voluntad de ponerle fin a un conflicto armado en los dos últimos periodos presidenciales en Colombia y en lo corrido desde la elección del presidente actual. Algunos trabajos, incluyendo otros capítulos en este libro, han recogido enseñanzas de procesos anteriores y sugerido estrategias y mecanismos para sacar adelante un proceso de paz con el ELN. Véase, entre otros, de Currea-Lugo (2014), de Currea-Lugo (2015), Mouly y Hernández (2020), Llorente y Garzón (2020).

Correal, David, Andrés Palencia y Ana C. Restrepo. 2021. "Reporte del conflicto con el ELN". CERAC, Reporte mensual número 8, 29 de enero.

Correal, David, Andrés Palencia y Ana C. Restrepo. 2022. "Reporte del conflicto con el ELN". CERAC, Reporte mensual número 19, 3 de enero.

de Currea-Lugo, Víctor, ed. 2014. *¿Por qué negociar con el ELN?* Bogotá: Editorial Pontificia Universidad Javeriana.

de Currea-Lugo, Víctor, ed. 2015. *Negociación gobierno-ELN. Y, sin embargo, se mueve.* Bogotá: Antropos.

Defensoría del Pueblo. 2018. *Informe especial: economías ilegales, actores armados y nuevos escenarios de riesgo en el posacuerdo.* Bogotá: Defensoría del Pueblo.

Echandía, Camilo. 2008. "El fin de la invulnerabilidad de las FARC. El estado actual del conflicto armado en Colombia". *Nueva Sociedad* 217: 4–13, septiembre-octubre.

Echandía, Camilo. 2013. "Auge y declive del Ejército de Liberación Nacional (ELN): Análisis de la evolución militar y territorial de cara a la negociación". Fundación Ideas para la Paz, Serie Informes No. 21.

Echandía, Camilo. 2015. "Cincuenta años de cambios en el conflicto armado colombiano (1964–2014)". *Revista Zero*, Universidad Externado de Colombia, Facultad de Finanzas, Gobierno y Relaciones Internacionales.

Echandía, Camilo y Eduardo Bechara. 2006. "Conducta de la guerrilla durante el gobierno Uribe Vélez: de las lógicas de control territorial a las lógicas de control estratégico". *Análisis Político* 57: 31–54.

Echandía, Camilo e Irene Cabrera. 2022. "Los ataques del ELN envían un mensaje al próximo gobierno". *Razón Pública*, 27 de febrero.

El Tiempo. 1995. "Domingo Laín, un frente poco sumiso", 2 de abril. https://www.eltiempo.com/archivo/documento/MAM-308473.

Ellis, Evan. 2021. "El fortalecimiento de las actividades del ELN (Ejército de Liberación Nacional) en Colombia y Venezuela". *Revista Fuerza Aérea-EUA*. Segunda Edición: 24–45.

Escobar, Santiago. 1995. "Algunos elementos para el análisis de la estructuración del movimiento guerrillero en Colombia." Presidencia de la República de Colombia, Consejería para la Paz.

Fein, Helen. 1979. *Accounting for genocide: national responses and Jewish victimization during the Holocaust.* New York: Free Press.

Garzón, Juan C., Andrés Aponte, Tatiana Prada y Lorena Zárate (2021). "Sobre la nueva supuesta crisis del ELN". *Razón Pública*, 15 de febrero.

González, Leonardo, Juana Cabezas y Paco Zimmermann. 2021. "Los Focos del conflicto armado en Colombia. Informe sobre presencia de grupos armados". INDEPAZ, septiembre.

Gordell, Kelly M. 2021. *An Assessment of Political Shocks: Considering the Domestic and International Consequences.* Disertación doctoral, University of Arizona.

Grupo de Memoria Histórica. 2013. *¡Basta ya! Colombia: memorias de guerra y dignidad.* Bogotá: Imprenta Nacional.

Human Rights Watch. 2022. "Colombia/Venezuela: Abusos de grupos armados en zona fronteriza", 28 de marzo.

Infobae. 2021. "Antonio García, un histórico de línea dura, comandará la última guerrilla en Colombia", 25 de junio. https://www.infobae.com/america/agencias/2021/06/25/antonio-garcia-un-historico-de-linea-dura-comandara-la-ultima-guerrilla-en-colombia/.

InSight Crime. 2020a. "ELN in Venezuela", 28 de enero de 2020.

InSight Crime. 2020b. "ELN", 27 de octubre de 2020.

International Crisis Group. 2014. "Left in the Cold? The ELN and Colombia's Peace Talks". *Latin America Report* 51, 26 de febrero.

Jiménez, Juan y Juana Cabezas. 2020. "Balance sobre las dinámicas del Ejército de Liberación Nacional -ELN- en Colombia 2018, 2019 y 2020–I". INDEPAZ, febrero.

Jordan, Thomas. 2000. "Glasl's Nine-Stage Model of Conflict Escalation". Mediate, 10 de octubre.

Kalyvas, Stathis. 2001. "Esbozo de una teoría de la violencia en medio de la guerra civil". *Análisis Político* 42: 1–25.

Kalyvas, Stathis. 2004. "The Paradox of Terrorism in Civil War". *The Journal of Ethics* 8: 97–138.

Kalyvas, Stathis y Laia Balcells. 2010. "Did Marxism Make a Difference? Marxist Rebellions and National Liberation Movements". Trabajo preparado para el Encuentro Anual de American Political Science Association, Washington, D.C., septiembre 2–5.

Kriesberg, Louis. 1998. *Constructive Conflicts: From Escalation to Resolution*. Lanham, Maryland: Rowman & Littlefield.

Lieberfeld, Daniel. 2016. "Leadership Change and Negotiation Initiatives in Intractable Civil Conflicts". *International Journal of Peace Studies* 21 (1), Spring: 19–43.

Llorente, María V. y Juan C. Garzón. 2020. "¿Qué hacer con el ELN? Opciones para no cerrar la puerta a una salida negociada". Fundación Ideas para la Paz, Siguiendo el conflicto, 2 de enero.

MacDermott, Jeremy. 2019. "Op-Ed: The ELN as a Colombo-Venezuelan Rebel Army". InsightCrime, 22 de mayo.

Mac Ginty, Roger. 2022. "Conflict Disruption: Reassessing the Peace and conflict System". *Journal of Intervention and Statebuilding* 16(1): 40–58.

Macías, Javier. 2019. "Los ingresos alternos del ELN en Arauca", *El Colombiano*, 23 de febrero. https://www.elcolombiano.com/colombia/paz-y-derechos-humanos/las-otras-economias-del-eln-ME10278444

Medina, Carlos. 2010. *FARC-EP y ELN: Una historia política comparada (1958– 2006)*. Disertación doctoral, Universidad Nacional de Colombia

Medina, Carlos. 2013. "La paz durante la administración del presidente Álvaro Uribe Vélez (2002–2020)". En *Diálogos exploratorios de paz Gobierno-ELN*, compilado por Álvaro Villarraga, 53–73. Bogotá: Fundación Cultura Democrática.

Medina, Carlos. 2019. "Gustavo Aníbal Giraldo Quinchía, 'PABLITO'. El hombre de guerra del ELN". *Razón Pública*, 4 de febrero.

Mitchell, Christopher. 1981. *The Structure of International Conflict*. New York: St. Martin's.

Mitchell, Christopher. 1983. "Rational Models and the Ending of Wars". *Journal of Conflict Resolution* 27 (3): 495–520.

Mitchell, Christopher. 1991. "Como poner fin a guerras y conflictos: decisiones, racionalidad y trampas". *Revista Internacional de Ciencias Sociales* 127: 35–58.

Mitchell, Christopher (1996). "Evitando daños. Reflexiones sobre la madurez de un conflicto". Gernika–Gogoratuz.

Mouly, Cécile y Esperanza Hernández. 2020. *Logros, desafíos y lecciones del proceso de paz entre el Gobierno colombiano y el Ejército de Liberación Nacional, 2010–2019*. Bogotá: Instituto Colombo-Alemán para la Paz, Capaz.

Nordquist, Kjell Ake. 1995. "Tres formas de mediación y cuándo usadas". *Estudios Internacionales* 6 (12): 75–91.

Ortiz, Carlos. 2001. "Actores armados, territorios y poblaciones". *Análisis Político* 42: 67–75.

PARES, Fundación Paz y Reconciliación. 2013. "¿Cómo llega el ELN a la mesa de negociaciones?"

PARES, Fundación Paz y Reconciliación. 2019. "Más sombras que luces. La seguridad en Colombia a un año del gobierno de Iván Duque".

PARES, Fundación Paz y Reconciliación. 2021. *Dinámicas en las que participa el ELN en el último año y perspectivas para el futuro próximo*.

Pizarro, Eduardo. 2004. *Una democracia asediada. Balance y perspectivas del conflicto armado en Colombia*. Bogotá: Grupo Editorial Norma.

Prieto, Carlos, Catalina Rocha e Isabela Marín. 2014. "Seis tesis sobre la evolución reciente del conflicto armado en Colombia". Fundación Ideas para la Paz, Serie Informes No. 23.

Pruitt, Dean. 2005. "Wither Ripeness Theory?" Institute for Conflict Analysis and Resolution, George Mason University.

Pruitt, Dean. 2015. "The evolution of readiness theory". En *Handbook of International Negotiation*, editado por Galluccio, Mauro, 123–138. Heidelberg: Springer Cham.

Pruitt, Dean y Jeffrey Z. Rubin. 1986. *Social Conflict: Escalation, Stalemate and Settlement*. New York: Random House.

Ríos, Jerónimo, ed. 2022. *¿Dónde está la paz territorial? Violencia(s) y conflicto armado tras el Acuerdo de Paz con las FARC-EP*. Madrid: Editorial Silex.

Stimec, Arnaud y Jean Poitras. 2010. "Ripeness, Readiness and Grief in conflict analysis". Ponencia presentada en la 23rd Annual International Association of Conflict Management Conference, Boston, Massachusetts, junio 24 – 27.

Valencia, Hernando. 1993. *La justicia de las armas: una crítica normativa de la guerra metodológica en Colombia*. Santafé de Bogotá: Tercer Mundo Editores.

Valenzuela, Pedro. 2014. "Consideraciones sobre el proceso de paz con el ELN". En *¿Por qué negociar con el ELN?*, editado por Víctor de Currea-Lugo, 167–182. Bogotá: Editorial Pontificia Universidad Javeriana.

Valenzuela, Pedro. 2018. "The end of the armed conflict in Colombia: A multicausal factor explanation". *Peace and Change* 43(2): 205–217.

Vargas, Alejo. 2012. "El ELN: una guerrilla distinta en el mismo conflicto". *Razón Pública*, 10 de diciembre.

WOLA, Washington Office on Latin America. 2020. "The ELN". Colombia Peace. Monitoring Progress in Peace Dialogues.

Zartman, William. 1985. *Ripe for Resolution: Conflict and Intervention in Africa*. New York: Oxford University Press.

Zartman, William. 1986. "Ripening Conflict, Ripe Moment, Formula, and Mediation". En *Perspectives on Negotiation: Four Case Studies and Interpretations*, editado por Diane Bendahmane y John Mcdonald, 205–227. Washington, D.C.: Center for the Study of Foreign Affairs.

Zartman, William. 2000. "Ripeness: The Hurting Stalemate and Beyond". En *International Conflict Resolution After the Cold War*, editado por Paul C. Stern and Daniel Druckman, 225–250. Washington, D.C.: National Academy Press.

360 *Radio*. 2019. "Eln cometió el atentado, pero no fue ordenado por el alto mando: exmilitante de esa guerrilla", 18 de enero.

9. *Diálogos con el Ejército de Liberación Nacional en prospectiva*

David Aponte, Margarita Canal, Alejandro Reyes Lozano y María Fernanda Arias

Este capítulo tiene como objetivo analizar los principales retos de retomar los diálogos entre el Gobierno colombiano y el Ejército de Liberación Nacional (ELN), así como esbozar una serie de factores a considerarse en la configuración de una nueva negociación entre los mencionados actores. Los diversos intentos de diálogos entre las partes que se han presentado en varios periodos presidenciales desde los años 90, con muy pocos resultados, han demostrado dificultades y problemas esenciales desde la concepción inicial a partir de la cual cada actor aborda la negociación. Algunos capítulos en este libro ilustran cómo las conversaciones con el ELN presentan varios retos. Existen múltiples argumentos en la literatura de negociación interdisciplinaria para explicar algunos de estos desde las condiciones asociadas a la "madurez" (*ripeness*) del conflicto, el cambio en las condiciones que favorecen el inicio de una conversación (Zartman 1986; 2000) hasta la "disposición" (*readiness*) de las partes a entablar una negociación y luego avanzar hacia un acuerdo (Pruitt 2007; 2015; Valenzuela 2018).

Otras teorías plantean las dificultades que presentan las negociaciones políticas complejas, teniendo en cuenta la falta de preparación de los actores que participan (Powell 2015), o la existencia de asimetrías de información entre las partes (Fudenberg y Tirole 1983). Otro factor que incide en este tipo de negociaciones tiene que ver con cuestiones asociadas al desprecio o falta de dignidad de algunos de los involucrados (Benabou y Tirole 2009).

En adición a estos retos generales, un diálogo con el ELN presenta retos específicos que incluyen: (i) elementos identitarios relacionados con la idiosincrasia o *ethos* del ELN, como guerrilla de resistencia prolongada con hitos de supervivencia a crisis históricas que anida la idea de su "permanencia en el

tiempo"; (ii) dificultades presentadas por la representatividad y comando unificado, como por ejemplo si todos los frentes o estructuras se sienten representados en los negociadores, especialmente aquellos más poderosos financiera
o militarmente; (iii) la resistencia del ELN a un proceso de desmovilización
estándar; (iv) el "federalismo insurgente" y la falta de expresión regional en
las negociaciones (p. ej., FIP 2022; Mouly y Hernández 2020; Aponte y González 2021; Aponte y Vargas 2011).

Adicionalmente, dos visiones que se han encontrado en los procesos de
diálogo entre los actores mencionados son, del lado del Gobierno, el interés de
un cese al fuego anticipado y de la liberación de secuestrados como precondición para iniciar las negociaciones y, por parte del ELN, la necesidad de contar con reformas estructurales como una condición previa al establecimiento
de una mesa de conversaciones, estando aun armados, y que dichas reformas
sean concertadas tanto con ellos como con diversos sectores de la población.
Esto último ha conllevado algunas críticas relacionadas con su connotación
negativa para las "iniciativas ciudadanas, más aún cuando se trata de controlar
o abrogarse la representación de la sociedad local" (Ramírez 2021: 21).

Teniendo en cuenta los distintos retos de reiniciar un diálogo con el ELN,
anunciado por las partes en octubre de 2022, que busca retomar toda o gran
parte de la agenda ya convenida en la negociación con el Gobierno de Juan
Manuel Santos (*El Espectador* 2022a), se plantea entonces la pregunta: "¿Qué
factores y elementos de análisis se pueden considerar en la configuración de
una nueva conversación de paz con el ELN?". Este capítulo pretende responder a esta pregunta desde un marco de teorías como la negociación colaborativa, distributiva y mixta, la negociación tridimensional y los principios de
justicia distributiva y justicia procedimental, así como teniendo en cuenta
algunas metodologías de diálogo participativo, como la toma de decisiones
por consenso, el diálogo estructurado y los espacios abiertos. Además, se
busca realizar un análisis prospectivo de una nueva conversación con el ELN,
brindando posibles escenarios y, frente a ellos, algunas ideas sobre teorías y
métodos que pueden ser de utilidad en un diálogo entre el Gobierno colombiano y el ELN, con base en las tres preguntas a continuación: (i) ¿cuáles
aproximaciones pueden ayudar a dinamizar las conversaciones entre múltiples
partes?; (ii) ¿qué elementos especiales del ELN son clave tener en cuenta en
el proceso de conversaciones, en particular pensando lo regional?, y (iii) ¿qué
mecanismos pueden ayudar a facilitar las conversaciones?

1. *Metodología*

Las fuentes revisadas son principalmente documentales, incluyendo referencias teóricas, metodológicas y casos comparativos. Asimismo, entre mayo y

junio de 2022 se realizaron entrevistas a personas que han trabajado directamente en negociaciones con el ELN (incluyendo a uno de los autores del presente capítulo, quien fue parte de la delegación gubernamental). Se utilizó el análisis temático para categorizar la información obtenida de las entrevistas, ya que tiene flexibilidad para adaptarse a formas de razonamiento (deductivo, inductivo o abductivo) sin dejar de ser riguroso y consistente (Kiger y Varpio 2020). Esto, además, concuerda con Braun y Clarke (2006), quienes sostienen que el análisis temático es un método apropiado cuando se trata de comprender un grupo de experiencias, pensamientos o comportamientos a través de datos sin procesar. Por último, los autores pusieron en práctica la reflexión grupal a través de reuniones semanales virtuales que fueron grabadas para facilitar el seguimiento de estas discusiones e integrar al capítulo las ideas de manera crítica y constructiva.

2. *Aproximaciones a la negociación*

Para responder a la pregunta, ¿cuáles aproximaciones pueden ayudar a dinamizar las negociaciones entre el Gobierno y el ELN?, a continuación se describen elementos de la negociación colaborativa, distributiva y mixta, de la negociación tridimensional y de los principios de la justicia distributiva y de la justicia procedimental. Fisher, Ury y Patton (1991: xxvii) definen la negociación como "una comunicación de ida y vuelta diseñada para llegar a un acuerdo". Esta definición incluye dos niveles, las personas y la sustancia. Esto significa que las negociaciones implican una interacción entre dos o más actores y están dirigidas a conseguir un propósito específico. Este proceso puede llevar a una decisión entre los actores involucrados. Para llegar a esa decisión o acuerdo, las personas pueden utilizar distintos enfoques o modelos de negociación. Los más conocidos y usados son el colaborativo, el distributivo y el mixto.

A través del enfoque colaborativo las personas buscan soluciones que beneficien a todos a través de explorar sus necesidades y las opciones para satisfacerlas de manera conjunta. El modelo colaborativo es valioso en situaciones complejas en las que muchos problemas están en juego. Lo anterior se debe a que la multiplicidad de asuntos aumenta las posibilidades de encontrar intereses o necesidades comunes entre las partes y, a su vez, permite realizar intercambios ampliando las opciones de creación de valor. Ese valor se entiende como todo aquello importante para los participantes de una negociación y puede ser tangible o intangible (Canal y Aponte 2021).

Una ventaja del modelo colaborativo es que permite maximizar los recursos a disposición en la mesa de negociación. De acuerdo con Arévalo (2020), siguiendo a Nash (1950), este modelo resalta la importancia de identificar soluciones que permitan a ambas partes satisfacer sus intereses. Por otro lado, en el enfoque de negociación distributiva, los actores buscan soluciones a través de reclamar valor para satisfacer sus intereses o necesidades individuales. Por eso, este modelo plantea la negociación en términos de competencia, en la cual la cantidad de valor que se encuentra disponible es limitada o fija, propiciando que cada actor intente apropiarse de una parte de ella de forma individual (Canal y Aponte 2021). Teniendo esto en cuenta, este tipo de negociación suele ser conveniente cuando hay un único asunto a negociar y cuando la relación entre los participantes no contempla el largo plazo.

Además de los enfoques anteriores, el mixto utiliza tanto el modelo distributivo, como el colaborativo. Carrell y Heavrin (2008: 7) advierten que "en realidad las negociaciones son, en su mayoría, situaciones de motivos mixtos en las cuales una de las partes se beneficia más que la otra, aunque ambas logren satisfacer algunos de sus intereses". El modelo mixto puede aplicarse acorde con el momento de la negociación. Por ejemplo, al inicio es conveniente crear valor a través de la colaboración para ampliar los recursos (o valor) disponible en la mesa. Posteriormente, se puede proceder a repartir dicho valor entre los participantes usando un enfoque distributivo. Teniendo esta doble posibilidad, los negociadores se enfrentan a diferentes retos en su esfuerzo por alcanzar sus metas, uno de los cuales es definir el problema para luego decidir si es más importante reclamar valor (distribuir) o crear valor (colaborar). Además, en las negociaciones en las que se abordan múltiples asuntos, estos se pueden categorizar en distributivos, integrativos o compatibles con el objetivo de negociarlos acorde con su clasificación y lograr mayores beneficios (Canal y Aponte 2021).

Los enfoques o modelos descritos antes explican las principales formas de abordar las negociaciones. De acuerdo con Canal y Aponte (2021), el enfoque colaborativo concuerda más con la perspectiva de construcción de paz y transformación de conflictos. Esto en tanto la negociación colaborativa promueve la creación de confianza y considera las necesidades de todas las partes involucradas con el fin de establecer relaciones centradas en la mutualidad y el respeto, lo cual facilita la generación de acuerdos de paz.

En una línea diferente a la mutualidad, Axelrod (2006) plantea el principio de reciprocidad, que no implica cooperar incondicionalmente, sino teniendo en cuenta la respuesta del otro. Esto significa que, si el negociador es colaborativo desde un comienzo y su contraparte responde de igual forma, ambos pueden continuar utilizando el enfoque de negociación colaborativa. Sin embargo, si la otra parte deja de ser recíproca, el negociador tendrá que establecer límites, en lugar de continuar siendo colaborativo (Canal y Aponte

2021). Axelrod (2006) le atribuye el nombre de "toma y daca" (*tit for tat*), en otras palabras "te doy y me das", a esta dinámica de reciprocidad. Sin embargo, en las negociaciones complejas como las que se analizan acá, es importante que los negociadores consideren aspectos adicionales a la hora de definir la mejor forma de capturar valor (Canal y Aponte 2021).

Por ejemplo, Henry Kissinger, secretario de Estado de Nixon, hace una comparación entre el ajedrez y un juego propio de China, el juego de go (*wei qi*) o "juego de piezas que rodean". Las múltiples dimensiones incluyen:

1. Escenarios paralelos: la negociación va más allá de una mesa principal donde se discute y se decide todo. Contrario a esto, hay múltiples escenarios paralelos donde se toman decisiones, que inciden directa o indirectamente en el resultado final de la negociación.
2. Actores adicionales: es clave contemplar actores al margen de la mesa principal, que pueden ser determinantes para el éxito o fracaso de la negociación.
3. Incidencia de nuevos elementos: la aproximación desde el juego de go invita a considerar la forma como los nuevos elementos que se agregan al proceso pueden afectar el desarrollo de las negociaciones (Arévalo 2020).

En esta línea de las múltiples dimensiones a considerar en la negociación, Lax y Sebenius (2007) proponen un enfoque denominado 3D, que considera la importancia de tres dimensiones a sabiendas que las negociaciones complejas no tienen un único componente. La primera dimensión es el escenario de la negociación. La idea es analizar los movimientos de la negociación más allá de la mesa e identificar aquello que es necesario tener en cuenta para obtener la situación más prometedora. El escenario adecuado de acuerdo con los autores implica definir los actores relevantes a participar, así como la secuencia de involucramiento de los mismos. Además de ello, implica identificar los intereses de forma correcta en la mesa o mesas de negociación relevantes y con las expectativas adecuadas. Por último, el escenario implica definir el punto de decisión para levantarse de la mesa y las consecuencias de hacerlo (Lax y Sebenius 2007).

La segunda dimensión que Lax y Sebenius proponen es el diseño de los acuerdos. Esto implica planteamientos sobre el valor máximo posible que las personas pueden crear como resultado de la negociación de tal manera que, en lugar de enfrentar a los actores, se desarrolle una relación cooperativa en que todos se beneficien. Lax y Sebenius usan la metáfora de dirigirse al noreste implicando que un actor quiera ir al norte y el otro al este, y posibilitando que ambos puedan ir al noreste. Para lograrlo, es clave identificar aquello que desean que quede estipulado en el acuerdo y el espíritu de la relación misma. Además, es importante entender qué buscan las personas con dicha relación, de tal manera que estos principios les sirvan como mecanismos para el tratamiento de eventuales crisis y aporten a la construcción de confianza entre las partes (Lax y Sebenius 2007).

La tercera dimensión son las tácticas. Lax y Sebenius se refieren a las formas de reclamar y crear valor en las negociaciones, así como a la evaluación de la zona de posibles acuerdos (ZOPA) para implementar dichas tácticas. Además, recomiendan que cada negociador explore el posible acuerdo a partir de sus "líneas rojas" (límites). Esta dimensión también invita a tener una idea medianamente clara sobre a dónde se quiere llegar y a dónde no con el acuerdo, como una forma sólida que permite navegar el proceso de la negociación (Lax y Sebenius 2007).

Además de considerar las dimensiones y los enfoques descritos, es importante involucrar los principios de justicia distributiva y justicia procedimental como parte del diseño de las conversaciones. El propósito de estudiar los principios de estos tipos de justicia en el contexto de la negociación de un acuerdo de paz radica en que distintos estudios (Canal, Aponte, Ocampo y Rojas 2023; Druckman y Albin 2011; Albin y Druckman 2012; Druckman y Wagner 2017a, 2017b) reportan evidencias positivas de hacerlo tanto en el proceso previo como en el posterior al acuerdo para impulsar una paz estable y duradera. En la literatura sobre justicia, se plantea la importancia de analizar las relaciones entre los miembros de las delegaciones y las formas de gestionar las negociaciones a través de la justicia procedimental. Por otro lado, resulta relevante la forma de asignar beneficios y responsabilidades en los acuerdos a los involucrados en el conflicto a través de la justicia distributiva (Deutsch 1985).

3. *Algunos aportes que movilizan o dinamizan las conversaciones y pueden acercar a las partes*

El acápite a continuación pretende responder la pregunta: ¿qué metodologías pueden ayudar a dinamizar conversaciones con múltiples partes incluyendo la sociedad civil? Es importante considerar que, si se invita a la sociedad civil, incluyendo organizaciones y diversos grupos comunitarios, a participar con propuestas para la negociación de paz, se aclare el alcance que tendrán sus propuestas para no generar falsas expectativas. Algunas comunidades se sienten frustradas porque se les ha invitado a opinar en distintas iniciativas paralelas a procesos de paz y luego no saben si sus ideas fueron incluidas o no en el acuerdo. Por esto, incluir mecanismos de seguimiento y de comunicación a las comunidades y organizaciones sobre lo que ocurrió con sus propuestas es fundamental (entrevista con Angelika Rettberg, 2022). A continuación, se describen tres metodologías que pueden usarse para generar diálogos participativos e incluyentes, a saber: (i) espacios abiertos, (ii) diálogo estructurado y toma de decisiones por consenso.

Las metodologías para generar diálogos participativos se conocen con los nombres de metodologías para el diálogo o para la intervención con grupos y con grandes grupos, y facilitan la participación de diferentes estamentos de la sociedad civil. Incluyen reuniones, conferencias o eventos, donde grupos heterogéneos de personas, pequeños o numerosos, se congregan para trabajar en asuntos de importancia estratégica para ayudar a construir el cambio deseado. Estas metodologías exigen un trabajo concienzudo previo al evento, así como actividades posteriores, tales como la implementación de los planes, el monitoreo del proceso y –de ser necesario– su modificación.

Espacios abiertos

Los espacios abiertos son una metodología utilizada para trabajar con grupos y grandes grupos permitiendo a sus asistentes elaborar con autonomía y responsabilidad una agenda de acuerdo con sus prioridades y asuntos de interés. Esta metodología posibilita que todos los temas por los que los asistentes sientan interés, preocupación y/o pasión y de los que se quieran hacer responsables sean tratados. Este es un proceso emergente que invita a todos los participantes de un sistema (equipo, organización, comunidad) a construir y organizar su propia agenda, en torno a un tema central (o pregunta) que a todos convoca e interesa (Inside Hub 2019). Es apropiado para abordar asuntos que se caracterizan por un alto nivel de complejidad, incertidumbre, gran diversidad de personas involucradas, existencia de un conflicto actual o potencial y por la necesidad de obtener o producir una decisión o una respuesta en corto tiempo. La metodología de espacios abiertos sugiere incluir números significativos de personas, que oscilan entre 20 y 2000, o incluso más. Con menos de 20 participantes, se tiende a perder la diversidad necesaria para un intercambio auténtico. Por otro lado, los grupos superiores a 400 personas funcionan muy bien para esta metodología. Entre más se sumen, más fructífero será el encuentro. Para lograr un buen desarrollo, es clave que los asistentes cuenten con un alto nivel de autonomía, interés y compromiso, por lo cual la participación voluntaria cobra relevancia: "el simple hecho de invitar a las personas a unirse al círculo resulta poderoso en sí mismo" (Owen 1997: 83).

Harrison Owen, a quien se le atribuye la creación y sistematización de los espacios abiertos, sugiere como puntos clave para crear un encuentro productivo: (i) la duración, (ii) la agenda y (iii) las técnicas de conferencia. Dentro de estas son fundamentales la forma de organizar la reunión, invitar a los participantes, preparar la logística, facilitar las actividades y la selección del lugar para la reunión (Owen 1997). Todo ocurre en una gran "plaza de mercado", abierta y transparente, en la que libremente se negocian los subtemas y se conforman los distintos grupos que los abordarán. Cada una de estas reuniones es luego reportada, publicándose sus principales conclusiones y sugerencias en un panel central especialmente organizado (Owen 1997).

Al final de un espacio abierto, las acciones sugeridas por cada grupo pueden ser votadas en plenaria. Con base en las prioridades allí establecidas, se logra crear una lista concertada de acciones y planear su seguimiento (Inside Hub 2019). Como forma de complementar la inclusividad que caracteriza los espacios abiertos, a continuación se describe una metodología que permite dialogar en grupo y decidir a través de consensos.

El diálogo estructurado

El diálogo estructurado es una forma de establecer conversaciones constructivas, comprometidas y colectivas en situaciones que involucran a varios participantes. La idea es dialogar con una estructura (Holman y Devane 2007). Este diálogo se realiza con los participantes sentados formando un círculo. El círculo funciona como contenedor de lo que se habla y de las ideas que se van recogiendo a través de la conversación. Sentarse en círculo es una metáfora de una "canasta" que contiene elementos, en este caso los temas y emociones que sus integrantes traen a colación. Además, se utiliza un elemento simbólico para conceder el turno para hablar. Esto puede ser por ejemplo una piedra o una pelota, la cual se ubica en el centro del círculo de manera que, cada vez que alguien desee expresarse, se dirija al centro, lo recoja y al terminar su intervención lo ubique de nuevo allí. No se requiere de un facilitador para desarrollar la dinámica del diálogo estructurado. Alguna persona puede ayudar a mostrar la forma como funciona y ciertas pautas para lograrlo, así como el tema a tratar. Posteriormente, el ejercicio de "dialogar con una estructura" puede fluir sin que se requiera de un facilitador activo.

De acuerdo con Holman y Devane (2007), los principios del diálogo estructurado son los siguientes:

- dialogar en lugar de debatir,
- suspender el juicio frente a lo que se escucha,
- entender y compartir la comunicación como un regalo para todo el grupo,

- saber que no se está obligado a responder directamente a lo que otro está proponiendo,
- buscar ideas o propuestas, preguntar y reflexionar.

En caso de que no se cuente con un facilitador, alguien puede tomar el rol de relator para resumir las ideas discutidas y las posibles conclusiones. Tanto el diálogo estructurado como la toma de decisiones por consenso son metodologías que requieren tiempo y paciencia. Por esto, se recomienda generar acuerdos realistas sobre la duración requerida y procurar usarla con grupos no superiores a 20 personas. De lo contrario, los procesos de conversación se vuelven lentos y la toma de decisiones se torna dispendiosa (Holman y Devane 2007).

La toma de decisiones por consenso

Este modelo de diálogo para lograr acuerdos en grupo es definido por Tree Bressen (1984) como "un método de búsqueda conjunta de soluciones que satisfagan las necesidades colectivas del grupo de la mejor forma posible, en el cual todos los participantes deben estar de acuerdo con ese principio, antes que cualquier acción sea emprendida" (Tree Bressen citada en Lámbarry, Rivas y Peña 2010: 159). Los participantes no necesitan pensar lo mismo, tener la misma opinión o apoyar el mismo propósito a través de un voto anónimo. Sin embargo, deben compartir la esencia de la reunión. Esta esencia está dada por lo que el grupo defina como tema común a discutir, los puntos compatibles sobre dicho tema y aquellos en donde no hay convergencia (Holman, Devane y Cady 2007).

De acuerdo con Lámbarry, Rivas y Peña (2010), el proceso inicia con una presentación de los temas o propuestas, los antecedentes que llevaron a la reunión y los objetivos de la misma. Además, existe un facilitador cuyo rol es integrar los comentarios y ofrecer un sentido de direccionamiento al grupo. Teniendo en cuenta las características anteriores, la dinámica del modelo se divide entre fases de discusión y de revisión de propuestas, donde se intenta responder a la pregunta "¿qué se hará y cómo?". Posteriormente hay una fase de revisión general, en la que se evalúa el consenso, tratando de responder a las preguntas "¿funciona esta propuesta para el grupo?" y "¿todas las inquietudes están solucionadas?". Si la respuesta general es afirmativa, el siguiente paso es llegar a un acuerdo consensuado, donde haya un sentido de unidad generalizado y no queden inquietudes sin resolver (Holman, Devane y Cady 2007; Lámbarry, Rivas y Peña 2010).

Por otro lado, si en la fase de evaluación del consenso, la respuesta a las preguntas mencionadas es negativa, significa que hay un bloqueo al consenso, en tanto algún participante tiene "la convicción de que la propuesta no representa los intereses del grupo" (Tree Bressen citada en Holman et al. 2007: 396). Cuando esto ocurre, hay al menos dos posibilidades. Por un lado, se pueden revisar la(s) inquietud(es) con la(s) propuesta(s) para enviarlas a un comité a cargo de analizarlas y se pospone la reunión. Por otro lado, se puede optar por continuar el proceso de diálogo para intentar cambiar la situación y llegar a una etapa de modificación en la cual se maneja(n) la(s) inquietud(es) con la(s) propuesta(s) y se hacen algunos cambios en pro del bien común. Esta opción retoma al escenario inicial en donde se presentan nuevas propuestas y se responde la pregunta "¿qué se hará y cómo?" (Lámbarry, Rivas y Peña 2010).

También es posible usar la toma de decisiones por consenso en conjunto con otros métodos, como el diálogo estructurado. Los participantes se pueden sentar en círculo y usar un objeto que al tenerlo les permite hablar, usando los principios de la toma de decisiones por consenso. En cambio, si se utiliza con los espacios abiertos, puede ser provechoso usar esta al inicio para generar temas a discutir y posteriormente proponer el uso de la toma de decisiones por consenso con el objetivo de promover acuerdos en grupos más reducidos. Para usar las metodologías mencionadas en el proceso de paz como forma de recoger información para la mesa principal de negociación y/o para generar diálogos participativos e incluyentes de forma exitosa y ética, se requiere planear muy bien, definir los objetivos, la logística, los participantes, así como escoger facilitadores idóneos y analizar si es pertinente usar varias de ellas, y en ese caso definir cómo hacerlo adecuadamente.

4. Análisis prospectivo: factores a considerar en la configuración de una nueva conversación de paz con el ELN

El propósito de este acápite es brindar algunos posibles escenarios en un ejercicio de prospectiva y algunas consideraciones, propuestas y mecanismos que pueden ser de utilidad en un diálogo con el ELN.

Resistencia a un diálogo eficaz

Este apartado da respuestas iniciales a la pregunta: ¿qué elementos especiales del ELN son clave tener en cuenta en el proceso de conversaciones entre el Gobierno y el ELN? Estas respuestas se complementan más adelante. Si bien el Gobierno que inició en agosto de 2022 ha tenido una postura prodiálogo que facilita el inicio de un proceso de negociación, no es suficiente para implementar un proceso de paz satisfactorio. Así pues, desde la perspectiva de la "madurez" mencionada, la cual se entiende como el cambio de condiciones que favorecen que un actor tome la decisión de iniciar una negociación (Zartman 1986), una buena parte del ELN no está convencida de la conveniencia de una solución dialogada (cf. Aponte y Larratt-Smith en este libro).

El ELN ha demostrado ser una guerrilla de subsistencia, que se ha adaptado al proceso de salida del conflicto armado de las FARC-EP y ha compensado a su favor la pérdida de posiciones geoestratégicas que tenía en el pasado, fortaleciendo sus finanzas y logrando el aumento de su presencia en territorios alejados de centros de poder. Esto les ha ayudado a aumentar sus ingresos y a estrechar su vínculo con ciertos negocios ilícitos, como el narcotráfico, la minería, la maderería, la extorsión y el secuestro, muchos de ellos conducidos incluso en Venezuela, donde se goza de una relativa tranquilidad (Insight Crime 2022). Un detallado análisis regional realizado por la Fundación Ideas para la Paz en 2022 muestra la capacidad de adaptación y transformación del ELN, denotando que no es la misma guerrilla que tuvo acercamientos con el gobierno de Juan Manuel Santos (FIP 2022).

Así pues, puede afirmarse que el ELN se ha fortalecido en varias regiones de Colombia, ha ocupado algunos espacios abandonados por la extinta FARC-EP y no es una guerrilla derrotada. De esta forma, siguiendo la visión de Zartman (1986), existe la posibilidad de que el ELN considere más viable continuar la guerra bajo su lógica de supervivencia que negociar la paz. Si bien puede entablar una conversación con el Gobierno, esto no significa que tenga voluntad de paz y de terminar el conflicto.

Este diagnóstico se basa tanto en elementos objetivos sobre la correlación de fuerzas, como en factores subjetivos, tales como el posible reconocimiento de una situación de estancamiento o pérdida inminente de su lucha, así como un cambio hacia una percepción positiva acerca de sentarse en una mesa y sobre que una solución negociada es viable y deseable. Desde las nociones de "disposición" (*readiness*), el ELN puede mantener incredulidad sobre la posibilidad de éxito que se hace sobre los costos y beneficios de continuar en la confrontación armada (cf. Valenzuela en este libro).

En este sentido, el ELN tiene una enorme prevención que no existía previamente a la salida negociada con las FARC-EP, debido a su percepción de una falla estructural en el proceso de implementación del acuerdo de paz con dicha guerrilla. Además, en distintos escenarios el ELN ha manifestado su inconformidad con ciertos aspectos del modelo de justicia transicional diseñado en el acuerdo de paz de 2016, en especial con la Jurisdicción Especial para la Paz que considera como un escenario de rendición al cual no está dispuesto a someterse. Asimismo, ha expresado serias dudas sobre uno de los objetivos de la "paz total" propuesta por el presidente Petro, en donde eventualmente habría una negociación múltiple con actores armados, como disidencias de las FARC-EP, grupos de crimen organizado, como las Autodefensas Gaitanistas de Colombia, y el ELN.

Así entonces, de acuerdo con los entrevistados para este artículo (Angelika Rettberg, Julián Arévalo y Alejandro Reyes), varios factores juegan en contra de que el ELN se embarque en un proceso serio de diálogo y con vocación de terminación en un acuerdo de paz. Esto está influenciado, en primer lugar, por la percepción de que las FARC-EP, una guerrilla aún más poderosa militarmente que el ELN, dejó las armas por relativamente pocos cambios estructurales plasmados en el acuerdo de paz de 2016. En segundo lugar, el ELN considera que el Estado ha tenido un nivel de compromiso bajo para hacer una pertinente implementación, como lo muestra la gran cantidad de asesinatos de desmovilizados. Esto, junto con el hecho de que el partido político de las exFARC-EP ha tenido muy bajo impacto en el Congreso, hace poco atractivo el cambio de las armas por la política, que es uno de los ejes fundamentales de un acuerdo de paz (entrevista con Angelika Rettberg, 2022).

Conducción presidencial del diálogo y representatividad de negociadores del ELN

Un nuevo intento por un acuerdo de paz entre el Gobierno de Colombia y el ELN puede tener distintas premisas en el diseño de una hoja de ruta para el diálogo. En esta sección se intenta esbozar dos de ellas, a saber: "¿cómo se autorreconocen los actores?" y "¿cómo se pueden caracterizar?". Estas preguntas básicas permiten proyectar elementos metodológicos que faciliten el proceso de paz. Frente a la primera premisa, el autorreconocimiento, de un lado y desde la perspectiva institucional, el presidente de la república simboliza la unidad nacional, lidera el poder ejecutivo y legitima su autoridad en su elección democrática. A la luz del bloque de constitucionalidad de Colombia, es además responsable de dirigir las acciones que permitan garantizar el derecho fundamental a la paz. Dado su pasado revolucionario y cercanía con agendas sociales, el presidente Gustavo Petro (2022–2026) podría tener un rol mucho más directo y protagónico al dirigir al menos en una primera fase unos acuerdos generales u hojas de ruta que le den cimientos sólidos a la conversación con el ELN y alejarse un poco del sistema organizado a través de equipos técnicos en múltiples temas, que tuvo el estilo de negociación con las FARC-EP usado por el gobierno de Juan Manuel Santos.

Este aspecto personal sobre el presidente y su Gobierno fue resaltado por uno de los negociadores del ELN, Antonio García, en la rueda de prensa posterior al comunicado sobre la reanudación de las conversaciones: "Las nuevas condiciones políticas han permitido reiniciar las negociaciones. Hay un viraje en la política de paz y es probable que los acuerdos a los que vayamos llegando vayan abriendo nuevas oportunidades" (*El Espectador* 2022b). En este sentido, merece recordar la concentración de 13 días que se logró con los acuerdos de Camp David entre el presidente egipcio Anwar Sadat y el primer ministro israelí Menachem Begin en septiembre de 1978 después de 12 días de negociaciones con el apoyo del presidente Jimmy Carter. Es importante considerar que el método de La Habana funcionó con la guerrilla de las FARC-EP, pero eso no garantiza que funcione con otros grupos. De hecho, expertos entrevistados manifestaron que parte de las dificultades de la negociación con el ELN durante la presidencia de Santos fue que se usó un modelo parecido al de La Habana con múltiples temas, un gran equipo por cada lado de la mesa y se abordaron temas técnicos desde el inicio (entrevistas con Angelika Rettberg, 2022; Julián Arévalo, 2022).

Por su parte, el ELN mantiene una estructura organizativa compleja con un esquema de toma de decisiones que deposita en el Comando Central (COCE) la gestión de su mando. Se determina como una expresión de rebeldía e insurgencia popular y es así cómo se sitúa como un representante del pueblo. Lo anterior permite dar una explicación sobre por qué la delegación gubernamental que participó en la mesa de diálogos con el ELN durante el gobierno del presidente Santos manifestó que su mandato era "explorar" alternativas para desarrollar la agenda concertada. Esta afirmación generó dudas sobre la capacidad del grupo de representantes para adquirir compromisos que posteriormente pudieran cumplirse por toda su organización.

En cuanto a la pregunta "¿cómo se pueden caracterizar los actores?", se puede afirmar que en la práctica, mientras que la delegación gubernamental lleva la vocería del presidente de la República y tiene mecanismos ágiles para consultar las decisiones que permitan definir acuerdos, la delegación del ELN debe agotar un proceso de validación al interior de su organización que dificulta, entre otras cosas, la agilidad para llegar a acuerdos. Frente a este hecho, un nuevo intento de diálogo de paz puede anticipar alternativas que faciliten al ELN mecanismos de consulta y validación internas, de tal forma que se gane agilidad tanto en la formalización de acuerdos como en la implementación de posibles acciones previas que surjan de la mesa, como por ejemplo las audiencias de Tocancipá de 2017. Estas alternativas de validación interna pueden incluir los mecanismos de diálogo acá propuestos, como la toma de decisiones por consenso, o el diálogo estructurado, los cuales desarrollados de manera adecuada facilitan la toma de decisiones de forma incluyente y consensuada.

La segunda premisa está relacionada con las características de las partes. Desde el punto de vista organizacional, el Gobierno colombiano representa una rama del poder público, con atribuciones constitucionales que le permiten consolidar acuerdos con organizaciones guerrilleras y gestionar acciones para cumplirlos a través de la estructura administrativa en cualquier parte del territorio nacional. Ahora bien, frente al ELN se ha cuestionado si su influencia es nacional o se limita a algunas regiones. Para responder este interrogante, suelen presentarse análisis centrados en las acciones ofensivas y combates con participación de sus estructuras armadas. A continuación, se exploran unas ideas complementarias sobre la capacidad y representatividad de los negociadores por parte del ELN y una problematización de las mismas.

El ELN entre lo político y lo armado

Este apartado da continuidad la pregunta planteada atrás: ¿qué elementos especiales del ELN son clave tener en cuenta en el proceso de conversaciones con el Gobierno? Con el propósito de identificar elementos que permitan evolucionar hacia la construcción de acuerdos de paz, se puede tomar distancia de las variables tácticas y militares arriba mencionadas para revisar enfoques más programáticos que den contenido y a la vez propicien el desarrollo de la agenda de diálogo. Dos situaciones pueden facilitar dichos enfoques. En primer lugar, el cese al fuego concertado en 2017 da prueba de la capacidad de mando y control del ELN sobre sus estructuras armadas:

> Ellos con el acuerdo de cese al fuego dieron prueba de que logran comprometer a toda su organización. Además, no se puede perder de vista que generaron un segundo hecho notorio trayendo su delegación a Tocancipá a generar espacios de escucha. Ahí se leen dos hechos distintos, pero que hablan de compromiso y que hablan de la posibilidad de decidir (entrevista con Alejandro Reyes, 2022).

Paralelo a lo mencionado, se puede identificar una apreciación más allá de los factores asociados con la dinámica de la confrontación armada. Bajo esta perspectiva, según Velandia (2014), el ELN tiene una fuerza más política y organizativa que armada, en un porcentaje aproximado de 80 % para lo primero y solo 20 % en lo armado. Esta característica permite guardar una prudente distancia de los análisis tácticos que resaltan una asimetría militar y que eventualmente han tenido como consecuencia que se desestimen las condiciones de madurez para el diálogo o que incluso se descarte al ELN como un actor relevante que amerite la atención del Gobierno. En este sentido, será un gran reto negociar con el ELN armado en la mesa de conversaciones, pero, sobre todo, será un enorme reto dar cabida a expresiones políticas locales y regionales de ese ELN más político que no se suele atender ni escuchar, teniendo en cuenta que no es el único vocero ni representante de inconformidades sociales en los territorios donde tiene presencia.

Una segunda característica a resaltar sobre el ELN, y que es fundamental para dinamizar el diálogo con el Gobierno colombiano, tiene que ver con su interés en la participación popular como eje central de su visión para generar consensos. Se ha planteado que "el motor de una negociación viable con el ELN es la participación de la sociedad civil. [...] desde que Francisco Galán y Felipe Torres, en 1996, construyeron la propuesta de Convención Nacional y se la propusieron al COCE. Ese era el camino para un acuerdo de paz, la participación de la sociedad" (Celis 2019: 169). Al revisar este interés por la participación ciudadana en la interacción con el Gobierno, se resaltan ejercicios como el ya mencionado con las audiencias de Tocancipá y la visita de algunas delegaciones de ciudadanos a la mesa de diálogos en Quito y La Habana durante el proceso de paz que se desarrolló hasta 2018 (cf. Mouly en este libro).

Pensando lo regional

A manera de hipótesis, al conjugar las dos premisas hasta aquí expuestas para proyectar opciones que den agilidad a la construcción de consensos, se puede plantear el diseño de unos diálogos regionales que descentralicen el proceso y permitan la participación directa de múltiples actores sociales, entre los que se incluyen las estructuras clandestinas y locales desarmadas de la guerrilla. Así, al generar un vínculo directo de algunas regiones del país con la mesa de diálogo, se eliminarían algunas dificultades para que se surtan las consultas entre mandos y las diversas "fuerzas organizativas" que conforman al ELN. La puesta en práctica de las metodologías para el diálogo y los enfoques de negociación expuestos en el presente artículo pueden contribuir al desarrollo de tales encuentros. Sin embargo, para incrementar la viabilidad de la opción de lo regional, a continuación se explican algunos elementos que merecen ser analizados previamente por los actores.

Indicadores objetivos para la selección de lugares y actores

Además de plantear las zonas en las que los combates revelan la presencia armada del ELN, pueden explorarse regiones en las que las temáticas ambientales hayan tenido avances. Buscar alternativas a las variables tácticas de la confrontación armada es una necesidad que desmilitariza la conversación y permite encontrar contenidos para los acuerdos. Ello implica que los asuntos propios de la confrontación armada se aborden por separado y bajo una óptica que lleve a terminarla.

Propósitos claros que contribuyan al diálogo

Es importante que la convocatoria a la sociedad civil tenga un marco de referencia definido que permita a los participantes sintonizarse con las temáticas de la agenda del diálogo y que nutra así las posibilidades del acuerdo. Esto ayuda a evitar expectativas imposibles de satisfacer por parte de los actores oficiales de la mesa, así como que los espacios se transformen en un debate o juicio público sobre los programas de gobierno. El concepto de "seguridad humana" contemplado en la iniciativa de "paz total" involucra un grado importante de diálogo en el nivel regional y representa un avance esencial porque está a la vanguardia en materia de concepción de seguridad, pasando de una seguridad institucional o del Estado a una seguridad de los habitantes, dada en coconstrucción con las comunidades. Así, uno de los propósitos de ese diálogo regional puede ser la construcción de planes locales y regionales de seguridad basados en esta concepción moderna y consensuada.

Relación con autoridades locales

Aunque la dirección del diálogo y la capacidad jurídica para celebrar acuerdos que comprometan al Estado están concentradas en el presidente de la República, conviene identificar el rol que gobernadores y alcaldes puedan tener al ser "anfitriones" de los diálogos regionales. Sumado a lo anterior, la capacidad técnica de actores públicos y privados resulta deseable en la configuración de acciones concretas a desarrollar. La política de paz en discusión contempla incluso la designación de comisionados de paz regionales que puedan adelantar conversaciones y procesos de diálogo en su territorio. Si bien es loable tener capacidades regionales de diálogo, como se sostiene en este capítulo, también debe revisarse bien y no dejar abierto facultades de dichos comisionados regionales que puedan generar expectativas que no lleguen a ser cumplidas y generen desesperanza, o no estén articuladas con la paz nacional.

Incidencia transnacional

Múltiples reportes dan cuenta de la presencia de unidades y comandantes del ELN en territorio venezolano. Este hecho se suma al anterior elemento para anticipar que hoy en día algunos comandantes afirman que son una guerrilla binacional. Resulta entonces esencial analizar la necesidad de adelantar acciones consulares y diplomáticas que permitan enfrentar este reto bilateralmente.

Carácter vinculante de las propuestas regionales

En armonía con las expectativas que propicia un diálogo de paz, resulta fundamental ofrecer claridad sobre el alcance de la participación ciudadana. Una cuestión a resolver es si la exposición de necesidades e iniciativas que surjan en los espacios regionales generan la obligación de incluirlos como parte de los acuerdos de la mesa de diálogos o si constituyen obligaciones para el ELN y el Gobierno. En línea con esto y como se mencionó antes, la sociedad civil está desgastada y frustrada de no poder conocer el alcance de sus contribuciones en estos procesos participativos (entrevista con Angelika Rettberg, 2022).

Un avance interesante en este modelo regional es la facultad de creación de las denominadas "regiones de paz" que está contemplándose en la política de paz del Gobierno de Petro. Algunos elementos pueden ser problemáticos, por lo que se debe tener más detalle y claridad sobre su contenido, alcance, facultades y temporalidad. En el pasado se intentaron las zonas de rehabilitación (fines de los años 80 y principios de los 90), pero recibieron múltiples críticas porque muchos de los recursos los manejaron los actores armados. Debe quedar claro que el Estado está a cargo de la ejecución de los procesos en esas regiones, teniendo en cuenta a los distintos actores civiles y armados que hagan la transición hacia la paz. Igualmente, no puede quedar una idea de que estas regiones de paz son zonas de despeje o desmilitarizadas: por lo tanto, debe garantizarse el estado de derecho y la presencia estatal.

La valoración de estos elementos puede aportar en la decisión de escenarios para retomar el diálogo, expresada tanto por el presidente Petro como por los líderes del ELN. Se vislumbran dos escenarios mínimos. El primero es que la mesa de diálogos continúe centralizada, convocando eventualmente a algunos actores para escuchar sus consideraciones sobre la agenda propuesta. El segundo es que la mesa acuda a algunos territorios en la búsqueda de insumos que den contenido a un posible acuerdo de paz.

¿Conversación entre partes con visiones y agendas similares?

Un aprendizaje y lección que dejan otros procesos de paz es la necesidad de que las partes tengan claridad sobre el tipo de conflicto que se está desarrollando, de qué tipo de confrontación se trata, su sistema de valores y las necesidades que pretenden satisfacer. El ELN ha planteado que sería interlocutor del Gobierno, pero sobre todo garante de un diálogo que el Gobierno debe sostener con la sociedad, especialmente con ciertos sectores que el ELN identifica como los más afectados por políticas gubernamentales internacionales y nacionales de larga data. La "comunicación de ida y vuelta" (Fisher, Ury y Patton 1991) no sería entre las partes solamente, sino entre la sociedad, el ELN y el Gobierno.

En este tipo de conversación múltiple, existe ya un primer avance importante que requiere ser aprovechado y actualizado, respecto al ejercicio de escucha a múltiples sectores y organizaciones sociales que aportaron y nutrieron los temas de negociación durante las audiencias en Tocancipá entre octubre y noviembre de 2017. Una negociación colaborativa en este tipo de escenarios, como se ha planteado anteriormente, requiere identificar los actores pertinentes (Lax y Sibenius 2007), así como identificar sus necesidades comunes y generar intercambios con el fin de ampliar las posibilidades de crear valor. A continuación, se presentan escenarios posibles que puede tener la negociación entre el Gobierno y el ELN, desde una aproximación técnica.

Un escenario bastante probable es que las agendas del Gobierno de Petro y del ELN se encuentren de una manera relativamente fácil en algunos puntos. En diversos temas, incluyendo uno de los más complejos, como lo es la inequidad, existen múltiples coincidencias entre las partes. Infortunadamente, estas cercanías no necesariamente plantean un escenario optimista. Teorías de negociación como la de Camp (2002) respaldan la idea de que, si las partes perciben que integran un proceso que consideran que "tienen que ganar", pueden avanzar en la negociación y además cada parte es consciente de haber "cedido" y haber "cambiado" sus planteamientos iniciales, lo cual es apreciado por su contraparte como voluntad de negociación y motiva a las partes a desarrollar acuerdos. No obstante, Camp (citado en Arévalo 2020: 66) señala que el modelo de negociación de beneficio mutuo es "la peor manera de obtener el mejor trato posible y que se desarrolla desde una mentalidad derrotista a partir del primer apretón de manos". Parte de algunas reflexiones sobre la naturaleza humana que, considera, deberían tenerse en cuenta a la hora de negociar. Por ejemplo, los humanos son por naturaleza depredadores, por lo cual buscan sacar provecho de los más vulnerables y necesitados. Así hace las siguientes recomendaciones para el desarrollo de la negociación:

- Las partes deben considerarse como adversarios u oponentes respetados, en lugar de amigos que muchas veces fingen ser.
- El negociador está en la mesa por beneficios, no para hacer amigos o ser la persona más querida (Camp citado en Arévalo 2020).

¿Oponentes o copartes?

Al no tener el incentivo de ganar asuntos sustanciales en la mesa, el Gobierno de Petro podría percibir que sería mejor iniciar una serie de reformas económicas, políticas y sociales de manera unilateral, sin atar dichos ajustes a una compleja mesa de negociación, ni desgastar su capital político en ello, dejando con esto además sin piso y argumentos la lucha armada del ELN. Por su lado, en su pretensión de crear diferencias con la agenda gubernamental y presionar una negociación, el ELN puede recurrir a la radicalización, como lo ha hecho en el pasado, tratando de que no sea identificado como "petrista". Ignatieff advierte sobre este aspecto que cuando sectores o partes de una sociedad tienen múltiples factores y características comunes, pueden recurrir a la exacerbación de la "diferencia menor". Esto es, basado en la idea freudiana del narcisismo de las pequeñas diferencias, un grupo social puede aumentar su hostilidad o intolerancia tratando de destacar el elemento distintivo frente a otros grupos sociales, en vez de enfocarse en el amplio tamaño de elementos comunes que tienen, como contextos culturales, históricos o físicos cercanos. La expresión de las diferencias se torna violenta o agresiva "precisamente para disimular que son menores. Cuanto menos esenciales resultan las diferencias entre dos grupos, más se empeñan ambos en presentarlas como un hecho absoluto", exacerbando así la diferencia y la intolerancia (Ignatieff 1999: 54).

El ELN podría entonces, en vez de avanzar en un escenario de intereses compatibles, mostrar al Gobierno una identidad reacia, resaltando sus diferencias (por ejemplo, radicalizándose en su visión minero energética, la nacionalización de recursos o exigiendo un cambio radical del modelo económico) e incluso señalar al Gobierno de alejarse de sus ideales al no implementar reformas sociales, ni cambios políticos estructurales. En este sentido, reafirmaría la necesidad de su lucha armada en oposición al Gobierno. Si este fuera el caso, un mecanismo que puede ser útil para evitar la radicalización de las partes, aun cuando tengan temas similares o comunes, es el diseño de un espacio de trabajo constante con expertos en los temas de la agenda y con sectores de interés de la sociedad (*stakeholders*). La revisión de temas, escuchando a expertos técnicos que han trabajado por décadas en un tema particular, puede ayudar a acercar a las partes y permitir que elaboren agendas de trabajo basadas en objetivos e indicadores verificables.

Por su lado, el diálogo constante con sectores de la sociedad civil agrega un componente ético de sentido de urgencia para la inclusión de los sectores poblacionales desatendidos más desafiantes con el fin de avanzar en la construcción de acuerdos y en atender necesidades más sentidas de tales sectores, más aún cuando estos se encuentren en las zonas más afectadas por la confrontación armada. Los enfoques de negociación presentados y las metodologías para el diálogo pueden aportar mecanismos para apoyar este tipo de espacios, especialmente cuando no hay acuerdo en ciertos temas o no se logra el consenso y se requiere un mecanismo diferente que ayude a deliberar, como lo propone Tree Bressen (citado en Lámbarry, Rivas y Peña 2010) en la toma de decisiones por consenso.

Otro escenario posible es que las partes no se radicalicen y, por el contrario, aprecien las virtudes de una visión compartida del conflicto y de sus posibles soluciones, para lo cual la negociación de tipo colaborativa sería un modelo ideal. Esto llevará entonces a un cuestionamiento importante sobre la secuencia y las condiciones necesarias para que ciertos temas acordados en la mesa se empiecen a ejecutar. Así pues, es pertinente preguntarse cómo y cuándo empezar a hacer ajustes y acuerdos institucionales con el ELN cuando este aún tiene armas.

El Gobierno, por más cercana sea su visión de la agenda reformista del ELN, no puede olvidar que uno de los propósitos éticos fundamentales de unas conversaciones de paz es sacar las armas de la política y no permitir que mediante la presión de las armas se hagan cambios en las políticas. Por su lado, el ELN difícilmente entregará armas antes de empezar a ver cambios sustanciales, partiendo además del aprendizaje de lo sucedido con las FARC y la falta de implementación efectiva del acuerdo de paz de 2016. Existe pues una tensión e incompatibilidad fundamental en términos de una clara negociación distributiva (Canal y Aponte 2021).

Un modelo de "garante armado" de los cambios puede generar además un enorme rechazo por parte de las instituciones, los partidos políticos y sectores gruesos y esenciales de la sociedad. Este modelo además puede traer violencia, como ya se ha visto en el país, por la combinación de la lucha armada con formas noviolentas de lucha y la señalización de tener un doble pivote ("brazo armado"–"brazo político"), lo que pondría en riesgo la vida de los miembros del ELN.

Un modelo que puede permitir el abandono paulatino de las armas conforme se van realizando ajustes importantes y se le hace seguimiento a la implementación de dichos ajustes es el de "poner las armas más allá de su utilización" (*decommissioning*), que se puede entender como un mecanismo de reciprocidad, teniendo en cuenta la respuesta del otro (Axelrod 2006). Este es un modelo utilizado en pocos países y permite tratar con dignidad al grupo que deja las armas con un mecanismo donde "no hay foto pública". Esto se hace con el apoyo de notables que van recibiendo las armas y verificando su desuso total durante el tiempo que tal proceso dure. El Gobierno puede utilizar mecanismos de desescalamiento, por ejemplo, el mencionado "*tit for tat*", según el cual, a cambio de avances significativos en materia de implementación, la guerrilla realizaría entregas importantes de armamento sin mayor publicidad.

La entrega de las armas puede ser gradual y asociada por supuesto a un abandono generalizado de la violencia como método de presión, en la forma de un cese al fuego, que sin duda es una de las prioridades en la agenda temática. Este es un objetivo cuya viabilidad se ha demostrado, en tanto el ELN lo cumplió en el territorio nacional. Las partes podrían entonces establecer un cronograma de desestructuración del aparato armado y, en contraprestación, de promoción, fortalecimiento y apertura al diálogo con el componente social, económico y político que interesa al ELN.

5. *Mecanismos que pueden apoyar la conversación y solucionar diferencias o momentos de estancamiento*

Mesa ágil para unos acuerdos base

En la mayoría de los procesos de paz en el mundo se ha establecido un modelo de negociación donde el foco de atención está concentrado en una mesa principal, mientras otros temas como los ajustes en los cronogramas o problemas de implementación se abordan en una mesa subsidiaria, encargada de la resolución de disputas. Si bien es ampliamente aceptada, esta forma de negociación tiene limitaciones en tiempos, en la gradualidad de la ejecución y la secuencialidad. Una alternativa sería tener dos grandes carriles: una mesa principal y una de resolución de diferencias.

La mesa principal es ágil, cuenta con menos carga en contenidos (contrario a lo usual) y constituye un escenario de alto nivel de revisión de asuntos constitucionales, legales y de diseño y promoción de programas sociales y económicos con mecanismos de seguimiento. En esta mesa principal se realiza el diseño macro de la conversación, unos acuerdos básicos de temas para iniciar y el establecimiento de unos objetivos logrables en el corto y mediano plazo, con indicadores para su seguimiento y verificación. La idea de esta mesa principal es llegar a unos acuerdos tempranos, de ahí su mayor virtud, para posteriormente establecer unos mecanismos que le permitan cumplir una función de seguimiento a indicadores y "semáforo" sobre la implementación de asuntos sustanciales para avanzar en los ajustes al cronograma del desmonte gradual y por fases del aparato armado del ELN.

Mesa de resolución de diferencias

El segundo carril corresponde a una mesa de resolución de disputas (en adelante MRD). Esta mesa ayuda a desescalar los malentendidos o tensiones, así como crear rutas de entendimiento y retomar un diálogo constructivo que permita desestancar problemas en cualquier fase de una negociación o en la implementación de lo negociado (Crocker 2004). Así, la MRD consiste en una estructura formal acordada por las partes para abordar y buscar la resolución de diversos conflictos que puedan surgir entre las partes o entre estas y otros actores claves. Dentro de la MRD una institución o un equipo que cuente con legitimidad puede ayudar a superar las diferencias entre las partes.

La primera pregunta a responder gira en torno al poder del mecanismo: ¿es un espacio político, deliberativo y de amplio poder decisorio (en el entendido de un escenario de negociación posacuerdo) y por ende sus decisiones son de carácter vinculante para las partes?; o, por el contrario, ¿es un órgano técnico, de apoyo, con una baja capacidad decisoria? En casos internacionales comparados, algunos mecanismos de resolución de disputas han sido utilizados también como mecanismos de implementación, es decir, como un sistema abierto de alto poder decisorio que combina la capacidad de resolver un problema y ejecutar su solución o generar decisiones vinculantes. Uno de los casos más ilustrativos en este sentido fue la Comisión Nacional para la Consolidación de la Paz (COPAZ), establecida en virtud del acuerdo de paz de 1992 en El Salvador.

Grupo de notables

La MRD puede además contar con un nivel superior donde llegan pocos temas, pero cuyas decisiones sean vinculantes, como lo puede ser el "grupo de sabios" o "notables", escogidos a través de mecanismos que le den legitimidad y tranquilidad a las partes. Este nivel puede ser consultado solamente en ciertas ocasiones y después de agotar otras instancias. Incluso puede ser acompañado por terceros, como personalidades que hayan pasado por situaciones similares o personas reconocidas por ambas partes por su neutralidad y lucha por los intereses que las partes están buscando. Por ejemplo, un nivel de consulta puede incluir como notable buscador de la paz a un excombatiente nacional de alto reconocimiento o internacional que haya logrado la estabilización de un país o incluso liderar un gobierno. Este escenario además puede darle una mayor legitimidad y visibilización internacional y generar confianza en que se cumplirán los puntos pactados. En el caso de Irlanda del Norte fue clave por ejemplo que el presidente Bill Clinton fuera uno de los principales interesados en resolver el conflicto, en el que además hubo reconocimiento de todas las partes involucradas. Durante años, Mandela siguió siendo una persona respetada por las diversas partes en Suráfrica, consultado en puntos álgidos para la solución de cierto tipo de disputas. Su papel como conciliador sin duda ayudó a la larga transición de ese país.

Tabla 9.1. Funciones principales de la MRD

- Fungir como órgano consultivo permanente.
- Función interpretativa: busca la correcta o auténtica interpretación del acuerdo y la reconciliación de los puntos de vista.
- Funciones de seguimiento, observancia, monitoreo, supervisión y coordinación de la implementación correcta y ajustada del acuerdo.
- Fungir como facilitador en la implementación de ciertos asuntos del acuerdo buscando movilizar, coordinar y ejecutar las actividades y el diseño de los programas incluidos en el acuerdo de paz.
- Organismo de alto nivel para resolver elementos claves como producto de la implementación de una provisión del acuerdo.
- Definir asuntos no resueltos explícitamente en el acuerdo para evitar retrasos durante la negociación.

Fuente: Elaboración propia

En este nivel superior se puede contar también con una figura o rol de mediación, la cual se puede activar únicamente en momentos álgidos o en puntos muertos y servir para enfocarse y resaltar los intereses de las partes y desarrollar soluciones creativas que los satisfagan. El rol de mediador debería ser visto como una última instancia y puede concebirse como una "red de seguridad" del proceso, una vez se agotan todos los demás procedimientos y mecanismos. Así, por ejemplo, en Guatemala fueron determinantes los buenos oficios del pastor luterano estadounidense Paul Wee en varios puntos de la negociación y posterior a ella.

6. *Conclusiones*

Para emprender un diálogo con el ELN es clave analizar la madurez o disposición del grupo a negociar, y por lo tanto no apresurarse a iniciar una negociación entre este grupo y el Gobierno colombiano, solo por el hecho de que el Gobierno manifieste el deseo de diálogo y comparta algunas visiones sociopolíticas con el ELN. Es importante iniciar el proceso de paz con un análisis del tipo de conflicto entre los actores, sus valores, su voluntad de negociar y, más allá de esto, su disposición a no levantarse de la mesa de negociación hasta llegar a un acuerdo y ojalá el compromiso de lograrlo en un tiempo que no exceda el periodo presidencial.

Vale la pena analizar y aprovechar las experiencias de negociación pasadas con el ELN para superar un ciclo de negociaciones fallidas. Resultaría valioso diseñar el proceso de negociación desde un enfoque multidimensional que tenga en cuenta aspectos como los actores (incluyendo a la sociedad civil) y sus roles, los asuntos a negociar, los mecanismos para el diálogo, así como mecanismos para agilizar la negociación y una mesa de resolución de disputas que permitan avanzar en el proceso hasta lograr la meta de un acuerdo de paz. Es relevante analizar la pertinencia de un proceso de paz que contemple lo nacional y lo regional, la secuencia del diálogo, así como el carácter vinculante o no de los aportes generados en las regiones al proceso de negociación. Aunque se diseñe un diálogo acorde con las particularidades del ELN, es esencial aprovechar los aprendizajes y falencias de la negociación de paz entre el Gobierno y las FARC-EP, así como del proceso de implementación de ese acuerdo de paz. Si el diseño del proceso de paz contempla las ideas descritas de los enfoques de negociación colaborativo y mixto y de los principios de la justicia distributiva y de la justicia procedimental, se incidirá en una mayor posibilidad de cumplimiento de los acuerdos alcanzados y a su vez en lograr una paz estable y duradera en Colombia.

Referencias

Albin, Cecilia y Daniel Druckman. 2012: "Equality Matters: Negotiating an End to Civil Wars." *Journal of Conflict Resolution* 56 (2): 155–182.

Aponte, Andrés y Fernán González. 2021. *¿Por qué es tan difícil negociar con el ELN? Las consecuencias de un federalismo insurgente, 1964–2020.* Bogotá: CINEP/Programa por la Paz.

Aponte, David y Andrés Vargas. 2011. *No estamos condenados a la guerra: Hacia una estrategia de cierre del conflicto con el ELN.* Bogotá: Odecofi-CINEP/CERAC.

Arévalo, Julián. 2020. "Negociación en la teoría económica y en otras áreas del conocimiento". En *Negociación y Cooperación: teoría y experiencias en resolución de conflictos,* editado por Julián Arévalo, 41–74. Bogotá: Universidad Externado de Colombia.

Axelrod, Robert. 2006. *The Evolution of Cooperation.* Nueva York, NY: Basic Book.

Benabou, Roland y Jean Tirole. 2009. "Over My Dead Body: Bargaining and the Price of Dignity". *American Economic Review* 99 (2): 459–465. doi: 10.1257/aer.99.2.459.

Braun, Virginia y Victoria Clarke. 2006. "Using thematic analysis in psychology". *Qualitative Research in Psychology,* 3 (2): 77–101.

Canal, Margarita, David Aponte, María Ocampo y Holman Rojas. 2023. "Formas de justicia en el proceso de negociación, en el acuerdo de paz y análisis de algunos elementos de su implementación". En *Después del acuerdo: ¿Cómo va la paz en Colombia?,* editado por Laura Betancur y Angelika Rettberg. Bogotá: UniAndes.

Canal, Margarita y David Aponte. 2021. "Una paz colaborativa: análisis de algunas prácticas desarrolladas durante el proceso de paz entre el gobierno de Colombia y las FARC a partir de dos modelos de negociación". En *Negociación y Cooperación: teoría y experiencias en Resolución de Conflictos*, editado por Julián Arévalo, 141–170. Bogotá: Universidad Externado de Colombia.

Carrell, Michael y Christina Heavrin. 2008. *Negotiating Essentials: Theory, Skills, and Practices.* Upper Saddle River, NJ: Pearson/Prentice Hall.

Celis, Luis Eduardo. 2019. *Una paz sin dolientes 1982–2019.* Bogotá: NC editores

Deutsch, Morton. 1985. *Distributive justice: A social-psychological perspective.* New Haven, CT: Yale University Press.

Druckman, Daniel y Cecilia Albin. 2011. "Distributive justice and the durability of peace agreements." *Review of International Studies* 37 (3): 1137–1168.

Druckman, Daniel y Lynn Wagner. 2017a. "Justice and Fairness in Negotiation." *Group Decision & Negotiation* 26 (1): 9–17.

Druckman, Daniel y Lynn Wagner. 2017b. "Justice Matters: Peace Negotiations, Stable Agreements, and Durable Peace." *Journal of Conflict Resolution* 63 (2): 287–316.

El Espectador. 2022a. "Gobierno y Eln anuncian desde Caracas el reinicio formal de diálogos de paz", 4 de octubre.

El Espectador. 2022b. "Así llegan el Gobierno y el Eln a la nueva mesa de negociación", 4 de octubre.

Fisher, Roger, William Ury y Bruce Patton. 1991. *Getting to Yes: Negotiating Agreement without Giving In.* Nueva York, NY: Penguin.

Fudenberg, Drew y Jean Tirole. 1983. "Sequential Bargaining with Incomplete Information." *The Review of Economic Studies* 50 (2): 221–247. doi: 10.2307/2297414.

González, Fernán. 2021. *¿Por qué es tan difícil negociar con el ELN? Las consecuencias de un federalismo insurgente, 1964–2020.* Bogotá: CINEP.

Holman, Peggy, Tom Devane y Steven Cady. 2007. *The Change Handbook: The Definitive Resource on Today's Best Methods for Engaging Whole Systems.* San Francisco, CA: Bennett-Koehler.

Inside Hub. 2019. "International Innovation Firm, Open Space Technology o Espacio Abierto". Disponible en: https://www.insidehub.co/espacio-abierto.

InSight Crime. 2022. "Rebeldes y paramilitares: la guerrilla colombiana en Venezuela", 3 de octubre. Disponible en: https://es.insightcrime.org/investigaciones/rebeldes-paramilitares-guerrilla-colombiana-venezuela/

Kiger, Michelle E. y Lara Varpio. 2020. "Thematic analysis of qualitative data: AMEE Guide No. 131". *Medical teacher* 42 (8): 846–854. doi: 10.1080/0142159X.2020.1755030

Lámbarry, Fernando, Luis Arturo Rivas y Maria del Pilar Peña. 2010. "Modelos de decisión bajo perspectiva de análisis de procesos". *Universidad & Empresa* 12 (18): 146–173.

Lax, David A. y James K. Sebenius. 2007. *Negociación tridimensional: herramientas poderosas para cambiar el juego en sus negociaciones más importantes.* Buenos Aires: Granica.

Mouly, Cécile y Esperanza Hernández Delgado. 2020. *Logros, desafíos y lecciones del proceso de paz entre el Gobierno colombiano y el Ejército de Liberación Nacional 2010–2019*. Bogotá: Instituto CAPAZ.

Owen, H. H. 1997. *Expanding our now: The story of open space technology*. San Francisco, CA: Berrett-Koehler.

Powell, Jonathan. 2015. *Terrorists at the table: why negotiating is the only way to peace*. Nueva York: Palgrave Macmillan.

Pruitt, Dean G. 2007. "Readiness theory and the Northern Ireland conflict". *American Behavioral Scientist* 50 (11): 1520–1541. doi: 10.1177/0002764207302467

Pruitt, Dean G. 2015. "The evolution of readiness theory". En *Handbook of international negotiation: Interpersonal, intercultural, and diplomatic perspectives*, editado por Mauro Galluccio, 123–138). Cham: Springer.

Ramírez, Socorro. 2021. "¿Por qué es tan difícil negociar con el ELN? Aportes desde una investigación académica". En *¿Por qué es tan difícil negociar con el ELN? Las consecuencias de un federalismo insurgente, 1964–2020*, editado por Andrés Aponte y Fernán González, 11–24. Bogotá: CINEP/Programa por la Paz.

Valenzuela, Pedro. 2018. "The End of the Armed Conflict in Colombia: A Multiple Causal Factor Explanation". *Peace & Change* 43 (2): 205–217. doi: 10.1111/pech.12286

Velandia, Carlos Arturo. 2014. *La paz es ahora carajo!* Bogotá: Fica.

Zartman, William. 2000. "Ripeness: The Hurting Stalemate and Beyond". En *International Conflict Resolution After the Cold War*, editado por Paul C. Stern y Daniel Druckman, 225–250. Washington, D.C.: National Academies Press.

Zartman, William. 1986. "Ripening Conflict, Ripe Moment, Formula, and Mediation". En *Perspectives on Negotiation: Four Case Studies and Interpretations*, editado por Diane Bendahmane y John Mcdonald, 205–227. Washington, D.C.: Center for the Study of Foreign Affairs.

10. *Análisis conclusivos y lecciones aprendidas*

CÉCILE MOULY Y ESPERANZA HERNÁNDEZ DELGADO

A modo de conclusión, en este capítulo hacemos un balance del proceso de paz entre el Estado colombiano y el ELN en el lapso comprendido entre 2010 y 2019, que incluye el gobierno del presidente Juan Manuel Santos, en el que inició y se desarrollaron su fase de prenegociación y una parte de su etapa de negociación, y el gobierno del presidente Iván Duque, en el que quedó suspendido y se desconocieron los avances alcanzados en el gobierno antecesor. Destacamos sus principales aprendizajes con base en los marcos teóricos desarrollados en cada capítulo, los hallazgos de investigación de sus autores, y sus análisis. Asimismo, señalamos los aportes más importantes del libro tanto en el ámbito académico como en la práctica.

1. *Balance del proceso de paz entre el Gobierno colombiano y el ELN (2014–2019)*

Aunque hubo acercamientos antes, el proceso de paz inició formalmente su fase exploratoria en 2014, su fase pública en 2017 y culminó en enero de 2019. Algunos capítulos destacan que durante el gobierno Santos este proceso de paz registró los mayores avances logrados hasta aquel momento, luego de diversos intentos de solución negociada, que comenzaron desde 1990 (Hernández en este libro; Aponte y Larratt-Smith en este libro). Dentro de estos avances significativos, se pueden mencionar: (i) el acuerdo marco que permitió, por primera vez, que las partes transitaran de la etapa de prenegociación a la fase siguiente de negociaciones públicas sobre la base de una agenda de negociación consensuada y (ii) el primer acuerdo de cese al fuego bilateral temporal firmado entre el Gobierno y esta guerrilla (p. ej., Hernández en este libro; Johnson y Olaya en este libro). No obstante, también enfrentó grandes desafíos que impidieron mayores avances. En el gobierno Duque, el proceso fue congelado inicialmente y dado por terminado posteriormente, sin la aplicación de los protocolos acordados para su finalización (Hernández en este libro; Aponte y Larratt-Smith en este libro; Mouly y Hernández 2020). A continuación realizamos un balance de dicho proceso, resaltando cuatro elementos clave.

Un proceso a la sombra del proceso de paz con las FARC y con insuficiente atención a las características propias del ELN

Varios de los/las autores/as destacaron que la menor consideración al proceso de paz con el ELN y los esfuerzos del Gobierno por replicar el modelo de negociación utilizado con las FARC tuvieron repercusiones negativas en el proceso de paz (Johnson y Olaya en este libro; Aponte, Canal, Reyes y Arias en este libro; Amaral en este libro; Hernández en este libro). Primero, la prioridad otorgada por el gobierno Santos al proceso de paz con las FARC generó considerables atrasos en el proceso de paz entre el Gobierno y el ELN, en comparación con el proceso de paz que se estaba gestando con las FARC (Johnson y Olaya en este libro; Mouly y Hernández 2020). Segundo, constituyó una afectación a la dignidad de los integrantes de ambas delegaciones. Por un lado, produjo en los/las negociadores/as del ELN la impresión de recibir un trato menor al otorgado a las FARC. Por otro lado, generó la percepción de un respaldo débil del Gobierno a este proceso, lo que hizo sentir a varios/as negociadores/as de ambas partes que su misión tenía menos importancia que la de quienes participaron en el proceso de paz entre Gobierno y FARC (Hernández en este libro; Hernández y Mouly 2022).

Tercero, hizo que no se tomaran debidamente en cuenta las particularidades del ELN en cuanto a su ideología y su forma organizacional. En su capítulo, Cécile Mouly, por ejemplo, pone énfasis en cómo el ELN se distingue de otras guerrillas como las FARC, pues para este grupo insurgente no es tan importante convertirse en un partido político que tenga la capacidad de competir equitativamente en el espacio político, como fortalecer la capacidad de incidencia de los sectores marginados de la sociedad. Esto explica la trascendencia de la participación de la sociedad en la agenda de negociación y como camino hacia un acuerdo de paz que abra paso a la reintegración de los integrantes del ELN a la vida civil. No obstante, si bien muchos/as delegados/as gubernamentales entendieron la importancia de este proceso de participación para llegar a la dejación de armas del ELN, no fue el caso de todos/as y esto dificultó mayores avances (Mouly en este libro).

Asimismo, Pedro Valenzuela, David Aponte, Margarita Canal, Alejandro Reyes y María Fernanda Arias (en este libro) destacan el hecho de que entre los integrantes del ELN se encuentran personas con armas y sin armas. Según el exintegrante del ELN Carlos Velandia (citado en Aponte, Canal, Reyes y Arias en este libro), la proporción de guerrilleros en armas en el seno del ELN es tan solo un 20 %, mientras el 80 % ejercen una labor más política sin armas. Esto hace que esta organización guerrillera haya tenido un accionar que va más allá de las confrontaciones bélicas y que es erróneo analizarla desde una perspectiva netamente militar. En particular, es necesario pensar en cómo dar un espacio a "ese ELN más político" en el proceso de paz y escuchar a sus expresiones regionales (Aponte, Canal, Reyes y Arias en este libro). Asimismo, se debe considerar este elemento a la hora de discutir en la mesa el futuro de este grupo insurgente y pensar más allá de las fórmulas más comunes de desarme, desmovilización y reintegración que se han aplicado a otros grupos armados no estatales en Colombia.

Otro elemento clave que no fue tenido suficientemente en cuenta es la forma organizativa del ELN. En efecto, esta guerrilla tiene un mando central que le permite mantener su cohesión y aseguró que sus combatientes respetaran el cese al fuego bilateral de 101 días con pocas excepciones y, al mismo tiempo, tiene amplios procesos de consulta interna y deja cierto margen de acción a sus frentes de guerra (Aponte y Larratt-Smith en este libro; Hernández en este libro; Mouly y Hernández 2020). La práctica del "debate en caliente", en el marco del cual el Frente de Guerra Oriental realizó el ataque a la Escuela de Policía General Santander, es un ejemplo de este margen de acción. La "estructura federal asimétrica" del ELN ha facilitado el accionar de los llamados "saboteadores" en su interior, es decir, de sectores reticentes a una negociación que han buscado "socavar, limitar o cuestionar" el proceso de paz (cf. Aponte y Larratt-Smith en este libro; Valenzuela en este libro). Esto ha sido el caso, en particular, del Frente de Guerra Oriental, cuyo peso en la organización ha incrementado con el paso de los años y que se fue distanciando del proceso de paz iniciado durante el gobierno de Santos, en especial con la llegada al poder del presidente Duque. De forma interesante, Aponte y Larratt-Smith (en este libro) nos invitan a entender mejor las dinámicas internas del ELN y las diferentes condiciones socioterritoriales que hacen que sus frentes de guerra no hayan tenido la misma posición frente a los diálogos de paz y algunos hayan puesto trabas a los mismos. En particular, resaltan la importancia de considerar el anclaje social de cada frente y la presencia o no de grupos armados rivales en el territorio. Los pocos avances en la mesa en aspectos que ayudan a fortalecer lo que los académicos de la teoría de la disposición llaman "coalición central" en el ELN –es decir el espectro de la guerrilla a favor de la paz–, como la participación a nivel territorial, reflejan la insuficiente atención brindada a las características organizativas y socioterritoriales del ELN durante las negociaciones de paz pasadas.

La transición del gobierno Santos al gobierno Duque resultó en un mayor desconocimiento todavía de las características propias del ELN y en la imposibilidad de retomar las negociaciones de paz (Hernández en este libro; Aponte y Larratt-Smith en este libro; Mouly y Hernández 2020). Este segundo gobierno planteó una postura de paz denominada "paz con legalidad", que albergaba una visión distinta de solución del conflicto armado, soportada en una negociación con condiciones previas y sometimiento a la ley. A su vez, Duque representaba al sector político y social que se había convertido en el mayor opositor al proceso de paz con las FARC y al acuerdo final de paz alcanzado. Asimismo, su gobierno registró un ascenso de violencia y fue considerado como un obstáculo para la paz (Johnson y Olaya en este libro; Valenzuela en este libro). En este contexto, desconoció los avances logrados en el proceso de paz entre el gobierno Santos y el ELN. Inicialmente lo congeló y luego, en febrero de 2019, a raíz del atentado a la Escuela de Policía General Santander, lo dio por terminado sin tener en cuenta los protocolos previstos para tal fin (Hernández en este libro; Aponte y Larratt-Smith en este libro).

Avances y desafíos en cuanto a la participación de la sociedad en el proceso

Los/las autores/as del libro, al igual que los/las propios/as negociadores/as que participaron en el proceso, hicieron hincapié en la centralidad de la participación de la sociedad en este proceso de paz (cf. Mouly en este libro). Si bien se llevaron a cabo audiencias públicas preparatorias para conocer la perspectiva de múltiples actores de la sociedad sobre cómo se debería desarrollar dicha participación y las delegaciones recibieron y valoraron muchas propuestas de parte de organizaciones de la sociedad civil, solo acordaron lineamientos preliminares sobre el diseño de la participación al final de la presidencia de Santos y no pudieron avanzar más en este punto. Así se desaprovechó la oportunidad de aumentar la disposición del ELN a negociar la paz y de generar mayor confianza entre las partes desde un enfoque cooperativo. Entre los mayores obstáculos que se presentaron se destacaron los tres siguientes.

En primer lugar, el Gobierno y el ELN partieron de visiones distintas respecto a la participación y en la propia delegación gubernamental no hubo consenso al respecto. Estas divergencias produjeron largos debates en torno al diseño y alcance de la participación social en el proceso de paz, y dificultaron la elaboración de una estrategia coherente de parte del Gobierno para abordar este punto, al menos inicialmente. Fue solamente en los últimos meses del mandato de Santos que se dieron mayores avances en este tema, pero ya era tarde.

En segundo lugar, la mesa quedó entrampada en una lógica del punto 1 a cambio del punto 5 y recíprocamente, que impidió a las delegaciones progresar más en la discusión de este punto. Esta lógica distributiva coartó una mayor cooperación entre las partes, que podría haber generado mayor confianza y producido más resultados. Asimismo, no se valoraron suficientemente los beneficios de avanzar en el punto 1 para aumentar la disposición del ELN a negociar la dejación de armas y su transición a la vida civil, y para fortalecer una "coalición central" a favor de la paz en esta guerrilla, como mencionamos anteriormente.

En tercer lugar, las audiencias preparatorias revelaron la necesidad de garantizar condiciones de seguridad adecuadas para que los actores sociales pudieran participar en varios territorios. En este sentido, la no renovación del cese al fuego bilateral constituyó un obstáculo para la participación, debido a la importancia de un cese al fuego bilateral para reducir la intensidad del conflicto armado y establecer estas condiciones (Mouly en este libro; Mouly y Hernández 2022). No obstante, un cese al fuego bilateral puede resultar insuficiente en lugares donde se producen enfrentamientos entre distintos grupos armados, no solamente entre el ELN y las fuerzas de seguridad estatales, ya que estos otros grupos pueden seguir con acciones bélicas y obstaculizar el proceso de participación.

Las dificultades en la construcción de confianza

A lo largo del libro se observaron las dificultades para lograr una mayor confianza entre las partes durante el proceso de paz iniciado durante el gobierno de Santos, las cuales impidieron tener mayores avances en la mesa. Aunque, según observadores externos, ambas partes cumplieron con el cese al fuego bilateral de 101 días entre octubre de 2017 y enero de 2018 y que las audiencias preparatorias se llevaron a cabo en un ambiente de respeto, la desconfianza entre las partes persistió. Es más, un entendimiento distinto de las responsabilidades de cada parte según el acuerdo sobre cese al fuego hizo que cada lado incriminara a su contraparte por supuestamente incumplir con lo pactado (Johnson y Olaya en este libro). Esto, combinado con una serie de acciones bélicas por parte del ELN luego del final del cese al fuego, hizo que la mesa entrara en una crisis entre enero y marzo de 2018, que se logró superar en parte gracias a la mediación de actores de la sociedad civil, pero reveló los desafíos para superar una profunda desconfianza entre Gobierno y ELN. Como lo señala Pedro Valenzuela (en este libro), los actos de violencia de la contraparte, en particular, consolidaron estereotipos acerca de su poca voluntad de negociar y su empeño en socavar las negociaciones de paz, resultando en una "percepción selectiva".

En varios capítulos se aludió a la desconfianza del ELN en el Estado a raíz de las dificultades en la implementación del acuerdo de paz de 2016 entre Gobierno y FARC y los asesinatos a excombatientes y líderes sociales –una desconfianza difícil de superar, debido al récord de incumplimiento con ciertas provisiones de acuerdos de paz de parte del Estado y a la persistencia de hechos victimizantes contra excombatientes y líderes sociales (Hernández en este libro; Johnson y Olaya en este libro; Aponte, Canal, Reyes y Arias en este libro). Desde la perspectiva del ELN, esta persistencia fue considerada una falta del Gobierno a sus compromisos en virtud del acuerdo de cese al fuego bilateral y aumentó la prevención hacia el Gobierno. A pesar de la existencia de un mecanismo de monitoreo y verificación (MV&V) para tratar las denuncias de cada parte ante el supuesto incumplimiento de su contraparte y servir de espacio para dirimir controversias, este no pudo resolver varios desacuerdos y a mediados de diciembre de 2017 el ELN abandonó el mecanismo. Esta incapacidad del mecanismo de tratar muchos de los casos que le llegaban hizo que, en lugar de permitir la construcción de confianza entre ambas partes, terminó socavándola (Johnson y Olaya en este libro).

Asimismo, algunos/as autores/as aludieron a la poca confianza del Gobierno en la voluntad de paz del ELN, agudizada por un lenguaje ambiguo de parte de esta guerrilla respecto a la dejación de armas (Valenzuela en este libro; Aponte, Canal, Reyes y Arias en este libro; Hernández en este libro). De forma interesante, Pedro Valenzuela plantea que estos estados mentales que dificultan el progreso en las negociaciones de paz pueden revertirse y dar lugar a una mayor confianza y por ende mayor disposición a negociar. Esto ocurre, por ejemplo, cuando se presenta una "oportunidad tentadora" (Valenzuela en este libro), como podría ser el proceso de participación de la sociedad en los diálogos de paz. No obstante, no se aprovechó suficientemente este tipo de oportunidad en el proceso de paz que se llevó a cabo durante el gobierno Santos. Así la construcción de confianza mutua fue lenta y, a pesar de algunas dinámicas colaborativas en la mesa, la desconfianza entre las partes se mantuvo y dificultó mayores avances (Hernández en este libro).

La transversalización del género en el proceso de paz: una tarea pendiente

El proceso de paz entre el Gobierno y las FARC (2012–2016) y la presencia de mujeres en ambas delegaciones en el proceso de paz entre Gobierno y ELN (2014–2019) avivaron la esperanza de que se pudiera incorporar una perspectiva de género en el proceso de paz entre Gobierno y ELN y las mujeres pudieran tener una participación incidente. Sin embargo, quedó una tarea pendiente, como nos lo revelaron el capítulo de Liliana Zambrano-Quintero y la campaña "Sobran las razones" lanzada en octubre de 2022 por la Misión del Apoyo al Proceso de Paz de la Organización de los Estados Americanos (MAPP/OEA) y la embajada de Suecia, con la participación de la Cumbre de Mujeres y Paz, Juntanza de mujeres y las delegadas gubernamentales durante los diálogos de paz entre 2017 y 2019[1]. Como lo recalca Liliana Zambrano-Quintero (en este libro), es una tarea fundamental que contribuirá a la legitimidad de un futuro proceso de paz entre el Gobierno y esta guerrilla.

En primer lugar, es de notar la oportunidad que ofrece el carácter medular de la participación de la sociedad en este proceso de paz para adoptar una perspectiva de género. En particular, el movimiento de mujeres y las organizaciones que defienden los derechos de la población lesbiana, gay, bisexual, transgénero, transexual, travesti, intersexual, *queer* y más (LGBTIQ+) han ganado protagonismo y han logrado hacer escuchar su voz de forma creciente, en especial durante el proceso de paz entre el Gobierno y las FARC, que resultó en un acuerdo de paz innovador en cuanto a la perspectiva de género. A pesar de la resistencia de ciertos sectores de la sociedad respecto a la llamada "ideología de género", los avances en la materia –en especial en comparación con otros acuerdos de paz– fueron notables (Echavarría et al. 2020; Paredes 2020; Zambrano-Quintero en este libro). Con relación al proceso de paz con el ELN, se destaca el papel de dos coaliciones principales que buscaron aportar a la transversalización de una perspectiva de género en la mesa de diálogos: la Cumbre Nacional de Mujeres y Paz (en especial, la Ruta Pacífica de las Mujeres) y Juntanza de Mujeres Conectadas con la Paz. Estas, en particular, llevaron a cabo un taller sobre enfoque de género y derechos de las mujeres para ambas delegaciones en La Habana en mayo de 2018, que desembocó en varias discusiones sobre el tema en la mesa.

Asimismo, varias organizaciones participantes en las audiencias preparatorias de Tocancipá pidieron atención a las demandas de las mujeres y los grupos LGBTIQ+ y solicitaron que el proceso de paz tenga un enfoque de género. Por ejemplo, la organización Colombia Diversa pidió lo siguiente: "El proceso de paz con el ELN debe tener una instancia especial, similar a la subcomisión de género de la negociación con las FARC, que vele por garantizar que el enfoque diferencial y de género será integrado de manera transversal al acuerdo que se alcance" (PNUD 2017: 61). Dadas las múltiples referencias a

---

[1] Véase más información en: https://www.mapp-oea.org/sobran-las-razones/ (última consulta: 25 de octubre de 2022).

la importancia de un enfoque de género durante las audiencias preparatorias (cf. PNUD 2017), era de esperar que un proceso de participación más amplio hubiera permitido al movimiento de mujeres y las organizaciones que defienden los derechos de la población LBGTIQ+ hacer escuchar su voz e incidir en las negociaciones de paz. Lastimosamente, la falta de avance en el punto 1 de la agenda no permitió la concreción de estas esperanzas.

En segundo lugar, se recalcan la convergencia de las distintas mujeres de ambas delegaciones respecto a la necesidad de "feminizar la paz" y los aportes de estas mujeres al proceso. Como lo señala Liliana Zambrano-Quintero (en este libro), las mujeres negociadoras "asumieron la responsabilidad de liderar este enfoque [de género] y procurar integrarlo desde el primer momento en todos los debates y procesos que se venían adelantando". En particular, trasladaron las propuestas de organizaciones de fuera de la mesa en cuestiones de género. Por lo tanto, si bien el proceso de paz se truncó y no se pudo avanzar más en cuestiones de género, la participación de varias mujeres en ambas delegaciones fue positiva en tanto permitió garantizar que "el tema de género est[uviera] presente" y que "se super[ara] la interpretación de la sociedad desde un prisma heteropatriarcal" (Zambrano-Quintero en este libro).

2. Lecciones aprendidas de cara a un futuro proceso de paz

De los capítulos y este balance se desprenden varias lecciones útiles para el proceso de paz entre Gobierno y ELN que inició en 2022 y otros eventuales procesos de paz. A continuación, revisamos algunas de las lecciones más relevantes que sobresalen del libro.

La importancia de la participación de la sociedad

Una lección fundamental del proceso de paz estudiado es la importancia de la participación de la sociedad para aumentar la disposición del ELN a negociar y avanzar hacia la consecución de un acuerdo de paz (Mouly en este libro; Mouly y Hernández 2022). Esto se debe a distintas razones. En primer lugar, responde a la necesidad de asegurar una salida digna para el ELN: una que le permita a esta guerrilla deponer las armas a cambio de algo importante, como lo ilustran las siguientes palabras de su ex comandante en jefe Gabino:

> Si hoy los diálogos de paz logran que la sociedad sea protagónica, darían los resultados en espacios expeditos para el ejercicio de la democracia, hoy negados, con lo que estaríamos asistiendo a un nuevo momento político. Ello sí sería la demostración clara de que no hay necesidad de la rebeldía para luchar por la justicia, sino que por esos caminos democráticos se desencadenarían las luchas populares y sociales para alcanzar cambios profundos en materia política

y social, que harían de esta Colombia la verdadera patria para todas y todos (de Currea-Lugo 2015).

Es decir, para el ELN, si se lograran sentar las bases para que las demandas de la sociedad pudieran ser tenidas en cuenta en las decisiones políticas en Colombia, ya no sería necesario seguir en armas porque se habría logrado uno de los propósitos más importantes de su lucha y sería posible seguir impulsando cambios desde la sociedad civil, sin necesidad de recurrir a la violencia.

En segundo lugar, la participación de la sociedad en el proceso de paz es fundamental para aumentar la disposición de las facciones más reticentes a una salida negociada, como el Frente de Guerra Oriental o el Frente de Guerra Occidental (cf. Aponte y Larratt-Smith en este libro), y así consolidar una mayor "coalición central" a favor de la paz. Por ejemplo, un líder de la sociedad civil manifestó su convicción de que, si la participación se hubiera llevado a cabo a nivel regional en el Chocó, ninguna de las partes podría haber dado marcha atrás porque "el proceso habría estado tan afianzado en los territorios que el mismo ELN junto con la sociedad civil lo hubieran sostenido y le hubieran obligado al Gobierno a sostenerlo" (entrevista con E51, febrero 2022). Asimismo, un analista del proceso afirmó que "lo único que puede unir al ELN alrededor de un proceso de paz es la participación de la sociedad. [...] es un mecanismo fuertísimo de presión sobre el ELN en su conjunto y las unidades que están en contra de la negociación. Ni Pablito podrá resistir la presión de un diálogo o participación real de la sociedad en sus territorios" (entrevista con E16, febrero 2019). Llevar a cabo procesos de escucha de los actores sociales a nivel territorial y nacional, por lo tanto, debería ser una prioridad de la mesa para fortalecer las bases de apoyo al proceso de paz y minimizar el surgimiento de saboteadores dentro del ELN y también del propio Estado (Mouly y Hernández 2022; Mouly en este libro; Aponte y Larratt-Smith en este libro; Aponte, Canal, Reyes y Arias en este libro).

En tercer lugar, más generalmente, al permitir a las comunidades afectadas por el conflicto armado expresar su voz, estas pueden influir en las partes para que bajen la intensidad de los enfrentamientos violentos, adopten medidas humanitarias, abandonen ciertas prácticas que afectan a la población civil y vayan avanzando hacia un cese de hostilidades que pueda perdurar en el tiempo. Esta influencia positiva de la sociedad civil se observó en el proceso de paz estudiado y se ha encontrado también en procesos de paz en otras latitudes (Mouly en este libro). Por ello, se espera que las poblaciones afectadas por el conflicto armado puedan participar tempranamente para manifestar sus preocupaciones ante la mesa y que esta pueda tenerlas presentes y redoblar esfuerzos por reducir la violencia entre las partes y las afectaciones a la población civil.

Asimismo, la participación puede generar una mayor apropiación del proceso por parte de la sociedad y hacer que el proceso de paz sea más legítimo y sostenible. No obstante, la cuestión es cómo llevarla a cabo de la mejor manera para que tenga estos efectos positivos, sin entorpecer las negociaciones de paz (Mouly en este libro). En este sentido, David Aponte, Margarita Canal, Alejandro Reyes y María Fernanda Arias ofrecen algunas sugerencias que pueden ser de utilidad para el proceso de paz que inició a finales de 2022. En particular, proponen algunas metodologías para una participación incluyente y efectiva de la sociedad que permita alimentar las discusiones en la mesa de negociación, como los espacios abiertos, y plantean que estos mismos mecanismos pueden permitir a estructuras desarmadas del ELN participar en el proceso. También advierten sobre la necesidad de contar con mecanismos de seguimiento que permitan a los/las ciudadanos/as conocer cómo fueron tomadas en cuenta sus propuestas y así sentir que sus voces fueron escuchadas (Aponte, Canal, Reyes y Arias en este libro).

La importancia de la negociación colaborativa, los mecanismos de resolución de disputas y los actores externos para mejorar la confianza

Esperanza Hernández, David Aponte, Margarita Canal, Alejandro Reyes y María Fernanda Arias (en este libro) destacaron la importancia de recurrir a una negociación cooperativa por las ventajas que ofrece para la solución constructiva de conflictos y su propia significación. Según Esperanza Hernández (en este libro), el enfoque cooperativo se centra en la construcción de confianza entre las partes, desde un enfoque incremental, para avanzar hacia la consecución de un beneficio de común. A su vez, asume el desafío de transitar de relaciones tradicionales de desconfianza entre las partes a unas indispensables de confianza. En este propósito es fundamental que las partes logren definir metodologías, procedimientos y reglas claras, y que se comprometan con su cumplimiento para convertir el proceso de paz en fuente generadora de confianza entre las partes. En este enfoque cooperativo, la confianza entre las partes no deviene de sus buenas relaciones sino de un proceso que se hace robusto por las reglas acordadas por las partes y su voluntad de cumplirlas. Por ese motivo, aunque se dieron algunas expresiones de cooperación entre las partes en las etapas de prenegociación y negociación entre 2014 y 2018, Hernández (en este libro) sostiene que no es posible afirmar que las partes hayan adoptado un modelo de negociación cooperativo.

En la mayoría de capítulos de este libro se considera que, con la transición al gobierno Petro, se abrió una nueva ventana de oportunidad para el proceso de paz entre el Estado y el ELN (Hernández en este libro; Johnson y Olaya en este libro; Aponte y Larratt-Smith en este libro; Valenzuela en este libro; Zambrano-Quintero en este libro; Aponte, Canal, Reyes y Arias en este libro). En su capítulo Hernández (en este libro) destacó factores que favorecen tanto el proceso de paz como la adopción de un modelo cooperativo: la elección de un presidente de filiación de izquierda, que hizo parte de un movimiento insurgente, y que en cien días de gobierno había logrado la aprobación de una política de paz de Estado y reanudado las negociaciones de paz con el ELN retomando la agenda acordada en el gobierno Santos. Para la autora, estas circunstancias favorecen la construcción de confianza. Mientras tanto, Aponte, Canal, Reyes y Arias hacen varias sugerencias que pueden ayudar a fomentar la reciprocidad entre las partes y contribuir a una mayor confianza mutua. En particular, proponen contemplar la dejación de armas del ELN como un proceso paulatino a cambio de algunos avances significativos en la implementación de lo pactado (Aponte, Canal, Reyes y Arias en este libro).

Otro elemento importante para mejorar la confianza entre las partes es contar con mecanismos de resolución de disputas, como el MV&V en el caso del proceso de paz analizado en este libro. Las ambigüedades en el lenguaje de cualquier acuerdo entre partes en conflicto son inevitables, de ahí la importancia de contar con mecanismos efectivos para dirimir controversias, sobre todo ante las interpretaciones radicalmente diferentes que puedan tener las partes (cf. Johnson y Olaya en este libro; Aponte, Canal, Reyes y Arias en este libro). Aponte, Canal, Reyes y Arias (en este libro) sugieren inclusive tener una mesa específica para la resolución de diferencias, con la participación de un facilitador externo. Mientras tanto, Hernández (en este libro) destacó dentro de los aspectos positivos del proceso de paz analizado contar con canales traseros (*backchannel*) para ayudar a destrabar la mesa cuando surgieron escollos, como pasó en varias ocasiones.

Varios estudios han señalado que los mecanismos de arreglo de controversias son clave para la negociación y la implementación de un acuerdo de paz (p. ej., Iniciativa Barómetro 2020; Joshi, Lee y Mac Ginty 2017). Estos mecanismos ayudan a mejorar las relaciones entre las partes y contribuyen al cumplimiento recíproco de cada lado de sus compromisos respectivos, lo cual permite generar una espiral positiva de construcción de confianza que incentiva a las partes a progresar en un proceso de paz (Joshi y Quinn 2017; Kreutz 2014; Mouly 2022). En particular, la participación de actores externos, como la ONU, la Iglesia o los países garantes y acompañantes, en estos mecanismos, así como en el proceso de paz en general ayuda a promover una mayor confianza entre las partes (Mouly 2022), por lo que el apoyo de varios de estos actores al proceso de paz entre el Gobierno y el ELN que inició en 2022 es oportuno.

Una buena estrategia comunicacional

Aunque los procesos de paz en cualquier lugar del mundo se desarrollan a puertas cerradas, especialmente en su etapa de prenegociación, en la que es necesario que así sea, es fundamental, especialmente en la fase pública, que las partes informen a la población de los avances en las negociaciones para que la población se entere del proceso y lo apoye a largo plazo. El resultado negativo del plebiscito de 2016 en Colombia revela que no es tarea fácil informar a la población sobre un proceso de paz y el acuerdo resultante, por lo que es esencial trabajar en una sólida estrategia comunicacional desde el principio. Tal como lo señala Joana Amaral en su capítulo, las partes en conflicto tienen distintas necesidades comunicacionales que deben tenerse en cuenta, al mismo tiempo que las necesidades comunicacionales de la población en general. Si bien la confidencialidad ayuda a las partes a hacer concesiones en la mesa, no debe ir en detrimento de la difusión de los avances en el proceso de paz y de una pedagogía adecuada que permita a la población apropiarse del proceso. Un proceso de paz participativo, como el que pretendió llevarse a cabo a partir de 2017, implica por diseño una mayor apertura y acercamiento a los ciudadanos, lo cual es una oportunidad para generar una mayor apropiación del mismo (Amaral en este libro).

Otra consideración pertinente a la hora de pensar la estrategia comunicacional de futuras conversaciones de paz es buscar que cualquier comunicación se haga de forma conjunta y consensuada para que los logros obtenidos en la mesa se perciban como logros comunes, no triunfos de una parte u otra. Esto permitiría afianzar la idea de que los diálogos pueden dejar a todas las partes ganadoras y les ayudaría a superar sus diferencias en pro del bien común alcanzando así acuerdos que beneficien a toda la sociedad (cf. Amaral en este libro).

3. Principales aportes del libro

Los distintos capítulos del libro ofrecen insumos valiosos tanto a nivel práctico como académico, y alimentan varios de los debates relativos a las negociaciones de paz. Así, se discuten las condiciones que hacen que las partes estén dispuestas a entablar diálogos de paz y seguir en la mesa (Valenzuela en este libro; Aponte, Canal, Reyes y Arias en este libro). Ahí se recalca que la participación de la sociedad en el proceso puede aumentar la disposición de un grupo armado no estatal, cuando este se considera en desventaja en la mesa (Mouly en este libro; Mouly y Hernández 2022). Asimismo, se plantea que el cambio de gobierno de Iván Duque a Gustavo Petro puede constituir una oportunidad tentadora para el ELN y aumentar su disposición a negociar, sin que necesariamente esto sea garantía para el éxito de los diálogos de paz (Valenzuela en este libro; Aponte, Canal, Reyes y Arias en este libro).

Varios capítulos también resaltan la necesidad de no considerar a las partes como unitarias. Las distintas posiciones de los representantes del Gobierno en la mesa lo muestran. Igualmente, se observó la disposición mayor de ciertos frentes del ELN a negociar, mientras otros tenían menor disposición y algunos inclusive se fueron convirtiendo en saboteadores (Aponte y Larratt-Smith en este libro). Este tipo de análisis, que revela cómo la organización interna y composición de las partes afectan sus posibilidades de negociar, hace una contribución notable a la literatura sobre los microfundamentos de la guerra. Además, subraya la importancia de buscar estrategias que permitan construir una coalición amplia a favor de una salida negociada en ambos lados, como la realización de diálogos territoriales y nacionales que alimenten la mesa de negociación con propuestas de actores diversos, incluyendo integrantes civiles o bases de apoyo de la guerrilla.

Una cuestión que también trasciende en varios capítulos es la de la confianza. Por un lado, Kyle Johnson y Ángela Olaya (en este libro) señalan que, contrariamente a lo que uno podría creer, los ceses al fuego bilaterales no necesariamente contribuyen a la construcción de confianza. En este sentido, su capítulo aporta a entender las condiciones bajo las cuales estos pueden ir en contra de la construcción de confianza y dan pistas de medidas que ayudan a que este tipo de desenlace no se produzca, como, por ejemplo, tener un mecanismo de monitoreo y verificación del cese al fuego eficiente, capaz de abordar todos los casos puestos a consideración por las partes. Asimismo, los hallazgos de distintos capítulos refuerzan la necesidad de contar con mecanismos que permitan abordar las controversias que se produzcan en la mesa. Por otro lado, dos capítulos hacen énfasis en la negociación colaborativa como enfoque adecuado de negociación por centrarse en la construcción de confianza (Aponte, Canal, Reyes y Arias en este libro; Hernández en este libro). Hernández destaca que este enfoque ha sido reconocido como idóneo para procesos de paz de mediana y larga duración, que buscan poner fin a conflictos con altos niveles de desconfianza. De forma más general, señala que son factores relevantes en un reanudado proceso de paz con el ELN la definición común de una visión de paz entre las partes, consagrada en el primer punto de la agenda de negociación, al igual que los acuerdos sobre metodología, procedimientos y principios que permitan construir confianzas desde un enfoque incremental (Hernández en este libro).

Las consideraciones de género son otro tema clave que aborda Liliana Zambrano-Quintero en su capítulo, ofreciendo insumos valiosos tanto desde un punto de vista académico como para el proceso de paz entre Gobierno y ELN que empezó en noviembre de 2022. Así recalca la necesidad de adoptar una perspectiva de género para lograr una mayor legitimidad del proceso y del acuerdo de paz resultante. Finalmente, poco se ha escrito sobre la importancia de la estrategia comunicacional de una mesa de diálogo, a pesar de que se ha observado que muchos procesos de diálogo son percibidos de forma distante por la población en general. Esto hace que la población no se apropie del proceso, y que el proceso y el acuerdo resultante tengan menor legitimidad y sostenibilidad. En este sentido, los insumos ofrecidos por Joana Amaral (en este libro) merecen ser tomados en consideración en el proceso de paz que empezó a finales de 2022.

Esperamos que todos estos insumos aporten tanto al proceso de paz recién iniciado al momento de finalizar este libro (febrero de 2023) como a las discusiones académicas, y nutran procesos de paz en distintas partes del mundo. Recalcamos la importancia de analizar procesos anteriores para aprender de los mismos y aumentar las posibilidades de llegar a un acuerdo de paz integral que permita construir una paz duradera. Además, destacamos la necesidad de hacerlo desde diferentes perspectivas que abarquen tantos los factores estructurales de contexto como las características del mismo proceso de negociación para un entendimiento integral. En efecto, reflexionar sobre el propio proceso de negociación permite extraer lecciones útiles para desarrollar estrategias de negociación más pertinentes en la mesa; y estas estrategias, enmarcadas en una adecuada comprensión de los factores de contexto, pueden producir mejores resultados.

Referencias

de Currea-Lugo, Víctor. 2015. "Que la sociedad sea protagónica." *El Espectador*, 11 April. Disponible en: https://www.elespectador.com/noticias/politica/que-la-socie dad-sea-protagonica/.

Echavarría, Josefina, Elise Ditta, Juanita Esguerra-Rezk y Patrick McQuestion. 2020. "Colombian Peace Agreement 2016." En *The Palgrave Encyclopedia of Peace and Conflict Studies*, editado por Oliver Richmond y Gëzim Visoka. Cham: Palgrave Macmillan.

Iniciativa Barómetro, Matriz de Acuerdos de Paz, Instituto Kroc de Estudios Internacionales de Paz. 2020. *Tres años después de la firma del Acuerdo Final de Colombia: hacia la transformación territorial.* Informe 4. Bogotá: Universidad de Notre Dame. Disponible en: http://peaceaccords.nd.edu/wp-content/uploads/2020/09/091620-Reporte-4-Digital-.pdf.

Joshi, Madhav, Sung Yong Lee y Roger Mac Ginty. 2017. "Built-In Safeguards and the Implementation of Civil War Peace Accords." *International Interactions* 43 (6): 994–1018. doi: 10.1080/03050629.2017.1257491.

Joshi, Madhav y Jason Michael Quinn. 2017. "Implementing the Peace: The Aggregate Implementation of Comprehensive Peace Agreements and Peace Duration after Intrastate Armed Conflict." *British Journal of Political Science* 47 (4): 869–892. doi: 10.1017/S0007123415000381.

Kreutz, Joakim. 2014. "How civil wars end (and recur)." En *Routledge handbook of civil wars*, editado por Edward Newman y Karl DeRouen Jr., 349–362. Nueva York: Routledge.

Mouly, Cécile. 2022. *Estudios de paz y conflictos. Teoría y práctica.* Nueva York: Peter Lang.

Mouly, Cécile y Esperanza Hernández. 2020. Logros, desafíos y lecciones del proceso de paz entre el Gobierno colombiano y el Ejército de Liberación Nacional, 2010–2019. Bogotá: Instituto Colombo-Alemán para la Paz (CAPAZ). Disponible en: https://www.instituto-capaz.org/wp-content/uploads/2020/05/DT-1-2020-V3.pdf.

———. 2022. "Public participation in peace negotiations between the Colombian government and the National Liberation Army (ELN): An opportunity to redress power asymmetry and enhance the insurgents' readiness." *Conflict Resolution Quarterly* 40 (1): 7–23. doi: 10.1002/crq.21355.

Paredes, Carlos. 2020. *Expanding LGBTI Rights in Colombia during Internal Armed Conflict and Emergent Transitional Justice (2006–2016): Process Tracing Tactics of Influence and Levels of Effectiveness of National Non-Governmental Organizations Specialized in LGBTI Rights.* Tesis de doctorado, FLACSO Ecuador, Quito.

PNUD. 2017. *Súmate A LA PARTICIPACIÓN: DIÁLOGOS PARA LA PAZ DE COLOMBIA Gobierno Nacional y Ejército de Liberación Nacional-ELN.* Relatorías Audiencias preparatorias para escuchar propuestas ciudadanas sobre mecanismos de participación en los Diálogos de Paz entre el Gobierno Nacional y la guerrilla del ELN, noviembre. Bogotá.

Nota sobre los contribuidores

Joana Amaral es doctora en Relaciones Internacionales por la Universidad de Kent, Reino Unido. Es autora de *Making Peace with Referendums: Cyprus and Northern Ireland* (Nueva York: Syracuse University Press, 2019). Sus publicaciones se centran en varios temas relacionados con negociaciones de paz: la comunicación pública, los referendos de paz, la inclusión de grupos armados, los movimientos de oposición y la sociedad civil. Sus cargos más recientes han sido como investigadora posdoctoral en la Universidad de Marburg, e investigadora y gerente de proyectos en la Fundación Berghof, ambas en Alemania. Su trabajo en procesos de paz se ha centrado en Colombia, Irlanda del Norte y Chipre, y ha sido realizado desde su labor y colaboración con diferentes instituciones de paz y ONG, como las Naciones Unidas, el Peace Research Institute Oslo (PRIO) en Chipre, el German-Colombian Peace Institute CAPAZ en Bogotá y el Senador George J. Mitchell Institute for Global Peace Security and Justice en Queen's University Belfast en Irlanda del Norte.

Andrés Felipe Aponte es historiador de la Universidad de los Andes y maestro en Sociología General por la Escuela de Altos Estudios en Ciencias Sociales (París, Francia). Fue investigador y coordinador del equipo de Conflicto y Paz del CINEP/PPP, investigador y relator para el Centro Nacional de Memoria, consultor para la Comisión para el Esclarecimiento de la Verdad, entre otros. Actualmente es consultor independiente e investigador del área de Dinámicas del conflicto armado y construcción de paz de la FIP. Se interesa principalmente en el análisis de las dinámicas y lógicas del conflicto armado en diversas regiones del país, en particular, desde una perspectiva de trayectoria organizacional y territorial de los grupos armados y los órdenes sociales que establecen en ciertas localidades del país. Es autor de los libros *Ambiente, Minería y posconflicto en Colombia, Grupos armados y construcción de orden social en la esquina sur del sur del Tolima, 1958–2016* y *¿Por qué es tan difícil negociar con el ELN?*, además de algunos capítulos de libros e informes.

David Aponte Castro es politólogo y MA en Derecho Internacional con 14 años de experiencia en negociaciones de paz, justicia transicional, procesos de reintegración de excombatientes y análisis de seguridad y violencia. Fue asesor temático de la Oficina del Alto Comisionado para la Paz y parte de la delegación del Gobierno en la mesa de conversaciones que llegó a los acuerdos entre el Gobierno y las FARC. Actualmente trabaja en el Tribunal para la Paz de la Jurisdicción Especial para la Paz (JEP). Es miembro fundador de Trato Hecho.

María Fernanda Arias León es politóloga de la Universidad Javeriana, se ha desempeñado como asistente de investigación para distintos proyectos en temas de violencias, conflictos armados y negociación en la Fundación Con-Ciencia Social, apoyando como asistente de investigación en la facultad de sociología de la Universidad de California (UCLA). Actualmente se desempeña como pasante en el *International Center for Religion and Diplomacy* (ICRD) y trabaja en diversos proyectos académicos sobre negociación con grupos armados. Es miembro fundador de Trato Hecho.

Margarita Canal Acero es doctora en Aprendizaje y Educación de la Universidad de Aalborg. Es autora del libro *The potential of self-reflection in the learning process of collaborative negotiation skills* (Aalborg University Press, 2016). Sus publicaciones se centran, de un lado, en la incidencia de la negociación en la construcción de paz en Colombia y, de otro, en temas de educación y de desarrollo personal, como la retroalimentación, la autorreflexión y los perfiles negociadores. Es profesora asistente y coordinadora académica de la especialización en Negociación de la Facultad de Administración de la Universidad de los Andes. Es la directora ejecutiva de Trato Hecho. Es miembro de la red *International Teaching and Research Association* (INTRA) y desde 2011 participa en *The Negotiation Challenge* (TNC) como *coach* o juez.

Esperanza Hernández Delgado es doctora en Paz, Conflictos y Democracia de la Universidad de Granada, España, y magistra en Estudios Políticos de la Pontificia Universidad Javeriana. Es docente e investigadora para la paz en diversos campos de la construcción de la paz: iniciativas de paz de base social, resistencia civil, paz imperfecta, mediaciones en conflictos armados, reintegración de excombatientes, procesos de paz, transición de actores arma-dos y reconciliación. También ha sido facilitadora de pilotos de reconciliación entre comunidades víctimas y excombatientes. Está vinculada actualmente a la Universidad de La Salle, en el doctorado en educación y sociedad, donde coordina el Laboratorio de Paz Unisalle. Es autora de diversas publicaciones nacionales e internacionales sobre estas temáticas.

Kyle Johnson es cofundador e investigador de la Fundación Conflict Responses. Es politólogo de la Universidad de Connecticut y con maestría en ciencia política de la Universidad de los Andes. Ha investigado el conflicto armado colombiano desde 2006 independientemente y para la Corporación Nuevo Arco Iris, el Centro Nacional de Memoria Histórica, la Organización Internacional para los Migrantes, International Crisis Group, Human Rights Watch y el Instituto Kroc de Estudios Internacionales de Paz. Su enfoque ha sido los grupos armados ilegales, la gobernanza rebelde y criminal, construc-ción de paz local, economías ilícitas y DDR.

Charles Larratt-Smith es profesor asistente en el departamento de Justicia Criminal de la Universidad de Texas en El Paso (UTEP). Tiene un doctorado en Ciencia Política de la Universidad de Toronto y sus líneas de investigación se centran en temas de seguridad y migración. Sus trabajos han aparecido en publicaciones tales como *Latin American Politics and Society*, *International Migration*, y en el *Journal of International Relations and Development*.

Cécile Mouly es profesora investigadora y coordinadora del grupo de investi-gación en paz y conflictos en FLACSO Ecuador. Tiene un Ph.D. en Estudios Internacionales (Universidad de Cambridge) y ha publicado libros y artículos sobre construcción de paz, procesos de paz, resistencia noviolenta y reinte-gración de excombatientes. Su libro más reciente es *Estudios de Paz y Con-flictos. Teoría y Práctica* (Peter Lang, 2022). Tiene experiencia práctica en la transformación pacífica de los conflictos y la construcción de paz en varios países con distintas organizaciones (Naciones Unidas, Centro Carter, OEA) y ha facilitado capacitaciones sobre prevención de conflictos, construcción de paz, periodismo de paz y acción noviolenta. Es especialista en "Prevención de Conflictos: Análisis para la Acción" de la Escuela Superior del Personal del Sistema de las Naciones Unidas. Ha sido parte del equipo de trabajo de la comisión de la verdad de Colombia en Ecuador.

Ángela Olaya es cofundadora e investigadora de la Fundación Conflict Res-ponses. Es politóloga de la Universidad de los Andes, con énfasis en historia colombiana. Su experiencia se centra en el análisis de la relación entre conflicto armado colombiano, crimen organizado e impactos humanitarios. Fue investigadora *senior* y gerente de proyecto en InSight Crime, desde donde lideró investigaciones sobre crimen organizado trasnacional en zonas de frontera en América Latina y Colombia, siendo una de ellas el trabajo que ganó el Premio Simón Bolívar en 2020 por la investigación sobre el narcotraficante "Memo Fantasma". También participó en investigaciones del Sistema de Alertas Tempranas de la Defensoría del Pueblo, la Organización Internacional para los Migrantes y la Corporación Nuevo Arco Iris.

Alejandro Reyes Lozano es abogado, especialista en Gestión Pública y Negociación, con formación en Filosofía y 17 años de experiencia en dirección e implementación de políticas públicas y proyectos sociales. Es experto en justicia transicional, y desarme, desmovilización y reintegración de excombatientes. Fue integrante del equipo negociador del Gobierno de Colombia que logró el acuerdo de paz con la guerrilla de las FARC. Fue negociador del Gobierno de Colombia en la mesa de diálogo con la guerrilla del ELN en 2017–2018. Actualmente lidera la estrategia de seguridad y convivencia de la Alcaldía Mayor de Bogotá.

Pedro Valenzuela estudió ciencias políticas en la Universidad Internacional de la Florida. Realizó estudios de posgrado en ciencias políticas en la Universidad de Pittsburgh, y obtuvo un doctorado en Investigación en Conflictos y Paz en la Universidad de Uppsala, Suecia. Fue fundador y director del posgrado en Resolución de Conflictos en la Pontificia Universidad Javeriana de Bogotá, institución en la que también dirigió el Departamento de Ciencias Políticas y el Instituto de Derechos Humanos Alfredo Vásquez Carrizosa. Ha sido profesor/investigador invitado en temas de conflictos, violencia y paz en numerosas instituciones educativas en Europa y Latinoamérica. Sus intereses de investigación incluyen teorías de violencia, genocidios, construcción de paz desde la base, procesos de paz y experiencias de resistencia noviolenta.

Liliana Zambrano-Quintero es politóloga colombiana, máster en Acción Internacional Humanitaria (NOHA) y doctora en Derechos Humanos de la Universidad de Deusto (Bilbao, España). Ha trabajado con diversas organizaciones locales, nacionales e internacionales en el campo de la cooperación al desarrollo y la ayuda humanitaria; y en el acompañamiento de procesos para la transformación de conflictos y la construcción de la paz en países como Colombia, Mozambique y Euskadi. Fue asesora externa en el diseño de las conversaciones de paz entre el Gobierno colombiano y las FARC-EP y los acercamientos con el ELN. Es parte del Nodo Euskadi de la Comisión de la Verdad de Colombia. Actualmente es profesora de Negociación y Liderazgo de la Universidad de Deusto, e investigadora del Centro de Investigación para la paz Gernika Gogoratuz.

Índice